Tidsresa till
Ursprunget och
Framtiden

ISBN 978-91-986273-6-7   (Paperback)

978-91-986273-7-4   (Hardcover)

978-91-986273-8-1   (E-book)

Engelsk titel: *Time Journey to the Origin and the Future*

Andra böcker på svenska av Mariana Stjerna:
På Änglavingar
Graalens Gåta – Jesus och Maria ur ett nytt perspektiv
Det Osynliga Folket – I naturens magiska värld
Agartha – Jordens inre värld
På Uppdrag i Rymden

Other books in English by Mariana Stjerna:
On Angels' Wings
The Bible Bluff
The Invisible People
Agartha – The Earth's Inner World
Mission Space

SoulLink Publisher
www.SoulLink.se
info@Soullink.se

Mariana Stjerna

Tidsresa till Ursprunget och Framtiden

SoulLink Publisher

Innehåll

Marianas Inledning

På mångas begäran bestämde jag mig för att äntligen skriva en andra del av *På änglavingar*. Jan Fridegård har under en längre tid låtit mig veta att han har mer att berätta, men jag har inte förrän nu varit beredd att lyssna. Därför sätter jag mig en mulen julidag vid datorn och gör mig tom för de högre energierna, så att de kan tränga fram i form av en spännande berättelse, som för oss bortom tid och rum och in i ett universum som vi kanske anar men inte känner.

Jag har ett litet smycke i form av en kula, som har haft stor betydelse för mig under mer än 50 års tid. Det hänger alltid runt min hals i en liten guldkedja. Berättelsen om hur jag fick den lilla kulan är så säregen, mystisk och förtrollande att jag måste berätta den för er, särskilt eftersom den har en viss betydelse i den här boken. Och kom ihåg att historien om min lilla kula är sann. Jag har varken lagt till eller dragit ifrån ett enda ord från den ursprungliga berättelsen, som jag fick av min engelske vän Gerald R. Jag vill börja med den märkliga historia som följt mig så många år.

Året var 1948 och jag reste till England för att bättra på språket inför studentexamen som privatist. Jag åkte tillsammans med en väninna till Penzance som ligger i södra Cornwall. Där hade vi bokat rum på ett familjepensionat, ett s.k. boarding-house, som visade sig vara ett ganska märkligt ställe. Ägaren Mr Gerald R. hade vistats en stor del av sitt liv i Fjärran Östern, bl.a. i Indo-Kina. Hela pensionatet präglades av hans resor. Där fanns en unik blandning av dyrbara antikviteter och misch-masch, små reseminnen från all världens basarer.

England led fortfarande av sviterna efter andra världskriget och matransonerna på pensionatet var ganska åtstramade - utom för min väninna och mig. Vi behandlades som kungligheter utan att förstå det! Ingenting saknades på vårt bord och vi märkte att de andra gästerna blev avundsjuka. Mr R. och hans familj fjäskade ganska öppet för oss och vi fann oss i det och trivdes.

Varje kväll inbjöds vi till familjen R:s privata vardagsrum, där vi åtnjöt Mr R:s fantastiska berättarkonst tillika med ett jättefat med delikata sandwiches. Vi var unga och hungriga på både mat och kultur. Mr R:s äventyrliga liv före pensionatet var dessutom som en första klassens roman. Han var prästson och hade fått sin collegeutbildning i Oxford. Åren 1914–1915 var han kapten i 14:e husarregementet, 1915 blev han major i West African Frontier Forces och tjänstgjorde i Frankrike, Cameron och tyska Västafrika. Sedan utnämndes han till officer i Special Investigation Department SS Police i Singapore, och det jobbet tog honom över hela Fjärran Östern.

Mr R. var en liten, mager man i 55-årsåldern med stor näsa och glest, brunt hår. Jag hade hela tiden känslan av att han ville säga oss något mer, berätta något som fanns djupt inom honom och när vi reste därifrån lovade vi att hålla kontakten med honom och hans familj. Det skedde också, fastän på ett mycket oväntat och märkligt sätt.

Gerald R. överöste mig med brev: långa, intressanta, spännande brev och ofta fanns det små presenter från hans samlingar i breven. För mig var det väldigt bra att skriva engelska, eftersom jag skulle upp i studenten som privatist följande vår och hade valt den nyspråkliga linjen, så vi brevväxlade ganska intensivt. Nyårshelgen 1949 reste jag till Grangärde för att plugga koncentrerat över nyår inför tentamina. Jag bodde på ett pensionat och på nyårsafton kom värdinnan ivrigt flåsande med beskedet att jag kallades till Grangärde postanstalt. Jag glömmer det aldrig!

Posttjänstemännen samlades kring mig och visade ett litet vitt, mycket tjockt kuvert, som var öppet i nederkanten. Där stack en bomullstuss ut - inte precis en ren sådan! Man försäkrade mig att ingen hade öppnat brevet. Det hade anlänt i detta eländiga skick. Jag öppnade det i vittnens närvaro. Stilen var välkänd för mig vid det här laget: ett brev från Gerald R. Inför mina häpna ögon rullade en liten kula som såg ut att vara av ben ut ur bomullen. Det fanns också ett tjockt, tättskrivet brev där han berättade historien om den lilla kulan, som var försedd med egendomliga tecken, se bild och teckning på nästa sida.

År 1921 tillbringade Gerald en tid i den indiska armén. En dag frågade han en mycket högt bildad, gammal indisk ämbetsman om han kände till någon äkta yogi. Gerald visste att det ännu levde män som var väktare av den oskrivna visdomen genom tiderna, vilken vandrat från mästare till lärjunge i form av tecken och hemliga ord. Den hade aldrig blivit uppenbarad för främlingar. Ämbetsmannen svarade att han inte tvivlade på att denna hemliga vetenskap existerade och att det fanns några få invigda som kände till den. Man får inte tro, tillade den gamle mannen, att dessa visa män är detsamma som askbetäckta trollkarlar och jonglerande fakirer. Han berättade att det fanns en saddhu - så kallas de invigda visa männen - på besök i staden. Den mannen hette Saddhu Bisudhanan Dhan och säkert skulle Gerald få träffa honom. Saddhun ansåg att all energi på vår planet kommer från "vår herre Solen". All makt över de jordiska tingen finns i solens strålar om man finner de rätta vägarna att nå dem. Han var mycket blygsam och tyckte inte om alltför mycket uppmärksamhet. Han studerade "swabigan" eller "ljusets makt" som ledde till en magisk kunskap. Genom att koncentrera strålar av ljus genom ett förstoringsglas hade han lyckats väcka döda fåglar till liv igen.

Den lilla kulan (10 x 11 mm) är försedd med egendomliga tecken och materialet är av okänt ursprung. Först idag börjar gåtan få sin lösning.

Det var den 25 mars som Gerald kom fram till saddhuns bostad. Han fann mannen sittande på verandan, omgiven av sina lärjungar: bengaler, välbärgade intelligenta köpmän och tjänstemän. Saddhun satt på en lång, låg stol. Han hade grått skägg och bar ett enkelt saffransfärgat lakan runt kroppen och det brahmanska bandet. Han hade ett kvickt, lustigt uttryck i ansiktet och ovanligt stora ögon, fulla av humor. Det verkade som om han såg rakt igenom en, rätt in i evigheter av rymd ... Han tryckte Geralds hand och bad honom sitta ner. Tystnaden var nästan pinsam. Lärjungarna stirrade på Gerald och han tyckte att det var obehagligt.

"Ställ en fråga till honom så besvarar han den," sa någon.

"Varför har jag kommit hit?" frågade Gerald, för det visste han inte riktigt.

"Just i det här ögonblicket," svarade saddhun allvarligt, "händer det något som får stor betydelse i ditt liv. Allt jag kan göra för dig är att hjälpa dig att känna igen händelsen när den kommer till dig. Därför har du kommit hit. Jag vill att du ska minnas tecknet jag kommer att ge dig. Minns det, minns det! Så mycket kommer att bero därav."

Gerald tittade på klockan. Den visade några minuter över nio. Gubben skickade en av lärjungarna att hämta ett förstoringsglas och en bit bomullstyg. Han gav Gerald bomullstyget, som inte luktade någonting. Förstoringsglaset var en dubbel konvex lins med ett litet stålhandtag. Gerald kom ihåg alltsammans, in i minsta detalj. Han satt mycket nära saddhun och iakttog varenda rörelse gubben gjorde. Saddhun tog bomullstyget mellan pekfingret och tummen i sin vänstra hand och förstoringsglaset i sin högra. Han ställde in glaset så att en solstråle sken på tyglappen. Efter en stund bad han Gerald att lukta på tyglappen. Den doftade viol. Sedan rev han av en bit av tyget och gjorde samma manöver. Då luktade det ros.

"Det där är två härliga dofter som du känner igen, men de betyder ingenting särskilt för dig. Jag ville visa dig att jag kan få fram vilken doft som helst. Nu ska du få uppleva en doft som du kommer att känna igen en vacker dag, även om du inte gör det nu. Försök att minnas den väl!"

Ännu en gång gick han igenom samma procedur. Gerald luktade på tyget och kände en främmande doft, en doft han aldrig skulle glömma. Den doften var en Guerlainparfym (Vol de nuit), som jag använde vid mitt besök i England. Saddhun lade nu förstoringsglaset åt sidan och satt orörlig. På hans läppar spelade ett milt leende. Det fanns ingenting i hans närhet som kunde innehålla den säregna doften. Han var naken till midjan. Han visste inte i förväg att Gerald skulle besöka honom. Det hela måste ha varit helt oförberett.

Gerald undrade om saddhun hade hypnotisk makt. Lärjungarna svarade att det var den första kunskap han erhöll hos det stora Vita Brödraskapet i Tibet, där han gått i lära för fyrtio år sedan. Men den här dagen hade han inte använt någon hypnos. Gerald stannade länge hos den gamle saddhun och denne berättade många egendomliga historier. När Gerald lämnade honom befallde den gamle honom att aldrig glömma doften. Det blev en chock när han så många år senare kände igen den på en ung flicka från Sverige. Men då vågade han inte tala om vad som hade hänt den 25 mars 1921 mellan klockan 9 och 10 på morgonen i en liten indisk stad. - Den 25 mars 1921 mellan klockan 9 och 10 föddes jag på södra BB i Stockholm. Det var en långfredag.

Det var det första sambandet Gerald erfor i samband med mig. Trots sina berättartalanger var han en blyg man och hade inte vågat yppa ett ord om allt detta när jag var i Penzance. Nu återgår vi till brevet med kulan, den lilla märkliga tingest som alltid hänger om min hals. Året var 1930. Då var Gerald stationerad i Singapore (Malaysia), när han fick order om att resa till Saigon (Vietnam) för att ta fast en kines som var knarklangare och bråkstake. Han hade en hel del otalt med brottslingen sedan förut och det var därför han fick uppdraget. Han var glad åt att få lämna Singapore och ännu gladare åt att få komma till Saigon, eftersom han då kanske fick chansen att ta sig till det gamla templet i Angkor (Kambodja). Det dröjde en vecka innan han fick tid att åka med tåget till Angkor. Han anlände på kvällen och tog in på ett hotell över natten. Efter middagen begav han sig på upptäcktsfärd bland ruinerna.

Tempelstaden i Angkor, uppbyggd under 800–1200-talen, hör till de vackraste ruinerna i världen. Den upptäcktes mitt i djungeln i slutet av 1800-talet. Fransmännen har tyvärr gjort platsen till en turistattraktion. Ruinerna är vad som återstår från Khmer-civilisationen som försvann omkring 1400-talets slut. Det gigantiska mittentemplet, med sina rikt utsirade byggnader, försedda med tinnar och torn, är omgivet av en vallgrav, fylld med vatten, ovanpå vilken malvafärgad lotus bildar ett tjockt täcke. Lotusen används till att utfodra elefanterna med. En stenlagd bro leder över vallgraven och passerar genom klostret som formar en yttre fyrkant. Därefter kommer en liten park framför den trappa som leder upp till det jättelika templet.

När Gerald anlände till denna urgamla plats, såg han de fyra egendomligt formade tornen ruva i orörlig vaka över detta kolossalmonument till Brahmas ära, och det kändes underligt att veta att alltsammans byggdes för över tusen år sedan av ett redan glömt folk. Tunga moln vällde fram i hög fart över den svarta natthimlen. Nyckfulla fläktar av het vind kom från sydväst. Monsunernas årstid var nära. Från de avlägsna bergen hördes ett lågt mullrande hot av åska. Allt annat var tyst, det var som om natten stod stilla, orörlig och väntande med ett hett, tryckande förebud i annalkande.

Gerald började långsamt klättra uppför en av terrasserna. Han kände sig förundrad över den sällsamma, spöklika skönheten som omgav honom, då hans uppmärksamhet fångades av ett ljud, som om någon rörde sig i hans närhet. När han vände sig om såg han en gammal präst i gul mantel. Han såg mer ut som en halvkast än som en infödd. Han dök upp plötsligt, liksom från ingenstans. Gerald hade varit helt ensam i trappan förut. Gerald tilltalade honom på två indiska dialekter och sedan på malajiska, men prästen såg inte ut att förstå honom. Han såg forskande på Gerald och till slut svarade han på ett egendomligt språk som liknade hindustani. Gerald förstod ren hindustani, men gubbens dialekt var knepig. Till slut lyckades Gerald dock begripa något av vad den gamle talade om.

Prästen sa att han hade vetat att Gerald skulle komma en dag. Den gamle hade ett budskap till honom och bad honom att lyssna mycket noga. Han talade om att mycket snart skulle Gerald råka i stor fara, men att mörkret skulle komma till hans hjälp. Efter ett antal år skulle en kvinna från ett främmande land besöka Gerald och henne skulle han genast känna igen. När han mötte henne skulle han ge henne det föremål som prästen nu överlämnade till honom. Han räckte Gerald något som var inlindat i en bit smutsigt tyg. Han sa att han inte hade något mer att säga, men att allt skulle uppdagas i rätt tid. Han vände om och vandrade in i skuggorna utan att ens ha sträckt fram sin tiggarskål, vilket var någonting mycket ovanligt.

När Gerald kom tillbaka till hotellet frågade han ägaren vem den gamle prästen kunde ha varit. Denne blev mycket förvånad och sa att Gerald säkert hade misstagit sig. Ingen inföding ville beträda ruinområdet efter nattens inbrott. Dessutom passade beskrivningen av prästen inte in på någon typ av inföding som fanns där. Den dialekt som Gerald beskrev var en mycket gammal sådan och den hade absolut inte varit i bruk på flera hundra år.

Några dagar senare träffade Gerald på kinesen som han jagade. Det var på en ruskig, smutsig och trång krog nere vid hamnen. Det blev ett obehagligt möte, när knivar ven omkring honom och hårda ögon skvallrade om mordiska planer. Gerald vräkte omkull ett bord och gömde sig bakom det, samtidigt som han sköt sönder lampan i taket. Därefter dök han på förbrytaren i mörkret. Utanför väntade Geralds poliser och när de hörde skottet rusade de in och gjorde processen kort med smugglarligan. Mörkret kom alltså till hans hjälp, som den gamle prästen hade förutspått.

Sedan den dagen bar Gerald ständigt den lilla kulan på sig. När jag bodde på pensionatet hade han velat ge mig den men vågade inte. Nu kände han att han måste lämna den ifrån sig och att det var jag som skulle ha den. Sedan dess har jag burit den på mig.

Jag brevväxlade med Gerald under hela januari, när hans brev plötsligt upphörde. Efter en tid kom ett brev från en gammal man som var nära vän till Gerald. Han berättade att Gerald hade avlidit hastigt i blödande magsår. Hans värv var avslutat i och med att jag hade fått kulan - åtminstone kändes det så. Det har dröjt i mer än 50 år innan jag började ana förklaringen till kulan. Jag har låtit undersöka den både av juvelerare i Stockholm och av ett par medier. Materialet är helt okänt. Det har analyserats och det finns bara inte på jorden! Det ena mediet påstod att kulan var från Atlantis, det andra mediet sa att det var utomjordiskt. Det var det senare påståendet som blev rätt. Men det är en annan historia, som ni får höra berättas så småningom i den här boken.

Jan Fridegård kommer att som i *På änglavingar* berätta vidare på sitt eget speciella sätt. Därför ger jag ordet åt honom.

Mariana Stjerna

Jan Fridegårds Inledning

I slutet av boken *På änglavingar* sa jag "På återseende!" till mina läsare. En fortsättning av mina berättelser från en värld ovanför, omkring och inuti en värld har inte varit aktuell förrän nu. Det har hänt ganska mycket sedan sist - året var då 1998 - och nu tror jag att världen är redo att ta emot inte ett utan flera budskap om alla de möjligheter som står till buds för människorna. Jag har upplevt mycket mer här bland de guldkantade molnen, där jag far omkring och klinkar på min harpa ...

Nej, nu skojar jag. Jag hoppas att ni fick en föreställning om någonting helt annat i min förra bok. Men en av mina uppgifter i den här verkligheten är att resa och lära. Det har jag verkligen gjort. Att resa med tankens snabbhet är inget hinder för att uppleva saker, storslagna äventyr och djuplodning i filosofins mörkgröna, kristallklara vatten, där alla stenar är ädelstenar. Statarpojken från Sörmland är glömd och begraven. Här finns bara liv, återfödelse och skapelseprocesser av olika slag. Skapelseprocesserna kommer jag att berätta om, eftersom de är underverk för er. För mig är de verk från en enda Källa, men det återkommer jag till.

Vi ska börja med en liten återblick på de väsen som blivit mina vänner, lärare och följeslagare i det här livet. Jag kallar dem änglar, Mästare och vägledare för att det ska bli lättare för er att förstå. Det kan låta högtidligt, men ni ska veta att jag har roligt här också! Humor är en gåva som de flesta högre väsen verkligen besitter i högsta grad. Skönt för mig som har så lätt att skratta!

Först träffade jag min skyddsängel Jolith. Hon förde mig till två väsen som skulle bli mina lärare och följeslagare i denna fantastiska paradisdjungel. Det var Shala och Zar. Med deras hjälp har jag fått uppleva mitt nya, eviga liv som en bukett av de mest skilda, underbara, prunkande blomster. Varje dag är inte bara en dag, utan den präntar sitt härliga mönster i min själ. Varje dag är en dag utan tidräkning, utan början eller slut. Det betyder att varje dag är Dagen och att Dagen är Nu. Tiden breder ut sin praktfulla matta utan fransar i ändarna, eftersom den inte har några ändar.

Man kunde tycka att om det inte finns tid, så behöver man inte lära sig något. Tiden är ju för jordemänniskorna en kapplöpning med dem själva - absolut inte med oss. Shala och Zar lärde mig att även här, i Evighetens berg och dalar, finns oanade möjligheter. Det finns så mycket att lära, att studera, att uppleva och att utvecklas med och till. Det bevisar *På änglavingar*, men det bevisar även den här boken, *Tidsresa till ursprunget och framtiden*. Den titeln kommer ni att förstå så småningom.

Shala och Zar finns fortfarande vid min sida. De går sina egna vägar när de så önskar, men de ställer upp för mig närhelst det behövs. De är mina lärare och vänner och förblir så. De kommer att föra mig vidare i den här boken, både med bomber och granater, med ett stilla idisslande och med en suck från sunnanvinden.

Jag berättade i *På änglavingar* om De Nio Gamle på Sirius och om gudinnan Helia. Redan då började jorden komma i dåligt sällskap, eftersom ett par andra klot med ondsinta härskare sände onda energier till Tellus. Det har gått utför sen dess, först berg och dalbana, men numera bara dalbana. Sedan vi skrev *På änglavingar* har det hänt bara eländes elände. Om man ser det i stort, alltså. För sju år sedan var EU inte fullt så stolliga som de är nu. Makten pyser över, så är det bara. Vi kan inget göra och frågan är vad ni kan göra? De små länderna springer benen av sig, de lägger sig i skummet från EU:s champagneflaskor och kryper med drypande knän, händer uppsträckta i bön och mungiporna våta av snålvatten, allt närmare den store Brodern, som ska ge dem manna ur sitt ymniga horn.

EU är en koloss på plastfötter, som vinglar omkring i sin egen storhet. Förr talade man om lerfötter, men det skulle inte hålla i dag. Plastfötterna är smidigare, starka och vassa, tills de nöts ut av alla oegentligheter däruppe i den sjudande kolossen. Målet, som är en enda makthavare för hela Europa, blir då en ny Kristian Tyrann. Europa blir fylld av slavar.

När jorden ser sådan ut, är det bara att tacka och ta emot att man befinner sig på rätt sida. Men eftersom ni jordingar inte begriper hur ni har det, så måste vi ingripa på ett eller annat sätt. Som det nu ser ut blir det verkligen ett annat sätt, men först får vi väl försöka nå er via det skrivna ordet. Nästa steg blir det skrikande ordet och åter nästa blir det tyst.

Jag ämnar muntra upp er med lite lekfull änglasmet i trynena. Jag menar inte att jag ska kasta tårtor på er, det tycker inte vi är roligt, men tydligen gör ni det. Er humor har också nått sin kulmen när våldet spelar upp i skrattets regi. Änglarna är ganska bedrövade. Glada och sunt tänkande som de är, dansar de runt och försöker låta bli att titta på vad jordingarna har för sig. Det är dock deras uppgift, så till slut måste de både titta och ingripa. Om ni bara kunde förstå att när något mjukt stryker utefter ert ben, när något knäpper till där det inte borde knäppa, när en ton ljuder från en plats där den inte bör ljuda, så är det en ängel i farten. Ni har dem omkring er, men om de så kastade ett dussin tårtor i ansiktet på er så skulle ni inget märka. Våldet märker ni dock, vare sig det spelar upp som clown eller död man i en soptunna.

Våldet verkar ha gjort insteg i familjehemmens teve för att stanna. Små barn hukar sig när knivarna far som gnistor över skräckslagna huvuden, när blodet rinner i rännilar på väggar och på skådespelarnas utsträckta kroppar. För barnen är blodet verkligt, även om de vuxna lugnar dem med att det är ketchup. Begriper ni inte att ni gör uppgiften svårare för oss att mäkla fred, att rädda barnen, när ni stökar till era filmdukar och teveprogram så förskräckligt. När sex och våld och snusk och makt och ren ondska är tillåtet även för barnaögon, då är jordingarna ordentligt på fallrepet. Att slåss är en naturlig sak för er sedan tidernas begynnelse ... men allt det andra?

Det här är ett varningsrop i moll, som i sin tur är utlöst av en titt i vår jordiska kikare.

Nu lämnar vi jorden och jag ska berätta om färder i andra sfärer, som åtminstone delvis spelar sina toner i dur.

1. Den Övergivna Planeten

Jag satt i mitt sköna hus och funderade. Jag funderade sannerligen inte på jorden, snarare på stjärnorna. I *På änglavingar* kunde jag berätta en del om dem, om att många planeter är bebodda och att det finns många humanoider i världsrymden. Det är det visst svårt att tro på ombord på jordeplaneten? Tänk att folk inte kan få in i sina tröga hjärnor att jorden är *en* av miljontals bebodda planeter. Alla hyser inte humanoider. Det finns många varianter på liv. Star Trek och Star Wars är inte så oävna, även om romantiken blossar alltför mycket - det tror jag att jag har nämnt förut.

Mitt emot där jag satt och funderade finns en vägg som alla meddelanden kommer på. Det är vår mobiltelefon, vår radio, vår teve, kort sagt: vårt allt-i-ett. Vi måste inte alltid sitta och titta på den väggen. Om det är något viktigt kommer meddelandet som en mental projektion omedelbart i våra hjärnor. Den här gången uppenbarade sig Zar på bild och ropade till mig: "Kan du komma genast? Du är kallad till Änglaskolan."

Det var bara att lyda. Jag förflyttade mig genast till den kära skola där jag tillbringat en tidlös tid av glädjefyllda, spännande och berikande studier. Zar väntade mig i hallen. Hans snövita hår fläktade lite när jag öppnade dörren. Hans unga ansikte var lika öppet och glatt som alltid, han såg ut som en vandrande Apollostaty. Kontrasten mellan det vita håret och hela den ungdomliga, spänstiga gestalten gav en säregen tjusning åt hans uppenbarelse.

"Vi ska till observatoriet!" sa han och tog min hand. Knappt var orden uttalade, förrän vi befann oss mitt inne i den gigantiska observatoriesalen, där sinnrika instrument stod uppradade omkring det oerhörda teleskopet. Det fanns inget tak, det var helt öppet. Ovanför var himlen nattsvart och stjärngnistrande. Jag hade lärt mig många stjärnor och planeter, men det återstod mycket, mycket mer. Framför allt var de bebodda himlakropparna viktiga att hålla reda på. Jag suckade. Detta myller, denna eviga, snurriga stjärnevärld, hur skulle jag kunna lära mig mer om den? Som vanligt läste Zar mina tankar.

"Det kan ingen," smålog han. "Jag tror inte ens Den Store Anden kan namnet på och omständigheterna kring den. Men du är här därför att det är dags att resa ut på ett uppdrag. Jag följer med dig, för det är inte utan faror. Vi ska till Plejaderna, men inte den delen som man vanligen talar om. Plejaderna är kända som sju stjärnor, men de är många fler och det finns små planeter bakom dem som ingen astronom ännu har hittat. Det är till en sådan vi ska fara."

"Vilken då?" frågade jag förstås. Det kändes skönt att få ge sig ut på äventyr igen, det var längesen sist.

"Vi kallar den Cesteion," svarade Zar.

"Är den bebodd?" frågade jag fastän jag visste svaret.

"Ja, det kan man säga - i varje fall blir den det snart," svarade Zar kryptiskt. Han slog sin gula mantel om oss bägge och så bar det iväg uppåt.

"Cestius var plebej," ropade jag i den dånande vinden, samtidigt som jag kände fast mark under fötterna.

"Bravo!" svarade Zar roat, "det är därifrån namnet kommer. "Cesteion är en utstött planet, en mycket liten boll i den stora leken. Trots sin utstötthet och läget utanför Plejaderna, så pass långt ut att den närmaste Plejadstjärnan knappast är urskiljbar, så kämpar den här lilla planeten för sitt värde i kosmos. En sann plebej, alltså."

"Jag vill minnas," fortsatte jag som den lärde man jag tyckte mig vara, "att plebejerna i Rom kämpade för att vinna likställdhet med patricierna. De vann den till slut men underskattades av många, som bara såg till deras armod och låga status. Den mörka hopen, som de kallades, fick inte bära vita togor som patricierna. Vi kallar dem fattiga och obildade, men så var det egentligen inte."

"Alldeles rätt," nickade Zar. "Precis samma sak sker här. Se dig nu omkring."

Jag dök fram ur hans mantelflik och såg mig ordentligt omkring. Så intressant med en plebejplanet!

Vad jag såg kunde emellertid knappast kallas plebejiskt. Vi stod högt uppe på en klippa och hade en makalös utsikt över nejden. Jag kunde inte låta bli att jämföra med jorden. Klippan var inte enbart grå, den var bitvis svartglänsande och rödglänsande och bitvis övertäckt av den mest smaragdgröna mossa jag någonsin sett. Den stupade ganska brant på vår sida och nedanför den var ett stort vattenfall, men när jag vände mig om och tog några steg åt motsatt håll upptäckte jag att älven, som vattenfallet kom ifrån, tog en vändning åt ett annat håll så att den bildade ett u. På båda sidor om u:et fanns bebyggelse. Tak vid tak bildade ett mönster här uppifrån, och det var ett vackert, grönt- och kopparskimrande mönster. Jag förstod att den röda färgen på klippan hade med koppar att göra. Zar stod hela tiden och smålog och så vinkade han åt mig att följa honom.

"Det är dags att se lite närmare på byn därnere," sa han. "Om du tittar noga efter så går det en smal stig därborta. Ska vi se om den leder neråt?"

Det gjorde den. Den var trång och hade tunna trappsteg uthuggna mellan små avsatser. Det skulle ha varit omöjligt för en människa att ta sig ner från klippan levande annars. Vi svävade förstås som vanligt, men att sväva neråt känns inte lika behagligt som att sväva uppåt. Jag koncentrerade mig på att inte snubbla i min långa blå klädnad och Zar skrattade åt mig.

"Hur lång tid behöver du egentligen på dig för att bli ängel?" retades han.

Äntligen stod vi på den övre delen av byn. Trapporna fortsatte ända ner till vattnet och den övre delen av husen förbands med den nedre med en mycket primitiv bro av stockar, halvt översköljda av älvens vågor. Var fanns människorna? Jag ställde frågan högt till Zar.

"Det har vi kommit hit för att ta reda på," svarade han. "Om det nu är människor. Det vet vi inte heller."

"Husen måste vara byggda av människor," protesterade jag. "De är enkla men ser ut att vara helt beboeliga."

Det fanns en smal gång mellan husen som stod så tätt att takkanterna möttes. Zar valde ut ett hus på måfå - de såg likadana ut, men detta hade ett grönt tecken på den låga dörren. Ingen öppnade. Zar tog sig friheten att öppna dörren och vi tittade in. Det enda rummet var tomt. Där fanns fyra långa träbritsar som antagligen var sängar, ett lågt bord men inga stolar. Förmodligen satt invånarna på golvet. Mitt på golvet var en eldstad och ett rökhål, som vi inte lagt märke till förut, fanns i taket.

"Tror du att det bor människor här?" frågade jag.

"Jag ser matrester på bordet, veden glöder underst i brasan och det luktar varmt på något sätt," svarade Zar som den värste Sherlock Holmes.

Vi tittade in i fler hyddor, men överallt var det tomt. På många ställen fanns det tecken på att där nyligen hade varit liv. Var kunde alla vara?

"Vi har kommit hit för att lägga grunden till ett nytt släkte," förklarade Zar. "Någonstans måste det väl ändå finnas någon eller några..."

Vi hade kommit ända ner till älven, ungefär mitt i u:et. Zar lyfte på sin mantel och trippade försiktigt över de våta, hala stockarna. Jag följde efter honom samtidigt som jag bad en liten bön att jag inte skulle drulla i. Jag hade alldeles glömt att jag var en ängel och kände enbart mänskliga begränsningar, ända tills Zar tog tag i min arm, ganska hårdhänt.

"Vi ska in där!" viskade han och pekade på en av kojorna på andra stranden. En smal strimma av rök steg upp från taket och en gnutta ljus syntes genom den öppna dörren. Fönster fanns inte, kojorna var helt släta, byggda av lera och kvistar. Vi vågade oss ända fram till dörröppningen och stack in våra huvuden. Men vi drog lika snabbt tillbaka dem.

Därinne pågick en födsel. En ensam varelse låg på golvet. Magen var uppsvälld och benen utspärrade. Varelsen kved och ylade. Kvinnan, om det nu var en kvinna, hade en mänsklig kropp, men hudfärgen var gråaktig och huvudet ganska stort. Hennes ögon var stora och svarta och just nu fyllda av skräck. Inte en själ fanns i hennes närhet, hon verkade totalt övergiven. Ett långt utdraget skrik hördes och vi tittade in igen. Födseln var i full gång. Zar gick in i hyddan och ställde sig vid kvinnans fotända. Han tecknade åt mig att gå till huvudändan. Smärtan måste ha varit outhärdlig, för den stackars modern skrek och vrålade allteftersom barnet krystades ut i små, försiktiga ryck. Jag tog tag i hennes armar medan Zar hjälpte barnet att lämna det trygga modersskötet. Så var det hela över.

Modern låg med slutna ögon, det verkade som om hon sov. Zar lindade in barnet i ett skynke som låg på bordet. Han gnuggade det och vinkade sedan åt mig att komma. Jag ville inte lämna kvinnans huvud, hon såg så farligt död ut. Men när jag såg den lille gossen häpnade jag.

Det var en alldeles mänsklig, högst förtjusande baby som välkomnade världen med ett tjut, som de flesta barn gör. Zar skar av navelsträngen med en kniv och lämnade sedan rummet, medan jag stod med den lille i famnen och absolut inte visste vad jag skulle göra. Modern var någon slags humanoid, ganska olik en människa. Näsa och mun var hoptryckta till en nos och hakan var obefintlig. Babyn i mina armar var rosig och ljushyllt och när han öppnade sin lilla mun till ett ilsket skrik såg jag en högst mänsklig liten tunga, som liknade ett rosenblad, röra sig därinne.

"Vi har kommit hit för att grunda en ny generation," hörde jag Zars röst bakom mig. "Jag har sökt överallt, men det finns inget liv någonstans. Planeten kan vara bebodd på andra platser, det måste vi ta reda på."

"Mamman verkar död, hur ska en ensam baby klara sig här?" frågade jag förskräckt. "Tror du att hon har ... hon har varit ihop med en vanlig karl, en jording? Ungen ser ut som en alldeles vanlig människobaby, kanske från ett sydligt land, eftersom håret är så svart."

"Nu vaknar hon!" anmärkte Zar lugnt. "Bäst att vi materialiserar oss lite bättre, så att hon kan se oss." Det gjorde vi och det resulterade i ännu ett våldsamt skrik.

Zar smålog vänligt och lade babyn intill henne. Hon stirrade på oss med sina enorma mörka ögon. Munnen/nosen var halvöppen och hon andades häftigt. Zar försökte prata med henne på olika språk, som jag inte förstod. Jag hade haft annat för mig än att idka språkstudier. Kvinnan stirrade oförstående på Zar. Men eller en lång stund kom ett kurrande ljud, som kanske var ett skratt.

"Äntligen förstår hon vad jag säger," sa Zar. "Det var det elfte eller tolfte språket jag prövade som gjorde att hon lyssnade. Jag tror inte det är riktigt hennes språk, men det liknar det i alla fall. Nu måste vi ta reda på vad som har hänt."

Jag iakttog Zars ansikte medan han samspråkade med kvinnan. Ljudet var gutturalt och åtföljdes hela tiden av gester. Barnet låg vid modersbröstet och insöp sin första måltid. Allt verkade frid och fröjd nu och jag funderade på varför i himlens namn vi skulle hit? Vad var det här för en uppgift? Men Zar vände sig om och såg på mig. Hans min visade att mina tankar var felaktiga.

"Jan," ropade han plötsligt, "nu har jag fått veta varför det är folktomt här och varför kvinnan har fött en baby av jordisk ras mitt uppe i utkanterna av Plejaderna."

"Det kan vara intressant," svarade jag lite hånfullt, "att vistas i en jordkoja i en avfolkad by utan att begripa varför och vadan. Vad spelar jag för roll i det hela? Du är ju och nosar lite varstans, du kan ju till och med språket."

"Den här kvinnan och babyn är de enda levande humanoiderna på den här planeten," berättade han. "Alla människor - för det är vad de är - har blivit uppätna av dinosaurier. Åtminstone låter det som om hon talade om dessa forntida jättedjur. Hon lyckades rädda sig in i hyddan här och har levat i skräck den sista månaden av sin graviditet. För några dagar sen hörde hon ett antal fruktansvärda smällar och antog att det var en naturkatastrof i annalkande. Hon har inte vågat sig ut ur hyddan."

"Vi hade tur som slapp dinosaurierna," muttrade jag. "Men hur kan barnet vara så olikt modern?"

"Hon påstår att det för nio månader sedan, innan dinosaurierna hade hittat den här sidan av planeten, kom en främling till den här byn. Han såg ut som vi, säger hon. Han var lång, brunhårig och vacker och han samlade invånarna i byn omkring sig och varnade dem för den kommande katastrofen. Han talade deras språk. Alla var ense om att han var en gud, särskilt när de såg hans avfärd. Han valde just den här kvinnan och göt sin säd i henne. Därefter kallade han på en farkost, som hämtade honom. Jag vet vem det var, men det får bli en senare historia. Nu måste vi undersöka resten av planeten."

"Är du galen?" utropade jag förskräckt. "Ska vi frivilligt utsätta oss för människoätande dinosaurier?"

"Vi är inte av kött och blod," svarade Zar tålmodigt. "Sluta se dig själv som jording. Nu är du faktiskt en slags utomjording! Dinosaurierna kan inte göra oss något. Jag ska precipitera en farkost åt oss. Jag tror att det har hänt något på planeten så att den är tom på organiskt liv, men jag kan ha fel. Det är det vi ska utröna."

"Och lämna den här stackarn att svälta ihjäl med ungen?" frågade jag argt.

"Ingalunda!" skrattade Zar och gjorde några gester över bordsskivan. Där fanns nu ett stort fat med frukter och grönsaker och ett fat med ost och en tillbringare med mjölk. Bredvid kvinnan stod ett ämbar med vatten och på golvet låg rena tygstycken att svepa in barnet i. Zar blinkade till mig och så skyndade vi ut ur hyddan.

Vår farkost svepte på låg höjd över det vackra men lite dystra landskapet. Det var berg och skogar och sjöar, älvar och mindre öknar, men inga hav. Överallt syntes spåren efter dinosaurierna, i form av kullvräkta träd, enorma fotspår på stränderna och ett och annat gigantiskt kadaver.

Ju längre bort vi kom från kvinnan med det nyfödda barnet, desto ödsligare blev det. Det verkade som om just hennes sida av planeten var mest beboelig och som om det hade varit en jordbävning eller någon annan stor katastrof, som hade öppnat stora sprickor i bergen. På flera håll rasade fortfarande sten från klipporna, och älven, som vi kunde följa från det ursprungliga u:et, hade på sina håll svämmat över rätt grundligt. Vattenfallen störtade ner i rasande fräs och vi såg här och var spår av bebyggelse halvt begravd eller omkull rasad. Ju längre bort vi kom, desto fler döda dinosaurier upptäckte vi. Det verkade inte som om de hade överlevt, inte en endaste en.

"En meteor kan ha rasat förbi och kanske bara behövt snudda vid den här planeten för att dessa katastrofer skulle inträffa," suckade Zar. "Det tar tusentals år att få den ordentligt lagad!"

"Vem ska laga den?" frågade jag snäsigt, för det där med att räkna i tusentals år var inte riktigt mitt bord. Men Zar svarade inte. Han hade fått syn på något. Högt uppe på ett berg, vid randen av en djup klyfta, rörde sig en liten figur. Vi sänkte farten och gick ner på så låg höjd att vi kunde landa. Det fanns en liten platå bakom figuren, och snart stod vi på fast mark och kunde kliva ur farkosten. Det var inget vackert landskap här. Trasiga berg, ras och översvämningar var det enda vi såg. Figuren på berget var en man. Han höll ett spädbarn i famnen.

"Här kryllar ju av ungar," väste jag till Zar, som otåligt viftade bort min enfaldiga anmärkning. Kanske ändå att den inte var så obefogad.

När mannen såg oss höll han på att tappa babyn av häpnad. Sedan tårades hans ögon och när Zar började tala med honom svarade han ivrigt och lyckligt. Jag begrep förstås ingenting. Mannen vinkade åt oss att följa honom och han ledde oss till en grotta i ett närliggande berg. Mellan tio och femton barn satt hopkurade där. Mannen var deras lärare och han hade gömt dem och sig själv när det stora skalvet kom.

Mannen hette Porrn. (R:en uttalades med ett väsande ljud). Hans utseende skilde sig mycket lite från kvinnan vi först hade mött. Barnen hade samma hoptryckta näsa och mun, de såg ut att vara både pojkar och flickor i olika åldrar. Det fanns inga fler vuxna. Porrn hade letat överallt där det gick att ta sig fram. Inga rop på hjälp hade hörts. De hade trott att de var ensamma, utkastade i en ny och skrämmande värld. Barnen hade suttit i grottan i minst en vecka och de större hade fått ta hand om de mindre när Porrn lämnade dem för att söka efter överlevande. Fanns det någon hjälp att få?

Zar sände efter förstärkning från rymdflottan. När farkosterna seglade in efter några minuters väntan, trodde Porrn inte sina ögon. Snart var både han och barnen inlastade för att fraktas till den del av planeten, där kvinnan med det nyfödda barnet bodde. Där fanns många välbevarade hus och naturen var inte skadad efter katastrofen.

"Vi tar en sväng för att se ifall vi hittar mera liv," bestämde Zar och så var vi strax uppe i luften igen. Vi höll utkik efter dinosaurier, eftersom de var lika farliga som naturkatastrofer, men vi kunde inte se några. Vi passerade ett djungelområde som också hade klarat sig från alltför svåra skador. Där såg vi flera fåglar och några små däggdjur som påminde om apor. Zar talade med dem också, till min stora förvåning. Vad han sa vet jag inte, men det resulterade i att fåglarna gav sig iväg åt det håll Zar visade dem och i kabinen på vår farkost blev det ett förskräckligt djurliv. Fem apor tog vi hand om, två vuxna par och en unge. De tjattrade och for omkring, eftersom de säkert aldrig hade åkt rymdskepp förut.

Vi kom över ett öde landskap som verkade skrämmande. Det var bitvis höljt av snö, bitvis bara sand. Där fanns ingen växtlighet alls. Jag tyckte att det kändes väldigt deprimerande.

"Ska vi inte fara hem snart?" frågade jag, men Zar bara skrattade och ruskade på huvudet.

"Vi måste tillbaka till det nyfödda barnet," sa han. "Du och jag är här för att grunda en ny ras och återväxten av en hel planet, har jag ju sagt."

"Vi kan väl inte trolla heller," invände jag lite surt.

"Vad har du lärt dig under de här åren?" frågade Zar strängt. "Kommer du ihåg när du och Henrik hade lärt er precipitera och fick fram ett gräsligt tårtslott? Det var på lek, inte sant?"

Jag skrattade. Henrik var en kompis från Änglaskolan och vi hade haft lite dumma pojkstreck för oss, så änglar vi var. Nog mindes jag hans hiskliga palats, som var en förbjuden leksak för kunskapstörstande änglastudenter.

"Du vet ju att jag kan precipitera," fortsatte Zar. "Det var därför jag skickades med dig, ifall din skapelselusta skulle ta sig alltför extravaganta uttryck! Här måste vi hålla oss strikt till urprungsmetoden: vi kan ana en intressant utveckling, men än befinner den sig på begynnelsestadiet. Det nyfödda barnet, avlat av en ängel, är den hjälpare och ledare som det här folket behöver för att få sin planet på fötter. Det var en välsignelse att vi fann alla barnen, det hade jag inte räknat med. Nu kommer allt att ske i snabbare takt."

Vi var framme vid den lilla byn på bergssluttningen och i dalen, Läraren och hans skolklass var redan där.

"Ni är väl inte rädda för flera dinosaurier?" frågade jag. "Vi tror att de alla har omkommit." Zar översatte åt mig.

"Skräcken för dinosaurier var ganska överdriven," förklarade Porrn. "Visst fanns de och visst åt de människor om de hade chansen, men de var inte så många som folk trodde. Det gick att skydda sig för dem. Det fanns bara en sort och de höll ihop på ett särskilt ställe på planeten. Ibland hände det att någon eller några gick på jakt. Det var då det var riskabelt att vara ute på natten, eftersom de bara anföll nattetid. Jag såg från farkosten att det var ett stort hål kvar av platsen där de bodde. Alla är säkert borta. Men vi hade fiender också. Det var ofta strider mellan det mörka folket och oss. Vi förstår egentligen inte varför och det var alltid vi som blev attackerade. Då måste vi ju försvara oss. Säkert är de också borta, de bodde i de otillgängliga bergstrakterna där katastrofen inträffade."

Inne hos den nyblivna modern var det riktigt hemtrevligt. Hon hade tydligen repat sig och satt omgiven av beundrande barn och matade sin son. Bordet dignade av mat, så att alla nykomlingarna fick sig ett skrovmål. Det hade förstås Zar ordnat. Brasan mitt på jordgolvet knastrade och sprakade och sände sitt sköna ljus över alla glada ansikten.

Zar talade till dem. Jag fick senare veta vad han sa. Han beordrade Porrn att ta babyns mor till hustru och att tillsammans med henne sörja för att byn återigen blev befolkad, när barnen kom i lämpliga åldrar. Babyn skulle bli en god ledare och en av hans avkomma skulle i kommande led ärva hans förmågor. Därefter döpte Zar den lille till Cestius, efter den jordiske plebejledaren. Det var dags för Cesteion att utvecklas till en blomstrande planet med en befolkning som levde i symbios med naturen.

Medan Zar pratade smög jag mig ut till vår farkost. Jag kom ihåg de små aporna. När jag släppte ut dem ur kabinen, tjattrade de lyckligt och en av dem kom fram till mig och smackade. Jag förstod att de var hungriga. Nu måste även jag precipitera. Vad äter apor? Bananer, äpplen, päron, vindruvor och andra frukter, viskade en inte helt okänd röst i mitt öra. Det var Shalas röst. Hon fanns inte här, men hon hade tydligen följt vår resa ifrån Änglaskolans observatorium. Jag funderade en stund, sedan kom jag på hur man skulle göra.

När aporna fick se alla frukterna materialisera sig framför deras fötter, tog de så mycket de kunde i famnen och skyndade sig att klättra upp på hustaken. Det var en lustig syn, inte minst för barnen som skuttade fram från flera håll och storögt beundrade de mumsande små djuren. De skulle säkert bli goda vänner, tänkte jag. Då kom Zar.

"Nu far vi hem," sa han. För några timmar sedan hade de orden låtit som musik i mina öron, men nu började jag trivas på den här planeten. Zar såg säkert vad som försiggick i min hjärna. Han tog min arm och skjutsade mig vänligt mot farkosten.

"Vi har grundat en ny människostam som ska befolka den här planeten," smålog han. "Vårt värv här är utfört."

"Jag kan inte förstå vad jag skulle med hit och göra?" fräste jag surt när vi äntrade farkosten. "Du gjorde ju allting."

"Jan, du måste förstå att du fortfarande lär dig, och att det här var en lektion i hur man grundar ett samhälle på kärlek och samarbete. Porrn är en bra karl, han ror den här uppgiften i land. Du var visserligen mest åskådare, men ibland är det nyttigare än att vara deltagare. Det finns alltid möjligheter till omstart för alla planeter, men inte alla får den hjälp de behöver."

"Jag har på känn att det är något lurt med det hela," muttrade jag och kikade på Zars vackra profil, där han satt vid flygspaken. "Har det något att göra med jorden?"

"Det hoppas vi inte," svarade Zar. "Men om det värsta skulle hända så kan du hjälpa till tack vare dina nyförvärvade erfarenheter. Jorden är inte större än Cesteion, men där ryms mer ondska än den här planeten någonsin upplevt. Visst fanns det ondska på Cesteion också, men inte på samma sätt, inte så välutvecklad. Lyckligtvis utplånades de onda på Cesteion och vi hoppas att det goda segrar och frodas där nu. Vi känner inte barnen, men vi vet att barn tar efter de vuxna. Där finns bara två vuxna nu och det är bra människor, båda två. Redan om tio jordeår ska vi resa dit igen och ta reda på vad som har hänt."

Vi hade höjt oss över byn och Zar lät farkosten kretsa lite grann innan vi stack iväg. Det var inte långt till marken. Plötsligt fick vi se ett tiotal varelser rusa ut ur skogen som låg bortanför den nedre byn. De var försedda med pilar och pilbågar och de störtade fram till byn. Zar flög tillbaka till landningsstället och landade. Vi hade trott att vi lämnade en fredlig by utan fiender, utan något annat liv än det som fanns där nu.

Barnen, som lekte med aporna var de första att upptäcka inkräktarna. De sprang skrikande in i huset. De främmande varelserna upptäckte oss och kom springande mot oss med höjda pilbågar. De visste inte att vi var en aning svårfångade, tänkte jag belåtet. Jag undrade vad Zar tänkte göra. Men han stod alldeles stilla vid min sida och pilarna som haglade mot oss berörde oss inte. Zar höjde handen och ropade något åt varelserna. De var inte riktigt av samma sort som de andra. Dessa varelser var egentligen mer människoliknande, så när som på att deras ansikten var breda, pannorna mycket höga och ögonen djupt insjunkna under buskiga ögonbryn. Hudfärgen var mycket mörk. Det fanns tydligen andra stammar kvar på planeten, fastän vi inte sett tillstymmelse till liv när vi kretsade över den.

När de märkte att pilarna inte bet på oss, föll de på knä och började sjunga. Jag tyckte att det var en egendomlig reaktion.

"Det var intressant att det finns flera stammar," viskade Zar. "De tror säkert att vi är gudar och det är bäst så."

Anföraren av den främmande stammen kom försiktigt fram till oss när Zar vinkade till sig honom. Krigarna hade slutat sjunga och stod stilla och betraktade oss. Zar berättade sedan deras samtal. Det hade varit så sedan urminnes tider att det svarta folket och de andra varit fiender. Orsaken låg långt tillbaka i tiden, när en svart kvinna gifte sig med en av de andra. Det svarta folket hade betraktats i underläge, i varje fall hade de känt sig så. Den svarta kvinnan hade nämligen dött i barnsäng mycket snart efter bröllopet och barnet dog också. Detta ansåg det svarta folket vara ett olyckstecken. Därefter kom misstankarna som följdes av fiendskap. Barnaföderskan, som hette Baila, och Porrn kallade sig för cestier, men de andra hade inget annat namn än det svarta folket.

Zar hade talat med den svarte anföraren om kärlek. Han hade förklarat att som situationen verkade just nu fanns inga andra människor på Cesteion. Om någon mer hade lyckats gömma sig i någon skreva, så skulle det nog märkas så småningom. Ingen vill ju hungra ihjäl. Kärlek mellan de båda stammarna var nödvändig för planetens uppbyggnad. Zar försäkrade att Porrn och Baila var vänligt stämda och att de önskade leva tillsammans med det svarta folket.

Samtalet resulterade i att de tio krigarna överlade med varandra en stund, därefter hämtades de fem kvinnor som överlevt tillsammans med dem och som hade gömt sig i skogen. Det fanns rikligt med bostäder åt dem alla. Porrn och Baila, med barnet i famnen, vågade sig ut ur sitt hus och Zar och jag fick se en rörande bild av försoning. Det svarta folket sjöng igen. Det var tydligen deras sätt att uttrycka känslor - inte det sämsta, eller hur?

Nu kunde vi äntligen lämna planeten Cesteion och hoppas att

ljus och mörker blandades, inte bara på ytan men också i människornas hjärtan.

Jag anade varför vi varit där. Jag tog det som en varningssignal till jorden.

2. Ny Tidsresa På Änglavingar

Jag ville börja med att berätta om resan till Cesteion, för på något sätt var den inledningen till en hel mängd andra händelser. Jag måste säga några ord om tiden, så att ni förstår mig bättre. Tidsbegreppet är uppfunnet av människorna, för egentligen existerar allting samtidigt. Det har ni väl hört förut? Det går inte in i alltför trånga skallar, för det är så knepigt att rynkorna åker kana i pannan. Tiden finns inte, man kan göra tidsresor och det finns en teknisk möjlighet att böja tiden så att förändringar i det kosmiska systemet kan åstadkommas. Det trodde ni väl inte? Det är ju en kanonad av motsägelser, eller hur?

Ni är vana att se på klockan och rätta er helt efter den. Jag reagerade precis likadant när jag kom hit. Jag glodde ideligen på armbandsuret som jag inte hade och letade efter väggklockor överallt. Men när jag fick alltihop förklarat av Zar och Shala, så var det inte så svårt att begripa. Jag måste vänja mig av med tiden.

Tidsresor sysslar vi mycket med här, det går som smort. På jorden ser man annorlunda på tidsresor, men låt oss förmoda att sådana skulle upptäckas av era forskare nu. Hur skulle världen se på detta? Naturligtvis vore den första frågan: Hur ska vi kunna begagna oss av sådana resor? Inte begagna oss på bästa sätt, utan hur ska vi kunna utnyttja dem? Kan man tjäna pengar på tidsresor?

Härifrån gör vi tidsresor både i farkoster och utan. En ensam person behöver ingen farkost, han använder enbart tankekraft, men är man flera så är det bekvämast att göra resan i en farkost. Det finns en hangar i anslutning till observatoriet i Änglaskolan. Därifrån går många färder. Jag berättade för er om många av mina utflykter i *På änglavingar*. Men jag vill komma med ännu en förklaring innan jag beger mig ut på nästa.

Tiden här och på jorden måste räknas på helt olika sätt. Det kan gå tio år hos er och en sekund här - eller varför inte tio sekunder? När vi besöker en planet som till exempel jorden, måste vi vara insatta i er tideräkning. Detta gäller också Cesteion, som har ett liknande tidssystem som jorden. Jag sa att tid inte existerar för oss, men för er är det annorlunda. Vi har särskilda mätare - klockor om ni så vill - som anger tidsskillnaderna på olika planeter. De är inställbara på ungefär vilken tid som helst, och de räknar ut astronomiska tal för att komma fram till just den planetens eller stjärnans sätt att beräkna tiden. Det är stora skillnader, beroende på hur många solar som finns, stjärnornas belägenhet etc. Vi måste utgå ifrån sådana beräkningar när ni, kära läsare, följer med mig på mina resor och besök i de mest skiftande miljöer och tidsåldrar - en del i helt andra världar, långt utanför vårt universum.

Jag blev kallad till ett möte i Änglaskolan igen. På vägen dit kände jag plötsligt en närvaro bredvid mig... javisst, det var Shala. Hon fnittrade till när hon såg att jag blev överraskad, sedan stack hon som vanligt sin lilla hand i min.

"Nu är det min tur att fara ut på uppdrag med dig," smålog hon så att de djupa groparna i hennes kinder blev synliga.

"Till jorden?" undrade jag spänt och förhoppningsfullt. Hon skakade på huvudet.

"Jan, du har delvis fått behålla ditt minne av det sista jordelivet," påpekade hon. "Dels har du ständig kontakt med ditt skrivarmedium och måste vara medveten om hennes arbete och händelser och nyheter i världen. Du måste också minnas vissa saker för att kunna skildra andra. Men vårt uppdrag gäller inte jorden."

Det hördes att jag inte skulle få veta mer. I Änglaskolan fanns flera mötesrum och dit kallades man alltid när något nytt program skulle förberedas. Shala förde mig till ett samlingsrum som jag aldrig hade varit i förut. Det var ett rymligt, vackert rum som gick i grönt och guld. Ett lågt runt bord var placerat i mitten och kring det fanns låga soffor i ring, klädda med ett guldglittrande grönt tyg. Jag blev ombedd att sätta mig och vänta. Zar var där, men efter en kort stund kom den jag minst av allt väntade mig: Mästaren Melchizedek. Han kom leende fram till mig och grep tag i båda mina händer.

"Min käre Jan!" utropade han och det rös i mig av glädje vid ordet "käre". Vilken ära! Naturligtvis var det fel att tänka så, men Melchizedek stod högt på min beundrarlista.

"Det är dags för dig att inte bara besöka främmande planeter eller delar av vårt oändliga vara. Du ska få resa in i vad man skulle kunna kalla för framtiden. Du har mycket att lära där. Shala blir medresenär men själv kommer jag inte att delta i den resan. Det blir en mystisk resa över alla gränser - då menar jag tekniskt utförbara gränser, sett ur mänsklig synpunkt. Nu får du kasta av dig alla fördomar och ta på dig en skimrande klädnad, som för dig in i något du i dina vildaste drömmar aldrig kunnat föreställa dig."

Hualigen, tänkte jag, som vanligt den fundersamme Janne. Skulle jag fösas in i nya världar och tillstånd, som jordens människor kanske inte skulle fatta? Jag berättar ju det här för en jordekvinna, måste det inte vara begränsat då? De som går omkring därnere på sina mer eller mindre stadiga ben känner sig väl inte sugna på en alldeles ofysisk världsomsegling? Skulle jag bli en ny kapten Nemo eller flygande Holländare? Kosmos är så oändligt stort att bara tanken på storleken kan skrämma livet ur en stackars människa.

"Dels är du ingen människa längre, dels är det inte för att skrämmas som du och Shala ska ut på den här turen. Det är en lärdom om vad kosmos egentligen är," försäkrade Melchizedek, "eller den ursprungliga kosmologin, om du tycker det låter bättre. Vi är bara soldater i en armé av väsen som inte kan jämföras med någonting annat du kan föreställa dig. Vi känner oss lika underordnade dem som människorna känner sig underordnade oss eller Kristus eller Gud."

"Vad säger du!" utropade jag förskräckt. "Det var väl ändå att ta till i blygsammaste laget. Vi lär våra barn vördnad inför den Högste. Vad mer kan du lära oss änglar?"

"Vördnad inför Skapelsen sådan den verkligen är. Vördnad inför den sinnrika Kraft som ni ska få lära känna. Mer kan jag inte säga. Vi träffas igen vid resans slut."

"Ska vi flyga med en farkost?" undrade jag.

"Jag vet ett bättre fortskaffningsmedel! " smålog Melchizedek och i samma ögonblick uppenbarade sig Jolith. Det blev en återseendets glädje. En resa utan bagage kan inte göras bättre än på ett par änglavingar. Shala och jag kravlade upp på Joliths utfällda, duniga, härliga vingar. När man inte är av kött och blod så glider man inte så lätt, så jag gjorde som Shala, jag lade mig ner på rygg och sträckte ut benen i ejderdunet. Det var en kunglig känsla.

Jag anade inte att detta skulle bli det största äventyret av alla: en svindlande resa genom världarnas världar, de vises sanna sten, det absolutas absoluta. Jag anade inte att lösningen på alla gåtor fanns därute i kosmos och att den skulle uppenbaras för oss i sin otroliga, vidunderliga skönhet. Jordens framtid låg i mina händer att förmedla till nutidens människor - och jag fattade det inte ännu.

Där vi låg med händerna under huvudet och fötterna i dunet såg vi bara stjärnhimlen. Vi såg stjärnor och planeter lysa med olika styrka, vi såg kometer och stjärnskott och en kakafoni av ljud hördes hela tiden. Vi hade sett detta förut. Vi kände oss riktigt blaserade.

Att färdas på Vintergatan - eller var vi nu befann oss - var inget nytt. Men Jolith vände på huvudet och smålog:

"Det här är bara början," sa hon. "Vi ska strax ge oss in i andra universum."

"Hur många universum finns det?" frågade jag oroligt. Det verkade som ett oändligt företag vi gett oss in i.

"Det kan jag svara på," kvittrade Shala. "Jättemånga! Där fick du! Men vi har ett bestämt mål: det är Centrala Universum som ligger i mitten, omgivet av sju så kallade superuniversum, som innehåller många galaxer och planeter (se bild sid 39). Det är alltings början och alltings slut."

Jag gäspade. Tröttsamt med sådana där astronomiska upplysningar. Inte blev man klokare av dem heller. Bäst att ta sig en tupplur medan man ligger så här skönt, tänkte jag, och tuppluren infann sig omedelbart.

Jag vaknade med ett ryck. Det var ett förskräckligt ryck, hela jag hoppade högt, rullade runt och föll hårt. Jolith hjälpte mig upp och förvirrad slog jag upp ögonen. Mina långa ben skakade efter dunsen och jag såg mig häpet omkring. Vi var inte längre ute i rymden. Vi stod på fast mark på en saftigt grön äng som var bra lik jordisk mark. En lagom sval vind strök mot mina kinder, himlen var vackert blå utan ett moln, men några främmande himlakroppar rörde sig däruppe. De lyste och glänste och de föreföll ganska nära.

"Vilken antiklimax!" utropade jag. "Slå kullerbytta på gamla hederliga jorden! Nu har ni allt skojat med mig, flickor! Visserligen känner jag inte igen de där föremålen på himlen därborta, men de är förstås UFO:n! Av det gröna gräset och de små blommorna i olika färger att döma är vi någonstans i Norden och det är sommar."

Shala skrattade så hon kiknade. Jolith lade sin arm om min axel. Hon hade krympt till vanlig änglastorlek och hon såg mig djupt in i ögonen.

"Jag har fört dig till ängar förut, Janne!" smålog hon. "Men ingen äng har varit som den här, det lovar jag dig! "

Jag svängde om och kikade åt alla håll. Jag såg bara ängen, den var utan början och utan slut. Inte ett träd syntes, inga berg, inget vatten, bara den gröna, gröna ängen. Men plötsligt lyste det till och jag hörde musik. Shala tog min ena hand, Jolith den andra. Det var som på Operan i Stockholm, när en kuliss sänktes ner från maskinverket i ovanvåningen. Jag tänkte på pilgrimskören ur Tannhäuser. Det var en av mina absoluta favoriter. När tonerna började skölja över oss försökte jag ge dem namn, men de var namnlösa och obeskrivbara. De tilltog i styrka och samtidigt tog den strålande företeelsen mark. Det var en port, en gyllene port, en port av gyllene strålar, av ljus, av ljusstrålar... Jag föll på knä i ödmjuk förundran.

"Vi ska igenom porten," viskade Shala i mitt öra. "Res på dig och följ med mig."

"Ni ser mig inte förrän vid hemresan," sa Jolith och kramade om oss båda. "Då möts vi här igen, vid den strålande porten."

Vips var hon försvunnen: hon höjde sig upp i luften och sen var hon bara borta. Jag strök mig över pannan. Undrens tid fanns tydligen här också och den skulle vi kliva in i! Men Shala drog otåligt i min hand och så gled vi in genom portens fantastiska ljus. Det var som att dö en gång till, tänkte jag.

Innanför porten i Superuniversum

När mina ögon hade vant sig vid det starka ljuset, kunde jag urskilja både Shala och landskapet omkring mig. Vi befann oss inte längre på en grön äng. Vi stod på ett torg - men vilket torg! Byggnaderna omkring torget lyste i rena, klara, ljusa färger och de liknade inga byggnader jag sett förut. Det fanns människor runt omkring oss - ja, jag kunde då inte se annat än att det var vanliga, hederliga människor. De var annorlunda klädda än vad jag mindes från min sista jordefärd.

"Människor?" andades jag i Shalas rosenöra.

"Vad tror du annars? Väntade du dig monster?" viskade hon retfullt tillbaka.

Människorna var mycket ledigt klädda. En del hade långa, en del korta plagg. Färgerna var ljusa och glada och med många vackra mönster. Deras hudfärger och hårfärger varierade, men alla var de, åtminstone vid hastigt påseende, vackra. De verkade glada och vänliga. De nickade och smålog mot oss hela tiden.

"Välkomna till framtiden!" sa en röst bakom oss. Jag vände mig om. En man i svagt blågrön mantel stod bakom oss. Hans hår och skägg räckte till marken och var snövitt. Ansiktet var yngre än man kunde tro och de djupblå ögonen tycktes kunna se hur långt som helst. Han omfamnade Shala som om de var gamla vänner och sträckte ut handen till mig.

"Jag har hört mycket om dig, Jan," sa han. "Nu är det dags att vi lär känna varandra och att du får vandra och studera i Centrala Rasens rike. Här finns mycket att se och begrunda. Den Centrala Rasen har funnits längre än människan och vad mera är, vi skapade människorna."

"Jag trodde att Gud skapade människan," vågade jag invända. Mannen nickade och log.

"Visst, Jan, visst hade han ett finger med i spelet. Men vi ska inte prata så mycket om skapelsen som om det rike du just nu befinner dig i - den Centrala Rasens rike."

"Har aldrig hört talas om det," muttrade jag, men följde snällt i hälarna på mannen och Shala, som gick ett steg före under ivrigt samtal. Jag förstod inte var jag befann mig och inte heller vad vi hade att göra i ett land som liknade jorden så väldigt mycket. Men jag skulle snart få se var likheten slutade.

Än så länge gick vi på gator. Inte kullerstensbelagda, utan släta som asfalt, men mycket ljusare i färgen. Vi kunde gott gå mitt i gatan, det fanns inga trottoarer men heller ingen trafik. Hur jag än försökte komma ikapp Shala och den vithårige, så gick det inte. De var hela tiden flera steg före. Jag hejade och ropade, men de tycktes inte höra mig. Jag har fortfarande långa ben så jag började springa. Ändå hann jag inte ifatt dem. Jag undertryckte min önskan att säga ett fult ord - det gör inte änglar - och saktade i stället av. Jag kunde väl gå på upptäcktsfärd för egen maskin? Men nej, det gick inte det heller. De båda där framme saktade genast ner och så kom det sig att avståndet mellan oss hela tiden var detsamma. Så började det snurra. Plötsligt kände jag åter Shalas hand i min och på andra sidan en större hand. Vi snurrades runt i spiral och sögs in i något... Jag vet inte hur eller vad, för när jag vaknade till sans var vi inte kvar i staden. Jag stödde mig på den vithåriges arm och Shalas pärlande skratt var signalen till uppvaknande. Vilket uppvaknande!

Luften omkring oss var tät och samtidigt genomskinlig. Den lyste i olika nyanser av gult, rosa, rött och flera färger som är svåra att beskriva i mänskliga ord. Det fanns en rörelse i den som liknade energivågor, skimrande, lysande, hela tiden i en viss, jämn rytm. Det verkade som om dessa energivågor utlöste ljud, eftersom mäktiga toner ljöd som från det innersta av en dom. Tonerna fyllde våra bröst så att vår andning djupnade och följde med i den härliga, främmande rytmen. Vår följeslagare lade en arm om Shalas axlar och en om mina. En förunderlig värme spred sig inom mig och hela tiden kände jag hur jag växte - inte fysiskt, utan det var mitt medvetande som växte.

"Det är nödvändigt att ni växer härinne," viskade mannen ordlöst. "Jag, Oshio, känner på samma sätt som ni fastän jag varit härinne flera gånger. Se er omkring lite mer!"

Jag var inte sen att följa hans uppmaning. Mitt huvud var klart som kristall och jag kände hur jag öppnades på samma sätt som en blomknopp öppnar sig i solskenet, efter daggens fuktiga smekning. Jag uppmärksammade något som jag inte hade sett tidigare. Ett enormt stort föremål vilade som i en famn av mjuka, svagt rosafärgade molnliknande tussar. Föremålet var djuprött och det gick strömmar igenom det som föreföll passa ihop med musikens rytm. Jag genomfors av en skälvning och jag kände att Shala reagerade likadant. Oshios händer tryckte våra skuldror på ett betryggande sätt.

"Ni befinner er i Guds hjärta," viskade han knappt hörbart. "Den Store Andens hjärta sjunger för er. Få varelser äger tillträde till denna sakrala plats. Låt oss omfamnas av de helande tonerna från allt livs Medelpunkt."

Vi stod så, orörliga och med upplyftade huvuden mot taket i en levande katedral. Det vill säga, det fanns inget tak. Ovanför hjärtpunkten där vi stod syntes bara strömmande energier som virvlade runt och fram och tillbaka i den aldrig upphörande andningsmusiken. Jag vet inte hur länge vi stod fångade i icke-tidens magnifika turbulenser. Till slut förflyttades vi ånyo in i en snurrande spiral.

När jag vaknade till sans befann vi oss i en tunnel med trappsteg som steg uppåt och Oshio klättrade först, därefter kom Shala och jag var som vanligt på efterkälken.

"Är vi kvar inne i ... inne i ... Honom?" flåsade jag. Shala vände sig om och smålog milt överseende.

"Det var en engångsupplevelse, Jan," svarade hon. "Det var beviset för en existens som skapat världar till sin avbild. Om du någonsin har tvekat så gör du det inte nu."

"Får man se Skaparen i sin helhet?" vågade jag fråga. Den här gången svarade Oshio.

"I Helheten, menar du? Det är Helheten som uppenbaras för dig genom miljoner skapelser. Det har bara varit ord för dig förut, kanske gudomlig visdom - nu är det meningen att du förstår verkligheten, den verklighet som kärleksfullt bygger delarna."

Vi kom upp på en jättelik plattform och kunde pusta ut efter de mödosamma trapporna. I mitten av den fanns ett jättestort bord och på det bordet låg något som jag förstod föreställde en kula. Bordet var ca 8 meter långt och lika brett, alltså en gigantisk fyrkant. Varje hörn bars upp av en enorm pelare, vars översta del var en skulptur. En del var ett människohuvud, en annan del var ett lejonhuvud, den tredje delen en stor lotusblomma och den fjärde en enorm, vackert formad kristall. De fyra rikena gällde tydligen även här, tänkte jag. Kartan, som hade oval form, var i gnistrande färger och tycktes leva - eller gjorde ett levande intryck. Färgerna pulserade, men varje linje var så tydlig som om den var etsad.

"Här har du en karta över våra åtta universum," (se bild sid 39) förklarade Oshio. "Ni befinner er just nu i Centrala Universum och runt omkring det svävar sju andra s.k. superuniversum. Centrala Universum är orörligt och evigt, medan de andra sju är skapade av tiden och roterar motsols runt Centrala Universum. Omkring dessa sju superuniversum finns en yttre rymd som är ofysisk och som utgör möjligheten för dem att utvidgas. Det är en rymd som är ett utrymme. Du kommer att få besöka ett av superuniversumen med en av mina vänner och jag lovar dig, Jan, att det blir fantastiska äventyr."

"Hörnpelarna på det här bordet," fortsatte han, "representerar de fyra rikena även här: mineralriket, växtriket, djurriket och människoriket. Det är grundstenarna för Skapelsen. Överallt möter du dessa riken och de fyra elementen - jord, eld, vatten och luft. De sistnämnda är dock mer tänjbara eftersom vi går in i olika former av eteriska och massiva grundämnen som ännu är okända på jorden."

"Fysik var aldrig mitt bord," muttrade jag. "Det där låter krångligt."

"Just därför ska du få uppleva det," sa en djup röst bakom mig. Jag vände mig om. En man i violett mantel smålog mot mig. Han hade svart, en smula gråsprängt hår och klara mörkblå ögon. Ansiktet var ganska brett med höga kindknotor, en rak bred näsa och en vackert formad mun.

"Jag heter Maorion," fortsatte han, "och det är jag som ska bli er guide på de olika planeterna ..."

"Förlåt," avbröt jag, "ditt namn påminner om en gammal kultur på jorden: maoriernas."

"Det stämmer," svarade Maorion. "Den kulturen, tillika med några till, är urgammal. Vi som har varit med om att instifta dem för tusen och åter tusentals år sedan har också behållit namnen på våra skapelser. Några av dem har flyttat till något av de universum du ser här på kartan. De är alltså ännu okända eller bortglömda på jorden. Kulturer kommer och går, men en del är alltför bra för att få lov att helt försvinna. Dem tar vi vara på med hjälp av Skaparen. Det finns alltid plats för goda och utvecklingsbara energier här någonstans."

"Maorierna finns ju fortfarande på jorden," invände jag. "Kommer de hit om de dör ut?"

Storuniversums fysiska struktur.

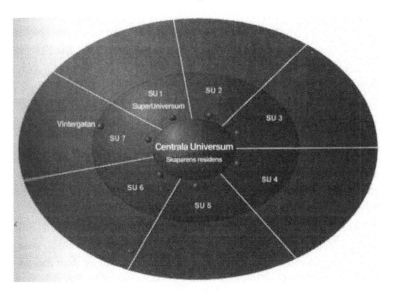

Storuniversum är uppdelat i sju superuniversum som vart och ett roterar runt Centrala eller Mittens Universum, dvs. Skaparens hemvist, som är stillastående och evigt. Det kända universum som våra astronomer ser är i huvudsak ett fragment av det sjunde superuniversumet (SU 7) och dess perifera expansionsutrymme.

Källa: www.wingmakers.com

"Javisst," svarade Maorion. "Jag tänkte att du skulle få träffa några av kulturskaparna om en stund, de kan berätta intressanta saker. Nu ska ni fortsätta er resa."

Han bredde ut sin mantel omkring Shala och mig, och i ett slag var det vackra rummet med kartbordet borta. Oshio var också försvunnen och jag var ledsen för att jag inte hade fått ta farväl av honom. Luften var tom igen - tomrummet var fullt, tänkte jag kryptiskt. Men reser man i mystikens tecken så börjar man tänka märkliga saker. Det lilla sandkorn i universum som är jag blåste iväg till nästa äventyr.

3. Mayaindianernas Planet

Jag vet inte i vilken ordning vår nye vän Maorion valde våra besök på planeterna i något av de sju universumen. De är väl likvärdiga, tänkte jag, och endast det Centrala Universumet, där Skaparen bor, står över de andra i rang. Om nu rangordning finns på det här bygget, tänkte jag vidare i den tomma luften som strax inte var tom längre.

Vi hade "flugit" i glidflykt i Maorions mantel och det töcken som hela tiden skymt sikten revs isär av en osynlig vind och blottade ett landskap nedanför oss. Sakta gled vi neråt mot de höga berg och ettrigt gröna platåer som faktiskt såg nästan jordiska ut. Blåa och gröna små sjöar lyste som juveler i landskapet nedanför bergen. Det fanns många sjöar och de verkade vara väldigt små. Jag skulle snarare vilja kalla dem dammar. En del av dem ångade och jag förstod att det var varma källor, som på Island och Nya Zeeland.

Vi tog mark på det gröna sammetstäcket på en platå. När dimmorna skingrades ännu mer upptäckte jag att det låg en stad nedanför oss. Stad eller by, tänkte jag, det kan kvitta, därför att det liknade ingendera. Bebyggelsen korsades på flera ställen av vattendrag, vilka rann likt skimrande silverband i ett till synes oplanerat mönster. Det verkade som om husen byggts mellan vattenlederna och spindeltunna broar hängde som sällsamma smycken överallt. Jag hade aldrig sett så många broar förut. Man skulle kunna likna alltsammans vid en jättespindels väv, där byggnaderna var offren och broar och vattendrag utgjorde själva väven.

"Du kan ta alla broarna som mönster för hur helheten binds ihop," sa Maorion som antagligen lyssnat till mina tankar. "Ingenting som ni finner i något av dessa sju universum saknar betydelse. Allt hänger ihop för att bevisa sammanhanget i allt levande."

"Broar är inte levande och de ser så bräckliga ut, så de kan gå sönder när som helst," vågade jag invända. Maorion tittade på mig med huvudet lite på sned och en humoristisk glimt i de djupblå ögonen.

"Hur länge har du bott i Änglariket?" frågade han. "Allting här lever. Minns du de fyra benen som bar upp kartbordet? De mindre delarna bildar eller sammanfogar de stora. Har ingen talat om för dig att mineraler har själ liksom växter, djur och människor? Silverbroarna som du ser överallt därnere lever lika fullt som de människor som går på dem. Broarna tjänar människorna, men människorna, vem tjänar de?"

"Gud," föreslog jag. "Den Store Anden eller Skaparen som vi nyss besökte. Han härskar över allting i världar utan gräns, eller hur?"

"Härskar!" utropade Maorion och slog ut med armarna. "Du använder fel ord, ord som har med makt och regeringar att göra. Skaparen är ingen härskare, han är en skapare. Det är skillnad det. Silverbroarna tjänar människorna på det sättet att de hjälper dem att gå över vattnet. Det är enklare med broar än med båtar, även om båtar används här också på ganska många ställen."

"Levande båtar?" frågade jag sarkastiskt. Men ironi bet inte på Maorion.

"Det är just vad de är," svarade han allvarligt. "Båtar som byggs med insikt blir en slags levande varelser. Insikt strömmar igenom allting på den här planeten. En djupare insikt än jordens människor anar, därför att ingen har lärt er att den existerar. Insikt är visdom från individens eget inre. Det är medfödd visdom, som finns i varje DNA-mönster, men som ignoreras och sällan utnyttjas."

"Kanske för att ingen vet om det," inföll jag. "Det behövs upplysning på jorden."

"Man måste veta hur man öppnar den, man måste ha en nyckel," förklarade Maorion och började klättra nerför berget. "Kromosomerna har sin egen röst. Följ med mig så får ni träffa de gamle som är unga!" Han började vissla och jag kunde inte fråga mera. Pratande kromosomer kantänka! Jag dolde ett småleende i handen. Det passade sig nog inte att skratta och det var knepigt nog att gå på det knaggliga bergets yta, som stupade ganska brant neråt utan några hål eller upphöjningar att fästa foten vid.

"Gå inte som en jording!" fnissade Shala. "Du kan sväva lika bra som vi, men du snubblar visst omkring i dina egna tankar, du! Vänta bara, så får du bevis på att Maorion inte pratar i nattmössan!"

Faktum var att jag inte alls kände mig utomjordisk här. Jag hade faktiskt fallit tillbaka i rollen som den jordiska Janne. Kanske berodde det på att allting här var så annorlunda, så överjordiskt vackert och märkvärdigt, och ändå påminde mig om vår älskade jord på ett sätt som jag egentligen inte förstod. Det var som om allting vibrerade. Husen vibrerade, gatorna vibrerade, broarna vibrerade ... Det var en vibration som fanns i luften men som inte var störande, bara rogivande och skön. Vibrationen föll in i ens egen rytm på något sätt. Jag kände mig så som en fysisk människa känner sig när hon är så där oerhört lycklig. När man upplever någonting positivt väldigt starkt så tar det liksom tag i en och man börjar vibrera, inte sant, kära läsare? Att få gå omkring i detta lyckorus hela tiden var i sanning en gudagåva.

"Det är ingen gudagåva, det är ditt DNA och dina celler som finner gemenskap med alla andra DNA häromkring," sa Maorion vänligt. "Vet du om att du har blundat hela tiden? Det är dags att titta upp nu!"

Vi stod på en gata eller kanske man skulle kalla det för en aveny. Det fanns byggnader i form av pyramider och andra var fyrkantiga eller runda. En lummig vegetation omgav oss både mitt på gatan och på sidorna. Det fanns blommor, buskar och träd överallt. På sina ställen gav det intryck av en djungel, men jag såg varken vilda djur eller andra farligheter. Gatan - eller vad man kunde kalla den - rann som en bred silverflod rakt igenom den praktfulla växtligheten. Man kunde skymta en husgavel eller någon annan del av ett hus som blänkte till inne i "djungeln". Jag såg människor som skyndade fram och tillbaka, alla med ett målmedvetet uttryck i ansiktet. Deras hy var ljusbrun och deras hårfärg varierade, men de gav intryck av att vara indianer.

"Någon sorts indianer?" undrade jag.

"Ja, här har du mayaindianernas ursprungsplanet," smålog Maorion. "Härifrån kom de och hit har de kommit tillbaka efter att ha lämnat sitt kulturarv på jorden. Kom, ska ni få se!"

Det dröjde inte länge förrän gatan öppnade sig mot en cirkelrund plats. I mitten fanns en jättelik stele, full av uthuggna tecken och figurer. Runt den löpte ett staket, också det av sten och ganska lågt. Det var inget vanligt staket utan låga, skulpterade människofigurer som antagligen representerade personer ur Mayarikets historia. Ett jättehögt tempel reste sig i bakgrunden. Det var i pyramidform, byggt i avsatser, och materialet föreföll vara av silver. I varje fall glänste det så att det gjorde ont i ögonen. Jag blev alldeles bländad.

"Välkommen till mayaindianernas ursprungskultur!" utropade en röst i mitt öra och när jag gnuggade ögonen såg jag en man och en kvinna stå framför mig. Jag har säkert någon gång i mitt jordeliv sett bilder av mayafolket, men de här personerna liknade ingenting av det jag kunde dra mig till minnes. Det var två lysande sköna varelser. Visst var de människor i hela sitt utseende och beteende, men ändå tyckte jag de verkade gudalika. Båda smålog mycket vänligt och det var mannen som hade talat. Han var klädd i en ljus, lång mantel som hängde lös och visade en guldstickad tröja och en knäkort kjol - nej vi kallar det för kilt, så låter det bättre. Hans huvudbonad var dekorerad med broderier av guldtråd och ädelstenar. Kvinnan hade en lång ljusgrön klänning med ett vackert broderat bälte. Nertill på fållen fanns en mångfärgad pärlbård. Hon var barhuvad och hade långt, svart hår som skiftade i rött. Det märkligaste av allt var deras tänder. När de log blottades en jämn vit tandrad besatt med ädelstenar! Varenda tand hade en ädelsten anbragd på sin släta yta. Det gnistrade verkligen bokstavligen om deras munnar!

"Du kanske trodde att vi var mera lika de jordiska mayaindianerna?" skrattade mannen och tog mig vänligt under armen. "De urartade när de bosatte sig på er vackra jord. Minnena av mayafolket är fyllda av skräckberättelser om mord, tortyr och människooffer. Det blev så till slut, men det var ingalunda så från början. Följ med oss in i templet så ska du få se."

Utanpå det silverskimrande templet löpte en lång trappa med avsatser. När jag tittade på Maorion så blinkade han till mig och Shala fnittrade lite på sitt vanliga vis.

Jag undrade verkligen hur templet skulle se ut inuti och vägen upp var ganska lång och mödosam, åtminstone för den som inte kunde sväva. Men jag svävade förstås.

Byggnaden var säkert själva arketypen till mayaindianernas trappstegsformade pyramidtempel. Jag suckade saligt vid tanken på hur priviligierad jag var som fick se detta. Högst upp fanns två våningar. Den understa hade en magnifik port, inramad av utsökta skulpterade ornament. Den översta ingångsporten, allra högst upp, såg nästan eterisk ut och var inbäddad i ett prunkande ramverk av slingerväxter. Vad som fanns under dem kunde man inte skönja, men det glittrade och blänkte, så det var säkert något extra fint. Vår guldskimrande vägvisare tryckte på något ställe på den nedersta porten så den gick upp. Vi följde med honom in.

Det här liknar verkligen inte en kyrka, tänkte jag och såg mig förvånad omkring. Jag hade trott att där fanns altare och bänkar, men jag såg bara de vackraste målningar från golv till tak, och längs väggarna löpte en lång rad bekväma soffor. I mitten, på ett litet podium, stod en skulpterad stol med mycket vacker klädsel. "Här samlas prästerna till överläggningar om de problem som finns," förklarade vår guide. "Jag är en av dem och jag heter Zalanki. Min hustru här heter Miyra. Hon ska senare visa er en vanlig bostad, som till exempel vårt hem. Till de här två våningarna kommer inte allmänheten. De har sitt eget samlingsrum i nedre delen av pyramiden. Där finns också flera små rum för sjuka och bekymrade människor. Vi har präster som är läkare för både kropp och själ. Behandlingsrum har vi i bortre delen av pyramiden och en utrustning som kan bota de flesta sjukdomar."

"Röntgen till exempel?" framkastade jag så nonchalant jag kunde, eftersom jag var mycket imponerad.

"Menar du genomstrålning?" frågade Zalanki. "Vi har utvecklat ett mycket avancerat system för det, som jordens människor ännu inte funnit på."

"Hur kan det vara möjligt?" frågade jag. "Mayafolket var ganska primitiva om man bortser från deras kalender. Fick de inte med sig några kunskaper härifrån?"

"Jo, de fick ett digert bagage med sig, men de föredrog att glömma bort sin förra existens i detta universum, så kunskaperna blev ganska fort utplånade i stället för utvecklade. Det var skrivkonsten och byggnadskonsten som höll sig kvar och som har bevarat delar av deras kultur.

Skrivtecken och matematiska tecken och formler dröjde kvar i några av mayaindianernas sinnen. Likaså hade de en enastående siarförmåga som gick i arv från far till son och aldrig dog ut som allt det andra. Blodtörsten som fanns i den felaktiga religionen och våldet uppfann de själva. Det fanns på den tiden andra stammar som var fientligt inställda och som krigade mot dem. Så kom striderna och dödandet in i deras kultur. Det finns inte här. Men vi blev inte ens kvar som gudar, de skapade själva gudar och gudabeläten som deras förfäder, dvs. vi, inte kände till."

"Du måste också förstå," avbröt Maorion, "att inte alla människor var välutbildade ens om de kom härifrån. Vi visar här huvudstaden eller huvudplatsen för det ursprungliga mayafolkets kultur, men det finns på den här planeten, såväl som på andra planeter, en baksida."

"Var då?" undrade jag och såg mig omkring i rummet. Alla

skrattade.

"Inte här," sa Shala. "Ett universum är stort, begriper du väl. Vi besöker bara en av planeterna här."

"Vad finns här ovanför?" var min nästa fråga.

"Det är översteprästens heliga rum," svarade Zalanki. "Dit har ingen mer än han tillträde. Det är ett rum som på jorden användes till offer. Det enda vi har offrat här är blommor. Vi beger oss ner till de allmänna salarna i stället."

Därnere var det också fantastiskt, tyckte jag. Jag var häpen inför de tekniker som uppvisades både inom naturmedicin och psykologi. Rummen kunde inte vara mer bekvämt inredda om de funnits i nuvarande jordetid, apparaturen i den medicinska avdelningen föreföll mig så avancerad att jag inte vågade fråga om den.

"Vad allt verkar lugnt och lättflytande här," anmärkte jag i stället när vi gick ut från pyramiden.

"Vi har inga krig, ingen fiendskap, men naturligtvis är vi inte förskonade från problem," smålog Zalanki. "Det jordiska mayafolket flyttades hit när kulturen upphörde på jorden. En del inkarnerade, några få kom hit på annat sätt. Vi tog hand om de våra och vi kände stor sorg över att de hade misslyckats. Ändå bär deras efterlämnade skrifter och inristningar vittnesbörd om en långt kommen kultur, som t.ex. den berömda kalendern. När de kom tillbaka hit önskade vi att de skulle inlemmas i ursprungskulturen som vi har här. Det gick inte alls. De hade blivit envisa och enkelriktade efter jordeliven. De ville ha självstyre och så blev det. Krig, våld och annan skadegörelse är förbjudet på denna planet, men vi kan inte svara för alla våra invånare. De frön som är sådda på jorden måste läka ut i stället för att växa sig starkare. Vi sänder ut lärare i vartenda hörn av planeten och det börjar ljusna nu. Gräl och bråk blir allt mindre vanligt."

Under samtalets gång hade vi kommit ut ur pyramiden och vandrat in i den djungellika växtligheten bakom den. Zalanki hade lämnat oss för tillfället och hans hustru Miyra ledde oss till ett av de gömda husen. Det var runt, en kupol av silver och glas, där växterna speglade sig och lyste igenom som ett mönster på väggar och tak. Därinne var det enkelt, men enkelheten lyste av skönhet.

"Vi försöker alltid se till helheten," förklarade Miyra då hon såg min häpnad när jag tittade mig omkring. "Allting hör ihop, därför delar vi inte upp huset i små enheter, utan låter de olika delarna smälta samman."

Nu förstod jag att "djungeln" hade mening och syftemål. Inne i huset var det blommande träd och grenar som bildade en slags rumbersåer. Det hela var utomordentligt skickligt planerat. I mitten var samlingsrummet för familjen och därifrån utgick de olika levande, blommande avskärmningarna. I en alkov sov familjens treåriga tvillingar, i en annan lekte en femårig pojke med ett förtjusande djur som liknade en liten hund, så när som på den mycket spetsiga nosen och de stora ögonen.

Jag tyckte att allt detta tedde sig som paradiset.

"Du tänker på paradiset," viskade Shala i mitt öra. "Det här är en vanlig familjeidyll i mayaindianernas ursprungsvärld."

En leende, graciös Miyra serverade oss en underbar dryck och till den fick vi små delikata, luftiga bakverk. Jag trodde inte att jag kunde äta, eftersom den eteriska kroppen inte behöver föda, men det gick alldeles utmärkt och förmodligen såg Shala att jag blev förvånad, för hon skrattade till.

"Janne, du är inte eterisk nu! Du har samma konsistens som folket här, annars skulle de inte kunna se eller umgås med oss. Så kommer det att bli i fortsättningen också. I och med att vi satte våra fötter på den här planeten så blev vi fastare i hullet. Fast vi kan förstås sväva ändå."

"Kul!" sa jag och menade det. Kanske man skulle be om att få vistas här ett tag. Jag gillade verkligen det här ombytet mot de eteriska sfärerna.

"Varför visar ni mig bara det bästa av er planet?" frågade jag den vackra mayakvinnan.

"Om du skulle visa oss jorden, skulle du då föra oss till de platser där nöd och förstörelse härskade?" var hennes milda motfråga. "Jag tror säkert att min make visar er andra, mindre vackra delar av mayafolkets rike om ni gärna vill. Annars kan ni nöja er ned att se dem på bild."

Mycket riktigt, mayafolket hade en slags teve också! Men jag lärde mig snart att det var en oändlig skillnad på jordisk teve och denna. Hos mayafolket var den ett hologramliknande läromedel. Den liknade förresten ingenting jag hade sett förut, men en slags bildapparat var det.

"Kan en urgammal begynnelsekultur vara så här enormt välutvecklad?" frågade jag och det var Maorion som svarade:

"Från allra första begynnelsen fick befolkningarna i några av de sju universumen leva primitivt, därför att det var deras sak att utveckla en kultur. I frågan om mayafolket gick det förvånande lätt - här. Det blev en annan sak på jorden, där det redan fanns andra folk som var fientligt inställda till varandra. Här fanns alla förutsättningar att bygga upp en värld i ljus och kärlek, så som det från början var inpräntat i detta folks DNA. Fadern, Den Store Anden har aldrig nedlagt ondska, hat och andra negativa anlag i sin skapelse. Det har människorna varit bra på att skapa själva, med hjälp av den tankekraft som utvecklats hos dem och som lätt kan gå över till det negativa."

Djuren då?" envisades jag. "Jag såg en hund härinne. Det finns ju bönder, sa du, så det finns väl djur?"

"Ja, men långt ifrån alla arter som finns på jorden," svarade Maorion. "Vi har behållit arter som frivilligt ställer sig i vår tjänst eller önskar leva i symbios med vår övriga planet. Därför har vi ytterst lite fiendskap djuren emellan."

"Hur är det med själen då?" Jag viskade frågan, eftersom jag inte visste om jag var ute på hal is. Ett bullrande skratt hördes och Zalanki stod där plötsligt igen, som uppskjuten ur marken.

"Käre vän," utropade han, "tycker du vi verkar själlösa? Det finns ganska så själlösa skapelser och varelser i andra universum, men vi hör absolut inte till dem. Skaparen har givit oss själar på samma sätt som han gjort med alla övriga människor."

"Inte med djuren?" frågade jag snabbt.

"Jovisst," smålog han. "Vi älskar våra djur och behandlar dem väl. Alla arter har sin gruppsjäl, precis som på jorden. Några arter är så långt framskridna i intelligens att vi funderar på att be om individuella själar till dem. Vi har en sorts hästar som vi vet att människorna drömmer om ibland. För er är de sagoväsen. För oss är de helt verkliga och alldeles vanliga. Jag har för övrigt ridit hit på en sådan."

Utanför kupolhuset stod en enhörning. Den var inte vit som sagans enhörningar, utan kolsvart. Det ensamma hornet i pannan var vitt som elfenben. Den hade en vit strumpa på vänster bakhov. Den var smäckrare än en häst och försedd med en mjuk, elegant vit sadel och silverglänsande tömmar. Jag gick fram och klappade den och den strök sin svarta sammetsnos mot min axel. Det var ett förtjusande djur.

"Det skulle inte gå att placera ut enhörningar på er jord," sa Zalanki. "De är alldeles för ömtåliga och mycket skygga innan man blivit vän med dem."

"Jag märkte ingen skygghet, den kelade med mig," påpekade jag.

"Det får du ta som en komplimang," smålog Miyra. "Det tog flera veckor innan jag blev vän med min. Enhörningar är det vanligaste framkomstmedlet här och ett mycket miljövänligt sådant."

"Även på längre sträckor?" undrade jag förvånad. "Finns varken flyg eller tågtrafik? Hur kommer ni då till andra platser på planeten?"

"Det finns båtar," svarade Zalanki. "Vi har även flygbåtar som går på en mycket ren energi. För oss räcker det med båtar och enhörningar. Alla barn får lära sig rida när de är små och barnen älskar det! Det är lika naturligt för dem som att lära sig gå."

Sådana skäl kunde inte motsägas. Konstigt, tänkte jag, att de här människorna både verkar utvecklade i sin kultur och bakåtsträvande på samma gång. Förmodligen läste de tankar också, för Zalanki såg mycket road ut när han vinkade åt mig att följa med honom. Jag tittade på Maorion och Shala, men de skakade på huvudet och tecknade åt mig att följa med vår värd. Vi gav oss ut i buskarna igen.

Sällsamt mellanspel

Zalanki ledde mig fram till ett jättestort, rörliknande hus, som reste sig högt över trädtopparna. Vi stod åter framför en mycket vackert utsirad port. Tydligen fanns det gott om duktiga snickare.

"Det här är vårt fängelse," förklarade han. Jag kikade uppåt men såg inga fönster.

"Behöver ni ha ett sådant i det här idealsamhället?" frågade jag lite spydigt.

"Jag ska tala om för dig," smålog Zalanki, "att idealsamhället är en utopi. Något sådant finns inte någonstans. Vi har kommit så nära det går, men visst finns det brottslingar även här."

"Jag minns," sa jag fundersamt, "att någon talade om att jorden skulle bli ett paradis redan på min tid. Någon trodde att vi skulle bli helt utan problem en gång i framtiden, att alla skulle leva lyckliga och ha det bra."

"Utan ont finns inte gott," svarade Zalanki och sköt upp den tunga dörren. "Det gäller bara att reducera det onda så mycket som möjligt. Förmodligen ser vårt fängelse inte ut som jordens, inuti finns inte så många brottslingar. Vi har inte knark, våld eller

våldtäkter, inga stora stölder eller bedrägerier, inte mord ..."
"Vad har ni då?" frågade jag förundrad. "Finns det mer ondska
än det du räknade upp?"
"Ja, onda tankar," var svaret. "Vi läser tankar här. Därför kan
vi så lätt avvärja brottslighet. Men de onda tankarnas bärare måste
besinna sig en tid. Då kommer han/hon hit. Här finns undervisning
och terapi."
Vi kom in i ett runt rum i vars mitt en spiraltrappa ledde upp
till nästa våning. En vakt välkomnade Zalanki och pekade på
trappan.
"Härnere finns olika behandlingsrum, matsal och kök,"
förklarade Zalanki och så gick vi upp för spiraltrappan. "Resten av
huset bebos av fångarna."
Jag rös lite när vi kom upp. Det liknade ett fängelse med staket
omkring mitten, där trappan fanns, sedan numrerade dörrar. Jag
vacklade till och allting snurrade ...

Jag satt i en grå cell och var klädd i grått. Britsen jag satt på var hård
och smal och det fanns bara en liten glugg högst uppe, en potta i en
nisch och ett handfat med en handkanna med vatten. En sliten
emaljmugg stod bredvid. Bibeln, psalmboken och en annan liten
moraliskt stärkande skrivelse var det enda läsbara som fanns där. Jag
visste att jag var orättvist behandlad. Jag hade erkänt för att hjälpa
mina kamrater och eftersom jag sett vad de gjorde - vilket i och för
sig var en bagatell - så kände jag mig delaktig. Det var bara jag som
blev straffad, Johan From som jag kallade mig i en berättelse, Lars
Hård i en annan.
Jag ruvade över ett orättvist öde. Kanske ändå det var
upptakten till min berömdhet som författare. Jag tecknade ner mina
känslor, min rädsla, ja, skräcken och skammen som jag trodde att jag
måste bära med mig hela livet. Hur länge skulle det dröja innan jag
återsåg mina älskade prästgårdsängar, min boskap, mina träddungar,
alla blommor och fåglar och smådjur som jag dagligen umgicks med
därhemma? De var jag - jag var inte den ledsamma grå figuren som
satt halvsvulten och stirrade på de nakna cellväggarna med obscena
tänkespråk, ditkluddade av tidigare besökare.
Jag började gråta i hejdlös förtvivlan över mitt öde och mitt
självpåtagna martyrskap. Råttorna skrek och slogs vid mina fötter,
de kilade över mina ben, de pep och krafsade och framför allt så
luktade de. Vägglössen var lika osmakliga. Jag brukade plocka bort

dem i cellmörkret, en efter en, och dränka dem i nattkärlet. Jag kände inte ens någon ånger över denna makabra handling, bara lättnad.

"Jan, Jan, vakna!" Någon skakade mig lätt i armen och jag såg upp i Zalankis bekymrade ansikte. "Du föll på knä här ovanför trappan och försvann i ett minne eller en otäck dröm. Jag ville ju bara visa dig hur bra våra fångar har det."

Jag reste mig upp och skämdes. Ett gammalt plågsamt minne hade klamrat sig fast vid mig och vaknat upp i den här omgivningen. Jag bad Zalanki om förlåtelse och ursäktade mig med att del hade varit för många nya intryck. Han skrattade bara och vinkade åt mig att följa med. När dörren till en av "cellerna" öppnades häpnade jag över den komfort som detta fängelse uppvisade. En bekväm säng, ett eget toalettrum med dusch, ett skrivbord, en skön stol, bokhylla och andra bekvämligheter.

"Kom ihåg att dessa fångar inte har gjort några svåra brott," påpekade Zalanki. "Det är lättare att handskas med dem när de är rena och friska - ja och faktiskt nöjda, åtminstone de flesta. De brukar ganska snabbt inse sina felsteg och lova bot och bättring. Vi vet vilka vi ska tro och vilka som är opålitliga."

Det kunde inte hjälpas att jag pustade ut en lättnadens suck när vi lämnade fängelset. Jag kan nog inte ens i min nuvarande lätta lekamen komma riktigt överens med straff och fångenskap. Jag passade på att fråga:

"Var det brott och våld som gjorde slut på mayaindianernas kultur på jorden?"

"Nej Jan," var svaret. "Den dog ut på grund av en fruktansvärd torka."

Shala välkomnade mig med sitt vanliga glada skratt. Jag berättade för henne om mitt nesliga svimningsanfall.

"Som du vet har vi låtit dig behålla en del av minnet från ditt sista jordeliv," förklarade hon, "därför att det kan vara till nytta för att inspirera ditt medium på jorden. Ibland dyker minnet upp vid fel tillfälle, som nu, och vi har glömt att lära dig hur du ska tackla en sådan upplevelse. Du blev chockad av ett minne som du inte ville ha kvar, men kanske ditt medium hade nytta av detta. Nu ska vi flytta på oss igen, Janne! Vi ska hälsa på hemma hos Maorion."

"Till en ny planet?" undrade jag.

"Nej, till en annan plats på denna. Jorden är en planet. Finns bara Sverige där? Den här planeten är ungefär lika stor som jorden"

"Jag tänker visst fel," ursäktade jag mig. "Vi ska alltså till ursprungsmaorierna?" Hon nickade. Nu var Maorion där med sin mantel igen. Vi tog farväl av våra nyblivna vänner Zalanki och Miyra och inbjöd dem att hälsa på oss på våra eteriska breddgrader.

Därefter bar det iväg.

4. Den Maoriska Ursprungskulturen

Behändigt sätt att resa, tänkte jag, men hann inte tänka tanken till slut så var vi där ... men var?

Återigen ett lummigt landskap som ovanifrån visade skog, berg och varma källor som sprutade sitt ångande vatten upp mot skyn. Som på Nya Zeeland, tänkte jag och undrade varför jag aldrig hunnit resa dit under min jordetid. Vi landade mjukt och då stod vi mitt i ett landskap som lika gärna kunde ha funnits på jorden - ett landskap gammalt som livet självt. Det här var också en jord, inte vår, men ändå en slags syster till Moder Jord.

Det liknade inte alls mayafolkets djungelliknande planteringar. Det här landskapet var mjukare, mer inbjudande trots sin vildhet. Det vilda och det mjuka passar bra ihop, tänkte jag med ett småleende, för det finns ingen mjuk och beskedlig människa som inte någonstans på botten har en vildhet som hon inte vill erkänna. Det finns heller ingen vild och obändig själ som inte kan känna ögonblickets mjuka, ömma smekning.

Dessa tankar föranleddes av att vi hade kommit fram till ett vattenfall som vida överträffade Niagara. Vi stod nedanför dess våldsamma, öronbedövande brus, just där skummet yrde som värst för att en bit längre ner föra samman sina glittrande pärlor till en mjuk och lugn lagun, där jag tyckte mig se delfiner flyga upp ur skummet och göra vilda saltomortaler i den ljumma, behagliga luften. Ljuset var mycket klart och fastän jag inte kunde se någon sol, så sken den. Någonting sken!

"Jag var bara tvungen att ta en titt på mitt älskade vattenfall," anförtrodde oss Maorion. "Hit gick jag alltid när jag var ung och kände att mitt inre var nära att ge efter för det uppror som utgör tonåringens trauma. Våldsamheten i vattenfallet svarade mot min egen våldsamhet och lugnade ner mig totalt. Motsägelsefullt, eller hur?"

Jag nickade i tankfullt samförstånd. För mig hade lugnet infunnit sig hemma i hagen bland korna och med den fuktiga myllan under mina nakna fötter. Var och en har sitt smultronställe.

"Som du ser bildar vattenfallet en liten fin sjö," påpekade Maorion. "Från den rinner en älv som har förgreningar till havet. Jag har gjort många kanotfärder på den sjön och skulle inte ha någonting emot en sådan igen! Men nu ska vi ta oss till mer bebodda trakter."

Vi kröp in i manteln och vips, så var vi på nästa ställe. Jag kände väldigt lite till maoriernas kultur och levnadssätt, så det skulle bli svårt att jämföra. På något sätt kopplade jag alltid ihop dem med aboriginerna i Australien och jag hade fått för mig att de båda kulturerna liknade varandra. Det skulle visa sig att på den punkten hade jag fullkomligt fel.

Vi befann oss inte längre i naturen. Staden eller byn omkring oss är svår att beskriva. Där fanns palats av marmor och glas och hus i olika former. De låg inte tätt intill varandra som husen gör i en modern stad, utan ganska glest. Jag tittade efter kojor, som jag hade fått för mig att maorierna bodde i.

"Var är de små kojorna?" frågade jag. Maorion skrattade hjärtligt.

"Du far efter indiankulturer," sa han. "Där finns det kojor. Maorierna härstammar, precis som polynesierna och filipinerna och många fler, ifrån Atlantis. På sin tid var Atlantis ett vida utbrett landområde, större än vad man tror i de olika myterna om den kontinenten. Kulturen stod högre än ni någonsin kan föreställa er. Det finns bevis för att Atlantis har existerat, det blir bara alltför mödosamt för jordens vetenskapsmän att rita om kartorna. Det är enklare att kalla Atlantis för en utopi. Men i själva verket fanns det en hel del folkslag på Atlantis, och när kontinenten gått under räddade sig många av dem och bildade nya stammar på de delar av jorden som fanns kvar. De kunde inte återuppbygga sin enastående kultur, många hade efter katastrofen förlorat minnet. De var strandsatta på en främmande kontinent och måste börja om från början."

"Konstigt," tyckte jag. "Någonting hade de väl kvar?"

"Om jordingar strandsattes på en öde ö, tror du att det första de skulle uppfinna var en mobiltelefon eller en teve eller en radio? Det första som gäller då är att överleva, att få tak över huvudet och mat i magen. En utveckling mot en högtstående civilisation tar mycket lång tid, hundratals år kanske."

"Men att stanna kvar på infödingsstadiet," protesterade jag.

"Vad är det för fel med att vara inföding?" frågade Maorion strängt. "Du vet väl inte vad som rör sig i en infödings hjärna? Många av dem du kallar infödingar och som lever på Nya Zeeland nu är både advokater, läkare och politiker i ledande ställning. De går inte omkring i höftkläden och slår på trummor."

Jag teg. Snobben i mig hade gjort en liten dum utflykt. Jag ville nog helst glömma mina invändningar. Maorion tittade på mig och smålog.

"Det är bra att du inte tar allting för givet," sa han. "Nu ska vi se oss om ordentligt. Hela staden är omgiven av fruktträdgårdar och vinodlingar och överallt ser du människor som tar vara på dessa rikedomar."

Människorna, ja. Jag har aldrig träffat någon maorier före Maorion, så egentligen vet jag inte alls vad som är typiskt för deras utseende. Små, knubbiga, bruna och krullhåriga hade jag föreställt mig. Här mötte mina blickar långa, slanka muskulösa män med ljusbrun hud och en hårfärg som varierade mellan svart och mellanbrun. Krullet förekom sparsamt! Kvinnorna var vackra och de hade de mest egenartade frisyrer. Jag har aldrig sett något liknande. Shala såg hur jag stirrade på en ung kvinna som hade rödaktigt hår uppsatt till en knut mitt på hjässan. Från den knuten dinglade lockar runt hela huvudet. Metallglänsande trådar var inflätade överallt tillsammans med blommor i olika färger. Ovanpå knuten vilade en krona, även den gjord av hår.

"Kronan är säkert av löshår," viskade Shala. "Visst är hon fin?" Hon fnissade högljutt åt mina förskräckta blickar. Kvinnan hade nämligen en djupt urringad överdel med en lång och en kort ärm. Sedan var hon bar långt ner på höften medan kjolen var lång och vid med ett litet släp.

"Säkert är hon rik och förnäm också," fortsatte Shala, men Maorion avbröt henne.

"Här förekommer inga klasskillnader," sa han. "Ovanlig klädsel visar bara fantasi. Det uppskattar vi här. Vi gillar också ovanliga tankar. När vi samlas runt eldarna på nätterna, som är ganska kalla här, är favoritsysselsättningen att lyssna på ovanliga idéer och spännande berättelser. Sedan har vi diskussioner. Ibland har vi pantomimer och gissningstävlingar. Vi har många härliga ceremonier och i kväll ska du och Shala få närvara vid en. Vi ska hylla den Högste Anden. Gäster blir Rädslan, Ondskan och Maktlystnaden."

"Hur har ni det med idrotten då?" frågade jag.

"Vi har många idrottsgrenar, där både män och kvinnor deltar," svarade Maorion. "Även om vi tävlar så blir det aldrig slagsmål och aldrig frågan om pengar som på jorden. Pengar används visserligen till livets nödtorft men aldrig i tävlande syfte. Boxning finns inte, brottning kan förekomma i en förmildrad upplaga om man jämför med jordens råa uppvisningar. Simning är ett måste, här finns så mycket vatten. Löpning är en omtyckt sport. Vi har olika spel, som ni inte känner till på jorden."

"Jag är inte kvar på jorden," upplyste jag tålmodigt. "Du pratar hela tiden som om jag var en dum jording." Maorion brast i gapskratt.

"Förlåt!" utropade han. "Jag menade inte så. Men jag anser att bland de sporter som bedrivs på jorden numera finns många som inte alls är bra för den mänskliga kroppen. Det är ofta bara en tävlan om att hålla ut, att tänja kroppen till onormala funktioner och att försöka lura och övertrumfa sina medmänniskor. Här är sporten något vackert och nyttigt. En del är bra och en del är dåliga utövare, men alla hjälper varandra. Det är gemenskapen och den ömsesidiga respekten som räknas här. Ingen ser ner på någon annan."

"Då har ni väl inte mobbning i skolorna heller?" frågade jag. Maorion rynkade ögonbrynen och Shala fnittrade.

"Vad är mobbning?" frågade han. Tänka sig att denne höge ande inte kände till det ordet. Fastän ande ... var han ande eller fysisk person? Jag beslöt mig för att fråga. Annars får man ju inte veta något.

"Mobbning är till exempel att skolbarn är elaka mot varandra - mycket elaka; att ett barn utsätts för de andra barnens kränkande tillmälen, att ett barn blir utstött ur gemenskapen. Barnet kan t.o.m. misshandlas av kamraterna. Förlåt, men är du fysisk eller psykisk eftersom du inte känner till detta?"

"Någonting sådant förekommer inte i våra skolor eller någon annanstans på den här planeten," svarade Maorion allvarligt. "Barnen lär sig från början att respektera varandra som de själar de alla är - och har. På din andra fråga svarar jag att jag varken är det ena eller det andra, räknat i jordiska termer. Jag kan röra mig fritt i våra universum och jag materialiserar mig utan svårighet när det behövs. Min övergång från maorierna skedde för tusentals år sedan. Jag räknar mig inte som ande, men i jordiska ögon kanske jag är det. Egentligen tillhör jag en grupp i den Centrala Rasens universum, men därom ska vi tala mer så småningom. Jag utsågs till din guide här på grund av det du behöver lära dig."

"Finns här vetenskapliga institutioner och laboratorier?" undrade jag.

honom. Han gjorde en del rörelser, som att buga sig, knäböja, lyfta armarna etc. Vi gjorde förstås likadant och jag såg noga till att Shala var i mitt kölvatten. Då räckte hon ut tungan åt mig. Hon var en riktig liten busängel. Ibland undrade jag om hon hade gått över vid mycket låg ålder, tretton, fjorton år kanske, och inte hade fått leva ut sin barnslighet.

Nu hände det något. De svävande barnen bildade en ring i luften ovanför människorna som stod i ring på golvet. Gudagestalterna - om det var gudar de föreställde - började snurra runt, runt och det blev mer gnistor. Det var hett därinne och doften från alla rökelsekärlen började bli kvävande, tillika med människornas starka utdunstning. Jag började må illa och Shala höll sin sjal för både näsa och mun. Mannen framför oss pekade framåt, men då bestämde jag mig för en rask manöver. Jag tog sikte på dörren och med en snabb rörelse svepte jag upp Shala från golvet och bar henne med mig mellan kompakta människokroppar fram till dörren och ut i friska luften. Där släppte jag ner henne, inte helt milt, och tog ett djupt andetag.

"Säkert var ceremonin underbar," flämtade jag. "Men jag orkade inte. Man måste vara barnafödd med sådan trängsel. Och du bara flabbar..."

"Det är nästan förståeligt när det gäller den oinvigde," hördes en röst och när jag vände mig om stod Maorion där. "Synd att ni inte fick se hela ceremonin, den är sevärd. Men jag ska försöka förklara meningen med de olika figurerna som uppträdde."

"De där svävande barnen," började jag, men Maorion avbröt mig.

"Det var inga riktiga barn," smålog han. "Det var hologram. Att göra hologram är ganska vanligt både på den här planeten och andra. Det är praktiskt för att de inte behöver fast mark under fötterna som vi, de svävar alldeles utmärkt på ganska hög höjd."

"Men luften var tät," inföll Shala. "Man kunde nästan inte andas."

"Maorierna är vana vid det," svarade Maorion. "För dem innebär både tonerna och rökelsen en medvetandehöjning och då förändras deras kroppsfunktioner till ett nollställt beteendemönster. De är helt enkelt inte medvetna om sin kropp."

"Har de fört med sig den konsten till jorden?" undrade jag.

"Kanske i någon mån, alldeles i början," svarade han. "Men de beblandade sig så snabbt med polynesier och sedan med andra folk som besökte Nya Zeeland att de gamla lärdomarna föll i glömska och nya skapades. Därför är den religion som nu är deras tradition på jorden inte den ursprungliga kulturen, även om den är mycket gammal den också. Barnen ni såg, som seglade i luften och utlöste gnistor, hänvisar till en rit härifrån. De föreställer ofödda barn som letar efter föräldrarna och gnistorna uppstår när de finner sin familj.

På jorden anser maorierna att när ett spädbarn nyser vid födseln, så är det bevis på dess livskraft. De kallar denna livskraft mauri och det ordet härstammar faktiskt härifrån. När folket därinne bildade först grupper, sedan ringar, så innebar det att gruppernas gemenskap så småningom övergår i den täta cirkelns gemenskap och samarbete, och där blandas också livskraften in och blir till en gemensam kraftyttring. Den är så stark att den kan förflytta berg - och det har faktiskt hänt."

"Jag har hört att maorierna har ritualer i vatten," sa Shala. "Vad betyder de?"

"Som jag nämnde förut anser vi här att vatten är en del av livet," svarade Maorion. "Det är ingen ritual här, bara en väsentlig del av våra rutiner, som simning, vattenlekar, tvagning och rening. Maoriernas präster på jorden står upp till midjan i vatten för att skydda sig mot de krafter de framkallar. Det har de inte fått härifrån. Vi kallar inte på krafter som vi är rädda för och dessutom har vi inga präster. Vad ska vi med dem till?"

"Det har förekommit präster i olika former på jorden i alla tider. Till och med under hednatiden fanns det präster som utförde sina mörka riter," invände jag. "Människor behöver någonting att tro på, men de kan inte tänka i de banorna själva, därför får de hjälp av präster. Är det inte så här?"

"Ingenstans på den här planeten finner du präster," smålog Maorion. "Det finns andliga ledare, olika sorters hjälpare att vända sig till vid behov, men vi är inte splittrade i olika religioner. Hela planeten är genomsyrad av en enda tro - nämligen tron på Skaparen. Alla vet om den Centrala Rasen och den skapande Guden. Ingen skulle någonsin komma sig för med att tvivla på detta. Den tanken förs in i barnet med modersmjölken, så den är nästan medfödd."

"Indoktrinering på hög nivå," muttrade jag. "Varför kan inte var och en, som på jorden, bestämma vad han/hon vill tro på? Har ni grupptänkande här, likasåväl som gruppkraft?"

"Bra fråga," nickade Maorion. "I så fall vore vi ett lag med marionetter i Skaparens skickliga händer. Så är det emellertid inte.

Den som växer upp här och börjar undra och tvivla och ifrågasätta har vi full förståelse för. Den individen får genomgå en invigning, som till fullo besvarar alla hans frågor på ett så nöjaktigt sätt att det inte går att bestrida ens av den skickligaste lagvrängare."

"Individens känsla då?" frågade jag i bestämd ton. "Behåller han sin känsla i den där invigningen, eller blir den helt borttagen så att han bara förstår det som andra vill att han ska förstå?"

"Nu sa du något viktigt," svarade Maorion belåtet. "Känslan styr människan. Det är jag helt med på. Känslan kan bearbetas, styras åt olika håll och höjas till enorma nivåer - om man själv vill. Alla vet att om man går emot sin känsla kan det gå galet. Det är det första barnet får lära sig här innan det börjar skolan. Lyd känslan, lyssna till ditt undermedvetna, lyssna till dina känslor och ta reda på varifrån de kommer, detta måste alla föräldrar lära sina barn och det kollas upp, kan du tro."

"Det låter som om här finns en Storebror i alla fall," kunde jag inte låta bli att säga. Maorion såg åter oförstående ut.

"Jag vet inte vad du menar. Det jag berättar är den urgamla kulturens stöttepelare. Utan individens deltagande i detta skulle vår kultur ha fallit, så som alla kulturer gjorde mer eller mindre när de kom ner till jorden. Vi har frihet, Jan - en enastående, underbar frihet. Alla är fria. Det finns inget tvång någonstans. Kulturens olika yttringar har uppstått ur fria individer och accepterats av fria individer. Vår skapelse skedde tidigare än jordemänniskans. Vi är inga nybörjare, men de flesta av oss är lärare. Lärare som lär varandra."

Jag kunde inte säga emot honom. Medan vi pratade hade vi avlägsnat oss från staden och kommit ut på landet. Maorion gick målmedvetet en stig som förde oss neråt över en grön kulle, som ledde ner i dalen där älven rann. Därnere fanns en liten hamn med en mängd båtar. En äldre man kom ut ur ett litet skjul och hälsade hjärtligt på Maorion.

"Nu ska vi nog åka båt," viskade Shala. Hon hade rätt. Mannen visade oss en stor segelbåt, som verkligen var läcker. Den var rosafärgad med ovala landskapsmålningar i fina färger utefter båtens långsidor. I fören reste sig en utomordentligt vacker galjonsbild som föreställde en delfin med ett älskligt, gyllene barn på ryggen. Seglen var gula och rosa. Båten var lite bredare än våra vanliga segelbåtar och såg ut att vara stadig. Jag har alltid föredragit stadiga båtar och jag såg på Shala att hon tänkte detsamma. Vi klev ombord.

Samtal på båtresa

"Jag fortsätter gärna att redogöra för livet på den här planeten," sa Maorion, när han hade satt sig tillrätta vid rodret. "Enligt vad jag kan beräkna är vi ganska många hundra år före er i tiden. Som ni ser har människornas yttre inte förändrats så mycket. Hud och hår varierar, vi har annars förblivit maorier, med den kulturens speciella kännetecken. Det var likadant hos mayaindianerna som ni såg. Titta nu på landskapet som glider förbi, det är det vackraste landskap jag vet."

Det kunde jag förstå. Shala och jag gav ömsevis ifrån oss beundrande utrop. Det var en blandning av att åka i en norsk fjord med höga, skogklädda berg på båda sidor och komma ut i en silverblank sjö med lummig, tropisk vegetation omkring och sedan in bland bergen igen. Landskapet varierade mellan förförande mjukhet och sakral högtidskänsla, men överallt fanns en sådan glädje. Jag vet inte om det berodde på ljuset, som ömsom låg som skira pastellfärgade slöjor över vattnet, ömsom lekte i våldsamma färgkaskader på himlen ovanför oss. Det var nästan synd att prata.

Maorion satt med handen på rodret och kärleken till det han såg lyste om honom. Hela hans gestalt var omgiven av ett speciellt ljus, milt men ändå fullt synligt. Jag undrade i mitt stilla sinne om det var så kärleksljuset yttrade sig. Shala och jag lyste inte, det konstaterade jag kallt genom att titta på min söta följeslagerska och att sträcka ut min arm över vattnet.

"Du lyser, Maorion," konstaterade jag.

"Det är för att jag trivs," skrattade han, "tillsammans med två goda vänner ute på böljorna. Det här är min egen båt, den har jag haft länge, länge. Jag tar alltid en tur när jag är hemma, men den här gången blir det inte en liten tur. Min båt får pröva sina vingar - eller ska vi säga segel? Har du något att fråga, Jan?"

"Jag tänker på döden," svarade jag och nästan skämdes över att prata om död i detta levande, undersköna landskap. "Hur gamla blir människorna här? Vad händer när de dör?"

"Bra frågor igen, Jan!" svarade Maorion leende. "Vi har en hel del besök att göra på den här planeten, sedan ska vi tillbaka till den plats dit vi kom först. Då kommer du att få veta en hel del, men jag ska försöka svara på din fråga så uttömmande jag kan.

Maorierna här blir mestadels väldigt gamla. Flera hundra år är ingenting ovanligt. Det måste vara svårt för en ex-jording att förstå. Men de lever på rätt sätt och har få eller inga fiender. När en av oss dör blir det en ganska långdragen ceremoni. Den döde placeras i en öppen kista, som omges av ett hav av blommor. Endast huvudet är fritt från blomsterprakten. Vi balsamerar våra döda så att de ser ut som om de sov. En överenskommelse har gjorts, medan han eller hon levde, om de vill kremeras eller icke. Tillsammans sjunger vi för den avlidne, små barn dansar en rituell dans och därefter höjer vi en sorgebägare. Vi gör allt tillsammans. Ingen får gå fram och gråta enskilt. Vill man gråta så gör man det under ceremonin tillsammans med de andra. Ljus och rökelse finns i rikliga mängder. Tonerna är också med."

"Menar du tonerna vi hörde vid ceremonin där det var så kvavt?" avbröt jag.

"Ja precis. Det är en slags musik som vi har haft med oss i eviga tider. Tonerna finns och är sin egen musik."

"Sin egen musik?" Nu var det Shala som avbröt. "Musik måste väl utövas av någon eller något?

"Inte den här musiken," svarade Maorion stilla och hans ansikte var som förklarat. "Den sköter sig själv. Den är levande och den uppträder när vi ber om det. Den kan också komma när vi minst anar det och mest behöver det."

"Musik som är levande och sköter sig själv," upprepade jag. "Det finns bara inte!"

"Jo, här och därborta i Mittens Universum," svarade Maorion. "Man väljer inte. Den bara kommer och det är alltid den rätta musiken." Jag avstod från att fråga vidare. Förmodligen skulle jag inte begripa svaret. Tonerna var härliga, det fick räcka.

"Jag tänker inte låta er få besöka alla landområden på planeten, eller alla kulturer," återtog Maorion. "Det räcker med några stycken. Vi vill att Jan ska se och lära sig det verkliga ursprunget så att han kan föra det vidare via sitt medium."

"Vem begriper det här?" utbrast jag förskräckt. "Läsarna kommer bara att tro att jag har hittat på alltihop för att ge dem underhållning."

"Det finns vissa förbindelser mellan jordefolkens kulturer och våra," svarade Maorion tålmodigt. "Mer behövs inte för att man ska kunna ana ursprunget. Det är strax dags för oss att besöka en annan kultur. Min båt har samma egenskaper som mycket annat på dessa breddgrader: den för oss till ett nytt mål."

"Jag blir snurrig i huvudet," sa jag lite surt. "Det blir för mycket. När ska vi återvända till änglabasen?"

"När du har lärt dig det som är nödvändigt," var svaret. Älven hade breddats och jag antog att vi skulle komma till en ny sjö. Det gjorde vi inte. Vi kom till havet. På ena sidan fanns plötsligt sandstränder med höga dynor och jag såg en valfena sticka upp lite längre bort, där havet sträckte ut sina oändliga vågkammar. Några delfiner lekte sin silverglittrande lek i skummet från vår båt.

"Delfiner är nästan människor," viskade Shala i mitt öra medan Maorion gjorde en tvär gir med rodret. Det hade blåst upp och vinden var ganska kraftig.

"Det fanns gott om delfiner på Atlantis," berättade Maorion. "De skickades ut i hundratal just innan landet gick under. Delfinerna varnade människorna, men människorna brydde sig inte om det. De hade lärt sig delfinernas språk eftersom de underbara djuren ofta lekte i vikarna och inte alls var skygga för människorna. Särskilt barnen älskade dem - och de älskade barnen. Båtar som den här var vanliga just på Atlantis. Maorierna bosatte sig först där när de sändes till jorden, men de bidrog inte särskilt mycket till att rädda landet. De hade ju tagit med sin kultur härifrån, men den var inte så värst populär hos andra Atlantisinvånare. Eftersom de ännu hade kvar kunskaper härifrån och kunde förutse de katastrofer som skulle hända, så begav de sig av därifrån innan havet tog sin tribut av det vackra landet.

Eftersom deras ursprungsland hade så många sjöar och hav och andra vattenvägar, så var de duktiga sjömän. Några av dem hamnade på Nya Zeeland, andra i Polynesien."

"Det var en ny bild av historien," avbröt jag. "Sådant får inte barnen lära sig i våra skolor."

"Era skolor lär ut mycket som är fel," bekräftade Maorion leende. "Om historiens rätta gång vore känd så skulle er värld vara en helt annan, med tankens kraft i fokus för all slags lärdom. Tyvärr blev det inte så och därför måste det ske svåra saker igen på jorden för att människorna ska lära sig att förstå."

"Vart är vi på väg nu?" undrade Shala, men hon fick bara ett leende till svar. Havet omslöt oss med sina djupt blågröna armar och på himlen hade solfärgerna bleknat och djupnat till något som liknade en safir, med en skimrande vit glöd i mitten, ett ljus som låg förborgat i ädelstenens innersta vara. Det fanns inga andra stjärnor, endast denna djupt liggande safir.

"Bara en stjärna på himlen," konstaterade jag. "Men den är då sällsynt vacker!"

"Det är er jord, sedd härifrån," smålog Maorion. "Det trodde du väl inte? Visst är den vacker - hoppas bara att den förblir det. Det sker en kapplöpning om att förstöra ert ljuvliga klot och det måste förhindras."

"Av vem?" frågade jag dystert.

"Det visar sig när den yttersta gränsen har nåtts," var det kryptiska svaret. Jag fick inte tid till fler kommentarer, ty ett plötsligt dis omgav båten. Det kändes fuktigt och kallt, precis som en dimma ska kännas ute till havs. Vi såg inte varandra, så vi satt alldeles stilla, men jag kände Shalas hand i min. Om det gav mig eller henne trygghet vet jag inte. Men jag vet att dimman revs itu som ett pappersark och att vi fortfarande satt i båten. Nu befann vi oss i en kanal. Den var smal och slingrig och naturen på båda sidor gav mig ett intryck av Peru. Där har jag aldrig varit, jag bara visste att Peru måste se ut så här, med höga skogklädda berg så långt man såg.

"Nej, du är inte i Peru, Jan," försäkrade tankeläsaren Maorion. "Det här landskapet är bergigt, men här finns skog och slätter också. Vi ska besöka inkaindianerna och aztekerna som också bodde här innan de inkarnerade på jorden. Stammarna skickades dit ungefär samtidigt. Men de förändrades på det gruvligaste sätt när de etablerade sig i Mexiko och Peru. Rikedomen och skönheten som de fört med sig härifrån blev en religiös pompa som användes vid deras hemska offerceremonier. Till straff måste de dö ut på jorden. De hade kunnat bli kulturbärare av hög klass, precis som mayafolket, men ingen av dem blev det. I den värld som är i dag på jorden håller ungefär detsamma på att ske. Människor offras oskyldiga i en aldrig upphörande terror."

En brygga byggd av stenar sköt ut från stranden lite längre bort. Maorion styrde direkt till bryggan och angjorde båten. Nu klev vi av i ett nytt okänt land.

5. Inkafolket och Aztekerna

Det fanns inga andra båtar vid bryggan och stranden var tom. Inte en människa syntes till.

"De har sin årliga solfest," förklarade Maorion. "Det är månfest varje månad, men solfesten sker bara en gång om året: i dag. Därför har jag styrt oss hit."

Knappt hade han talat till punkt förrän folk strömmade fram från alla håll och kanter. Det var indianer, tänkte jag, fastän ändå inte vanliga indianer. De var vackert klädda i brokiga, färggranna kläder och med sagolika guldsmycken. Tydligen fanns det guld här också.

"Här finns massor av guld," nickade Maorion, "precis som på jorden förr i tiden, innan den blev nästan uttömd på de dyrbaraste mineralerna. Det är här alla stammar har lärt sig att finna guld och att bearbeta det. Den kunskapen förde de med sig till jorden. Det finns fortfarande guldskatter gömda i bergen där och frågan är om de någonsin kan hittas."

En kvinna kom fram till oss. Hon var högrest och svarthårig. Hennes ansikte var långsmalt med en ganska stor, böjd näsa. Hon var imponerande och det syntes att hon hade auktoritet.

"Välkommen, sällsynte gäst Maorion", sa hon och log ett varmt leende, som förändrade hennes ganska hårda drag till något helt förtjusande. Först tyckte jag att hon var ful, nästan frånstötande, men när hon log var hon vacker. "Du har tagit med dig gäster hit, ser jag. De är också välkomna."

Maorion omfamnade henne och förklarade sitt ärende. Han förklarade att han hade med sig en gäst från de angeliska rikena för att denne skulle lära sig om ursprunget. Shala var också en representant därifrån. Kvinnan tycktes vara högsta chefen här, antagligen en drottning eller gudinna.

"Tera styr på sätt och vis inkafolket här," berättade Maorion när han såg min frågande blick. "Hon är vis och högt uppskattad och folket vill själva ha henne som ledare. När inkas kom till jorden beslöt de sig för att endast ha manliga ledare och så blev det. Det var en liten utbrytargrupp härifrån som sändes till Peru. Det förekommer utbrytargrupper även på den här planeten, förstår ni. De är absolut inte perfekta. Men de flesta utbrytare brukar låta tala med sig när

Tera har gett dem en sträng, men rättvis behandling."

"Tortyr?" viskade jag förskräckt. Maorion brast ut i gapskratt. "Hon lär dem att se in i sig själva," svarade han. "Introspektion brukar ni visst kalla det. Meditation med ett bestämt syfte. Hon släpper dem inte förrän de har förstått vad de håller på med och vilka de egentligen är."

Nu omringades vi av alla de glada människorna och fördes iväg genom ett skogsområde. Tera gick i täten tillsammans med Maorion. De var tydligen gamla vänner. Jag hoppades i mitt stilla sinne att den här ceremonin inte skulle bli lika het och stimmig som hos maorierna. Den slags kropp jag hade nu var tydligen känsligare än den "normala" änglakroppen. Jag smålog åt min egendomliga tanke.

Inkafolket och aztekerna var blodtörstiga gynnare, tänkte jag vidare. Jag visste att aztekerna offrade människor till solen eftersom de trodde att solen annars inte kunde färdas över himlen. Människohjärtan och blod krävdes dagligen för att solen skulle bli nöjd, det var en helig plikt. Inkas var lite snällare, de offrade människor endast när de fruktade större katastrofer. Då offrades barn - det var också ruskigt. Jag ryste vid tanken. Var det dessa historiens vampyrer jag skulle träffa om en liten stund?

Slätten vi kom fram till gav inte intryck av att vara en offerplats. Jag vet inte hur jag ska kunna beskriva den så att läsaren förstår hur fantastisk och dramatisk denna heliga plats var. Jag har aldrig själv varit i Stonehenge, men jag har sett bilder därifrån. Det är det närmaste jag kan komma när jag ska beskriva dessa enorma vita pelare som lyste i ett himlaljus som påminde om aftonrodnaden. Pelarna var ordnade i en yttre cirkel och bildade en slags byggnad utan annat tak än himlavalvet. Det fanns stenbalkar som vilade över de pelare som stod i mitten av cirkeln och de var lagda på ett sätt så att de bildade ett märkligt nätmönster. Alltsammans var genomlyst, skimrande och bländande skönt.

"Det här är inte klokt!" utbrast jag på hederlig nittonhundratalssvenska. Shala fnittrade till som hon brukade göra. "Det är nog väldigt klokt ordnat," viskade hon. "Populärt tycks det också vara."

En förskräcklig massa folk var församlade. När vi kom närmare såg jag att i mitten av "pelarhuset" fanns en stenportal med en talarstol av rent guld. Där satt redan Tera. Maorion hade stannat hos oss.

"Välkomna!" hörde jag Tera ropa. "Fatta varandras händer och börja den heliga dansen."

Det var inget annat att göra. De som stod omkring oss tog våra händer och strax drogs vi in i ringen av människor som sakta rörde sig medsols under tystnad, med ansiktena vända utåt. Inte ens en harkling hördes. Alla jag såg hade indianska drag och var klädda i mycket praktfulla dräkter. Både vuxna och barn var med.

Så kom tonen. Musiken som spelade sig själv, tänkte jag. Den liknade ingenting annat i musikväg, det var de mäktigaste klanger jag någonsin hört. Vid den första klangen föll alla på knä och jag höll på att trilla omkull av den plötsliga knycken i armarna. Men jag kom förstås snabbt på knä, jag med. Här seglade inga väsen omkring i luften, här utförde man tydligen dansen tillsammans. Tonerna fortsatte och visade att folket kunde sin dans. Vid ton nummer fem reste vi oss upp och snurrade runt. Det höll vi på med tills jag blev alldeles utmattad och skulle ha ramlat om inte Maorions starka hand hållit mig uppe. Vid tonklang nummer sju började vi gå igen. Tonerna hade ett långt utdraget, ekoliknande ljud som varade tills nästa etapp började. Efter elva tonklanger stannade alla till och började sedan gå motsols. Bugningarna, snurrandet och allt det andra repeterades, men denna gång vände vi oss inåt, mot mitten.

Tera satt på sin tron och såg ut att vara inbegripen i djup meditation. Folket omkring mig fortsatte att göra olika rörelser, att gå, att stanna, att sitta eller knäböja på marken. Jag vet inte hur länge detta fortsatte. Tiden hade slutat existera i den här märkliga omgivningen. När dansen plötsligt upphörde och alla släppte varandras händer blev det nästan en chock. Då hände något.

Från luften, utan synligt samband med något, sänkte sig en klocka av ljus. Den dalade sakta neråt medan tonerna hördes svagare än förut. De började stänka ut sina klanger på ett nästan muntert sätt. Ljusklockan höljde Tera när den tog mark. Hon befann sig mitt under klocktaket. Den märkliga tingesten strålade som en gigantisk lampa, med strålar som gick ut diagonalt i skimrande mjuka färger.

Men vad var det för mening med allt detta? Jag viskade min undran till Maorion.

"Dansen kallar på ljusklockan," svarade han. "Det här händer varje år. Om ljusklockan inte skulle komma ner så väntar folket sig något obehagligt. Men det har aldrig hänt - hittills."

"Jag trodde inte det fanns obehagligheter här," muttrade jag.

"Här finns natur," svarade min guide. "Naturen här är makalös.

Men även den kan få sina utbrott. Aztekerna och inkafolket har religionsuppfattningar som inte helt stämmer överens, men de hålls i schack av Tera och av ljusklockan som representerar solen. Invånarna på den här delen av vårt universum är blandade och det är bara för att det är du som jag kallar dem azteker och inkafolk. Det blev de inte förrän de kom ner till jorden. Men nu har du deltagit i deras viktigaste högtid, och efter den måltid som Tera inbjudit oss till måste vi fortsätta vår resa i min båt."

Smaksensationerna vid den måltiden var oerhörda, för att inte tala om den underhållning som invånarna presterade. Det var sång och dansnummer som jag tyckte var ganska enahanda. Visst var det vackert, men jag tror att jag började bli lite trött av alla nya intryck. Kanske Maorion märkte det, för han tecknade åt Shala och mig att följa med honom till Tera för att säga farväl. Hon tittade skarpt på mig och frågade:

"Är du det skrivna ordets mästare?"

"Jag skriver, om det är vad du menar," svarade jag blygsamt. "Jag är ute på en resa som ska förmedlas vidare till jordens människor och kanske lära dem ett och annat."

"Då ska du få en lärdom av mig," sa hon och hennes stränga ansikte brast upp i ett av de vackra leenden jag lagt märke till förut. "Du kan hälsa jordens människor att de ska vara rädda om varandra, inte rädda för varandra. Deras rädsla skapar väldiga problem inte bara på Moder Jord utan även på andra planeter runt omkring. Den sprider sig ända hit. De är rädda att inte få tillräckligt med makt, så de kappas om att få mer och mer av den varan. De är rädda för att inte behaga varandra, så de tillgriper sex som ett nödvärn och låtsas att det är kärlek."

"Nej," avbröt jag, "så är det inte längre. Kärlek behövs inte alls och sex är lika vanligt som att gå på ..." Shala lade handen för min mun. Hennes andra lilla hand kvävde ett fnitter. Tera log fortfarande.

"Du ska få med dig mera," fortsatte hon. " Vi vet att sex är på väg att bli en sjukdom på jorden och att andra svåra sjukdomar följer. Här har vi inga sjukdomar. Vi har helare, schamaner eller medicinmän - kalla dem vad du vill, men de kan bota allt. Sjukdomar, som egentligen är en form av överdrifter: fetma, olika former av idrottsskador, alla slags missbruk som leder till sjukdom och mycket annat existerar inte här. Vi behöver inga sjukhus, inga läkare. Vi hänvisar till den inre läkaren eller i svårare fall till en av våra helare, ifall någon insjuknar eller råkar ut för en olycka.

Men du ska inte stanna här, så du behöver inte veta så mycket mer om oss. Bär i stället med dig några viktiga tankar som vi lever efter. Alla problem kan lösas inifrån oss själva. Vi mediterar inåt varje dag. Vi kommer då i kontakt med vårt undermedvetna som vi kallar Kas vågor. Där finner vi svaren och riktlinjerna för våra liv. Kas vågor sviker aldrig. Det är dessa vågkammar som bär oss ut i naturen, ut i livet."

"Vad är Ka?" viskade jag till Shala. Jag kände mig förstås lite dum. Jag borde veta vad Ka var, men jag tyckte att namnet lät lite buddistiskt och jag visste väldigt lite om främmande religioner. Hon tecknade till mig att hon inte kunde svara förrän vi satt i båten. Tera omfamnade oss varmt innan vi gav oss iväg. Vi sprang eller snarare svävade snabbt hela vägen genom skogen till båten. Den låg där och gungade välkomnande på vågorna och Maorion såg mycket belåten ut när han satte sig vid rodret.

"Nu tar vi nästa station!" utropade han och genast gled båten ut från bryggan.

"Du frågade om Ka," sa Shala när vi satt oss i fören för att njuta av det förbiglidande landskapet. "Människokroppen är för oss andar ett energifält. Ka är också ett slags energifält som genomtränger din kropp uppifrån och ner. Du har väl hört talas om kundalinikraften? Den liknas ofta vid en orm som ligger hoprullad i ditt bäcken och som kryper uppåt ju mer andlig du blir."

"Den har jag hört talas om," medgav jag. "Jag har också hört att den är mycket farlig om den utvecklas på fel sätt."

"Allt som är felutvecklat är farligt," smålog Shala. "Det energisystem som Ka utgör har i mitten - från fötterna till hjässan - ett slags rör som leder livskraften genom alla dina chakran upp till mitten på ditt huvud. Tera talade om Kas vågor och menade hela energisystemet, som ju alltid är i rörelse. Samma sak kallas prana hos hinduerna. Men jag tror att Kas vågor inbegriper mer än prana. Det är grunden, på vilken hela systemet vilar - alltså människans inre kropp, den eviga."

"Själen?" föreslog jag.

"Själens grundsystem, ja så kanske man kan uttrycka det. För även om själen är ett eteriskt tillstånd, så är den människans eviga vara. Det låter komplicerat och, min käre Jan, det är komplicerat! Mer kan jag inte gå in på det, men kanske du får en bättre förklaring på vår slutstation."

Därmed fick jag låta mig nöja. Nu började jag fundera på vart vi var på väg.

6. Sumererna

Landskapet hade ändrat sig igen medan Shala och jag gjorde en djupdykning i den inre människan. Jag påminde mig att det hade varit dimmigt en kort stund medan vi pratade. Jag hade bara föst undan dimman med handen och inte tänkt vidare på att den betydde någonting. Det är ju vanligt med dimma på sjön. Landskapet hade blivit kargt men var fortfarande mycket imponerande. Från höga, nakna klippor störtade vattenfall. Det var klippor och åter klippor i all världens formationer. Det klara blå vattnet vi gled fram på var en skarp, härlig kontrast till allt det grå. Himlen hade också skiftat till en mättad turkosblå färg. Jag satt fortfarande och funderade på Kas vågor när Maorion ropade på oss. Det fanns någonting djupt inne i mig som förstod alltsammans utan ord, men jag behövde samtidigt ord för att förmedla det till andra.

"Vi har kommit över på en annan planet utan att ni har märkt ett dugg," förklarade Maorion muntert. "Ni pratade så livligt och tittade varken åt höger eller vänster, så jag förvarnade er inte. Ett ögonblicks dimma och så befann vi oss i de här klippiga bergstrakterna."

"Klippiga bergen?" föreslog jag.

"Nej, ett högt beläget landskap på en planet som heter Sumer, min vän. Sumererna härstammade härifrån. Ännu har ingen jording lyckats utröna varifrån sumererna kom - men det var härifrån! De förde med sig en hög kultur av okänt ursprung - härifrån! Och de kom tillbaka hit när det blev problem på jorden. Men de har lämnat ett kulturpaket kvar på jorden, eller hur?"

"Jag vet så lite om sumererna," mumlade jag, lite generad.

"Men jag vet en del," kvittrade Shala. "Det var ett intressant folk. De kunde inte gärna förklara för jordingarna att de kom från en annan planet. Massor med felaktiga teorier om deras ursprung har kommit fram under årens lopp. Många historier har också dukats upp om deras religion, några sanna, de flesta fantasier. De sumerer som du möter här är de ursprungliga."

Att angöra en brygga började bli hemvant för mig, som egentligen inte är någon båtmänniska. Jag lydde genast Maorions order när vi skulle lägga till vid den marmorvita pir som sträckte sig långt ut i vattnet. Jag var beredd att hoppa iland och göra fast linan. Jag trillade i, klumpig som jag var, och fick ett ordentligt bad, så jag kände mig som en människa igen - en mycket våt människa. Jag tog nämligen miste på avståndet till bryggan och drullade rakt ner i plurret. Shala skrattade så hon skrek, men jag var så arg en ängel fick bli. Ännu argare blev jag när jag simmade iland, eftersom den smärta, smidiga tösen med stor skicklighet hoppade i land och virade linan om pollaren. Drypande av vatten och väldigt sur tog jag mig upp på stranden och inväntade de båda andra. Shala kom skuttande och kastade slängkyssar till mig, medan Maorion sträckte fram en bunt kläder som han burit på armen.

"Byt till torra kläder," sa han vänligt. "Bry dig inte om att du trillade i, det kan hända vem som helst. Det hände faktiskt mig också i början av min lärotid till havs. Ingen mer än vi har sett dig. Skynda dig nu, vi har en bit att gå."

Jag bad Shala att vända sig åt ett annat håll och klädde skyndsamt om mig. Jag var glad åt Maorions omtänksamhet och vänlighet. Allt kändes genast bättre och jag kunde faktiskt skratta åt mig själv.

Återigen började en vandring från stranden, genom mycket lågväxt skog, mest barrträd. Stigen sluttade uppåt och var ganska full av stenar och rötter. Det räckte med ett ofrivilligt bad, jag ville inte snava också. Jag tror inte att jag någon gång sedan jag "gick över" (som ni säger) känt mig så påtagligt mänsklig. Maorion som gick i täten, vände sig då och då om och smålog mot mig. Han läste förstås mina tankar. Jag gick en stund med nosen i marken och tonade in mig till mina vänner i änglarnas rike. Jag bad om hjälp att fullfölja denna spännande resa utan att klanta mig. När jag tittade upp stod vi framför en mur med en vackert utsirad port. Muren såg ut att vara av sten, hög och ogästvänlig.

"Här innanför finns sumerernas största stad," förklarade Maorion och tog fram en liten nyckel. Den var inte större än en vanlig bilnyckel men såg ut att vara av guld. Det fanns ett litet nyckelhål ganska långt ner på porten, så det blev lilla Shala som böjde sig ner och låste upp. Gnisslande och rosslande öppnade sig porten långsamt, som om den var motvillig till besök utifrån. Så klev vi in i ett brusande stadsliv, som verkade vara lika civiliserat som det stadsliv jag lämnade 1968, så när som på biltrafiken. Den fanns inte. Jag såg ett myller av människor, de flesta med exotiskt utseende, i färggranna kläder. Det fanns inga framkomstmedel på hjul eller räls, men en del av den gata vi kom in på var försedd med en trottoar, där djur som liknade lamor bar sina ryttare framåt i ganska långsam takt. Trottoaren var bred nog att hysa två lamor i bredd, och det gick mycket riktigt en fil i vardera riktningen. Vi sällade oss till den ena riktningen och följde med strömmen.

"Hur kommer det sig att du har nyckel hit?" vågade jag fråga. Jag blev riktigt andfådd av den raska takten.

"Jag är här då och då," svarade Maorion. "Sumererna bevakar sin stad mycket noga. De har fantastiska guldskatter och ädelstenar som en kung skulle avundas dem. De släpper inte gärna in okända genom porten. Jag brukar hjälpa dem ibland med råd och dåd."

Vi hade kommit fram till ett stort torg. Äntligen glesnade människoleden och vi stod framför ett makalöst tempel, så högt att jag fick luta mig bakåt för att se ända upp.

"Det här är ett ziggurat," viskade Shala. "Det är ett tempel tillägnat både den ende Skaparen och smågudarna, som det finns gott om. De tillber dem inte, de bara bedyrar sin tacksamhet till olika sorters gudar. De tackar för skörden, för barnen, för alla möjliga vardagsföreteelser och då är smågudarna praktiska. Det är svårt för folk att tacka ingenting för någonting - därför finns smågudarna. Det är beläten i olika utföranden som står både i templen och i hemmen. De representerar allt möjligt."

Jag funderade ett slag. Smågudar är inte mitt bord. Samtidigt insåg jag att det kanske skulle vara praktiskt att få prata om sina känslor med någon, även om det var ett träbeläte. Det var kanske ett sätt att avreagera sig på. Jag frågade Maorion och han nickade allvarligt.

"Där träffade du huvudet på spiken," sa han. "I zigguratet bor en slags präster och prästinnor och de styr landet på ett mycket väluttänkt sätt. Det blir inte många problem, men några måste det bli med så mycket folk."

I detsamma skramlade det bakom mig och jag vände mig om. Till min stora förvåning kom en kärra, dragen av en åsna. Kärran var lastad med grönsaker och gick på hjul. En man körde kärran som gick mycket långsamt. Maorion såg min häpnad.

"Här uppfanns hjulet," förklarade han. "Den uppfinningen fick sumererna med sig till jorden, men de begagnade den först och främst till stridsvagnar. Sumererna uppfann skrivkonsten. Här var det så längesen att de inte kan minnas hur långt tillbaka, de tycker att de alltid har kunnat skriva. Överallt på planeterna i dessa universum finns skrivkonsten vida utbredd i olika former."

Vi började klättringen uppför alla dessa trappor, en klättring jag sent skulle glömma. På varje avsats vilade vi en stund och upplevde bitar av sumerernas kultur. Den var både vacker och svår att förstå. Om man ska tala om makt, så var det naturligtvis prästerskapet som styrde och ställde, men för mig verkade det som om de gjorde det på ett förnuftigt sätt. Människor måste ha någonting att tro på och något att rätta sig efter. Här fick de skapa sina gudabeläten efter behov. Det var nyckeln till den fredliga stämningen i sumerernas rike. Det fanns de som styrde, men egentligen styrde varje människa själv. Ibland behövdes det rådgivare och det var som sådana prästerskapet ställde upp.

En sak störde mig lite. Om en människa var arg på en annan eller kände sig negativt inställd till någonting, så bearbetades detta via gudabelätena. Det hände till och med att folk slogs med sina gudar. Men kanske även detta var en form av reaktion som behövdes - och som borde kunna användas på jorden.

Gilgamesh-eposet som är så välkänt i historien, härstammar också härifrån. Det handlar om hur kung Gilgamesh söker odödlighet och i sitt sökande råkar ut för många äventyr. Här var odödlighet en självklar sak. Kroppen måste naturligtvis bytas ut när den var utsliten, ansåg man, men den omvandlades omedelbart till en ny kropp i en ny moders sköte. Därför skedde inga begravningar. När en människa dog placerades hon i ett särskilt rum i en grotta i de närliggande bergen. Där skedde den omedelbara förvandlingen som inte lämnade någonting kvar av den döda kroppen. Den försvann. Den gick in i en fas av odödlighet som kallades pånyttfödelse.

Det är mycket jag måste smälta och ompröva på de här planeterna, tänkte jag. Trots allt hade jag mina gamla färdiga åsikter väl bevarade i hjärnan - och hjärtat. Nu måste de upp, synas och få nya infallsvinklar.

Vi satt på en avsats ganska högt upp och jag såg ner på den oändliga trappan med en rysning. Hade vi gått så högt upp? Vad fanns det däruppe som Maorion ville visa mig? Jag hade proppats med nya vinklar som inte passade in i den historia om sumererna som berättas på jorden. Jag tänkte på Babylon och dess fall. Jag visste att babylonierna bland annat gjorde djävulsbilder som hängdes upp i dörröppningar. Här fanns bara ljusa, glada bilder av gudar och gudinnor. Jag hade under min vandring uppför trappan beskådat ett hundratal smågudar, alla med stora ögon och vänliga leenden målade i de runda anletena. Existerade inte heller här, på denna nya planet, ondska, vrede, avundsjuka, svartsjuka, maktlystnad och dylikt? Jag frågade Maorion, som just reste sig för att leda oss vidare uppåt.

"Du har sett smågudarna," svarade han. "De har svar på alla frågor och de tillåter helt enkelt inte de negativa sidorna av människan, eller vad ni kallar för 'de sju dödssynderna'. Ursprungssumererna lever i fullkomlig frid med varandra. Onda föreställningar eller vanföreställningar får helt enkelt inte tillträde till deras värld."

"Det sanna paradiset då," sa jag sarkastiskt.

"Jag håller inte riktigt med om det," svarade Maorion. "Det finns ormar i de flesta paradis - men inte här. Människorna är iakttagna av prästerskapet. Inte en enda människa går fri från dem. Men det sker på ett vänligt, kärleksfullt sätt. Därför uppstår inte trots och protester. För sumererna är det skönt att veta att de har hjälp när de behöver det."

"Nej!" utropade Shala med eftertryck. När vi förvånade tittade på henne brast hon i skratt. "Jag ville bara känna efter hur ett nej verkade på den här breddgraden! Man måste väl ha rätt att säga nej och tycka illa om vissa saker? Det gör till och med änglar!"

Maorion skakade på huvudet, men han log ganska brett och blinkade till mig.

"Det är mänskligt att fela," förkunnade jag. "Det är mänskligt att tycka saker också."

"Om man är människa ja, och bor på jorden," svarade han och började kliva upp mot den sista avsatsen. Sedan stannade han mitt i trappan och vände sig om och såg på mig.

"När ska ni människor från jorden lära er att ni inte är universums enda barn?" frågade han.

"Som det ser ut nu, aldrig," svarade jag snabbt. "Hoppas det ändrar sig, eftersom mayafolket har gjort sin kalender fram till år 2012. Blir vi inte bättre innan dess, så vet jag inte vad man ska göra. Varför pratade vi inte med mayafolket om den förutsägelsen? Jag glömde alldeles bort det. Det är så många nya intryck hela tiden ..."

"Den förutsägelsen kommer vi att prata om senare, när vi har nått Mittens Universum," avbröt Maorion. "Nu ska vi snart avsluta vårt besök hos sumererna."

Jag undrade om vi skulle få träffa någon hög präst eller prästinna, medan Maorion kämpade på mot höjderna och Shala och jag flåsade efter. De sista trappstegen var äntligen tagna och vi stod på den platå som fanns högst upp på zigguratet. En kvinna satt med ryggen mot oss och tittade ut över nejden. Den var väl värd att titta på. Jag beslöt mig för att se på naturen först och kvinnan sen, tvärtemot vad jag annars brukade.

Egentligen liknade naturen här jordens. Vi såg ut över höga berg och gnistrande vatten. I dalen rann floden stilla och målmedvetet mellan prunkande växter. Lite längre bort där floden vidgade sig till en sjö, växte träden i vattnet som i en träskmark. Det påminde mig om bilder jag sett från Afrika. Det var himlen som var annorlunda. Den liknade inte den jordiska himlen. Den var inte blå utan skiftade i olika nyanser av lila, ibland nästan mörkrött. Jag såg två solar men de var inte så starka som vår enda, och de lyste upp landskapet som ett par elektriska lampor. Skuggorna blev längre på ena hållet och kortare på det andra. Det var oerhört vackert och främmande och gav en egendomlig känsla av overklighet.

"Det börjar bli kväll," konstaterade Maorion. "Nu vill jag presentera en dam för er - en mycket viktig dam i Sumer. Hon heter Inanna."

Kvinnan som suttit i skuggan och blickat ut över landskapet hade rest sig upp och vänt sig om. Det var en lång, smärt, ljushårig kvinna. Hon hade märkliga ögon som var djupt violetta. Hon var vacker på ett annorlunda sätt och mycket svår att beskriva.

Hon böjde graciöst huvudet först mot Shala, sedan mot mig, men hon log inte. Hennes min var allvarlig utan att vara sträng. Munnen var fyllig och jag såg att den var känslig, för den darrade svagt innan hon tog till orda.

"Ni är välkomna här om ni kommer i vänskapliga avsikter," sa hon. Hennes röst var mörk och vacker och den gjorde att man bävade på något underligt sätt. Det gick små kårar genom mig när hon fortsatte att tala.

"Jag är inte någon gudinna här, på min hemplanet. Tyvärr dukade sumererna upp historier om mig på jorden. De var inte sanna. Jag har ingen syster i Dödsriket och har aldrig varit gift med någon herde som var otrogen. Hela den röriga historien om mitt liv är påhittad, men den bidrog till att ge mitt folk en mångfärgad religion. Kalla mig drottning om ni vill, men jag är endast prästinna. Som sådan styr jag tillsammans med andra av mitt slag folket som behöver hjälp och ledning. Överdrifterna i sagan om mitt liv kan ni glömma. Min make är översteprästen här och han är en god man. Vi har tolv söner och två döttrar som gör livet rikt och mångfaldigt.

Mina kunskaper i magi och siarkonst är till glädje för alla här, men de har givit upphov till en del av jordens felaktiga saga om mig. Jag uppmanar numera helst till konst och kultur, de är ett lands förnämligaste uttryck."

"Så när som på detta," tillade hon och slog ut med armen mot utsikten. "Jag brukar sitta här och få ro i mitt hjärta när jag behöver det."

"Nu ska vi åka vidare," sa Maorion. "Jag ville att mina vänner skulle träffa dig och få reda på den sanna sagan om dig. Jan reser nämligen med mig för att ta reda på sanningen i de olika världarna."

"Ska ni besöka den andra delen av vår planet?" frågade Inanna. "Borde inte din vän få veta vad som döljer sig där?"

"Jag har övervägt det," svarade Maorion, "eftersom jag känner mig lite tveksam. Tycker du verkligen det?"

"Absolut!" svarade Inanna i bestämd ton. "Ni har bara sett det goda hitintills. Det är dags att ni får se de mörka sidorna också." Därefter omfamnade hon oss alla tre och hennes omfamning kändes som en dynamisk kraftladdning. Det pirrade i hela kroppen som om jag hade fått en elektrisk stöt. Sedan lugnade det ner sig och jag mådde helt fantastiskt bra. Inanna smålog när hon såg på mig.

"Du behöver lite extra kraft när ni kommer till nästa ställe", sa hon och blinkade åt Maorion. Shala såg förvirrad ut. Hon hade också fått extra kraft men det dröjde lite längre för henne att smälta in den. Vi började vår vandring nerför de tusen trapporna.

7. Bön- eller Bonreligionen i Tibet

Båten guppade stilla på kvällens lätta krusningar i vattnet. Det kändes nästan skönt att återse den och Maorion såg verkligen belåten ut. Man kunde inte ta miste på att båten var hans stora kärlek. Jag lyckades hoppa ombord utan att drulla i, vilket föranledde en spydig anmärkning från Shala. Jag låtsades inte höra utan satte mig tillrätta på akterdynorna bakom Maorion.

"Det är kväll på den här sidan av klotet," sa han, "och morgon på den andra. Det passar bra att vi kommer dit på morgonen när det är ljust."

"Ska vi till en besvärlig kultur?" frågade jag.

"Mörk ja, men besvärlig är ett lite för milt ord," svarade Maorion.

"Hualigen," rös jag, "ska vi utsättas för faror?"

"Bön," började Maorion men blev snabbt avbruten av Shala.

"Bön!" utbrast hon lättad. "Ska vi någonstans och be? Det är jag bra på."

"Ibland heter det bon," fortsatte Maorion, "och det är frågan om en urgammal tibetansk kultur, långt före buddhismen. Bonreligionen, som fanns i Tibet till dess att buddhismen infördes i mitten av 600-talet e.Kr., innehöll magi av det slag som åkallar demoner och avgudar och som ger naturens väsen onda ansikten. När buddhismen infördes fanns det många gamla präster, speciellt magikerna som kallades schamaner, som inte ville vara med längre. De hamnade på den här planeten.

Eftersom Sumer redan fanns och sumererna levde här i fred som nu, återstod bara de otillgängliga bergs- och ökentrakterna på andra sidan planeten. Där bosatte sig de gamla anhängarna av bonreligionen och skapade en egen värld. Det är den världen vi ska besöka."

"Är det farligt?" pep Shala igen.

"Änglar brukar inte vara rädda," smålog Maorion. "Jag är människa, jag är egentligen dödlig - ni har evigt liv, eller hur?"

Han sa "egentligen dödlig". Vi visste att han var osårbar som vi. Samtidigt antog vi alla tre fysisk gestalt när vi besökte planeterna i detta universum. Frågan var om vår fysiska gestalt kunde skadas.

"Nej," sa tankeläsaren Maorion. "Ni kan känna ett ögonblicks fysisk smärta, men om ni då använder änglakraften så kan ingen göra er illa."

"Det gäller att komma ihåg att man är ängel," konstaterade jag kallt, och vår vän och ledare nickade.

"Vi kör in i ett töcken strax," sa han. "Gör som förut: blunda tills jag säger till."

Landskapet hade varit ungefär likadant sedan vi lämnade Sumer; höga klippor, omväxlande med lummiga dalar och snövita stränder. Det hade kommit alltmer snö på bergen, som även hade blivit allt högre. Dalarna var inte så lummiga längre, knotiga träd, höga, hoptvinnade rötter och en massa sten hade varit vår utsikt en längre stund, så det var skönt att sluta ögonen. Vi körde in i en dimma, som inte tycktes bekomma Maorion det ringaste. Han satt vid rodret och såg ut som om han sov. Sedan minns jag ingenting förrän han ropade åt oss att vakna. Shala satt med huvudet mot min arm och hon ryckte till och spärrade upp ögonen när jag väckte henne.

"Titta!" viskade hon och pekade med ett darrande pekfinger på stranden som Maorion styrde mot. Där fanns en stenbrygga och där låg flera båtar, men av betydligt enklare slag än vår. Det var urgröpta stockar och mycket enkla roddbåtar. På stranden vimlade det av folk av en inte särskilt tilltalande sort. De liknade mer troll än människor. Inte för att jag har något emot troll, men de här verkade ganska aggressiva. De hojtade och gestikulerade när vi gled in mot bryggan, men Maorion tecknade något till dem som vi inte förstod. De lugnade ner sig och grupperade sig i små klungor, ivrigt inväntande vår landstigning. Jag bad en tyst bön att mitt hopp-i-land skulle bli lätt och elegant. Det lyckades faktiskt!

Maorion ropade någonting till folket som jag inte alls förstod. Hitintills hade det inte varit några språkförbistringar på vår resa. Det som inte sades i ord uttalades lika bra i tankar. Här såg det inte ut att bli lika enkelt. Människorna verkade spända och avvaktande och deras röster hade tystnat. De iakttog oss på ett i mitt tycke fientligt sätt. När jag tittade närmare på dem så insåg jag att "troll" kanske var att ta till. De var varken ludna eller hade svansar. Deras ansikten var ovala eller runda och ögonen sneda. De gjorde ett bestämt orientaliskt intryck, men deras kroppar var stora och grova. De hade krossat oss på ett ögonblick om de hade velat - och kunnat.

Det dröjde ett par minuter, så dansade tre personer fram till oss. De var utklädda till onda andar - jag kan inte beskriva det bättre. De hade lösa hemska huvuden, påkar i händerna och kropparna var insmorda med någonting blankt, som lyste med ett fosforliknande sken. Shala kröp intill mig och höll mig hårt i handen. "Rädda ängeln, det är du det!" viskade jag retsamt i hennes öra. Men greppet om min hand blev ännu hårdare.

De tre skräcktyperna ställde sig framför oss och hejdade oss från att gå vidare. Maorion höjde båda armarna och uttalade någonting obegripligt. Då skedde det märkvärdiga att de hemska maskerna bugade sig och tecknade åt oss att följa med dem. Jag förstod att Maorion kunde styra de här figurerna - åtminstone än så länge.

"Det här är tre gudar som vaktar ingången till riket," förklarade Maorion i viskande ton. "Det är bara att följa med. Jag tror att de leder oss till den hemliga staden."

Vi gick på en stig mellan klipporna. Bakom oss skrålade hela horden av människor, men de följde inte efter oss. Skrålet avtog så småningom. Vi hade väl vandrat en kvart med de hemska typerna i förtruppen, när vi plötsligt stod framför en stor glasbur. Det visade sig vara en hiss. Vi gick in i hissen utan väktarna, som tryckte på några knappar ovan jord. Därefter åkte vi ner i underjorden.

Hissen stannade. Dörren öppnades av en figur som var lika vedervärdig som dem vi lämnat. Ett par mörka ögon stirrade misstänksamt på oss ur hålen i den otäcka masken. Därefter vinkade han åt oss att följa med. Vi befann oss i en ganska trång gång inne i ett berg. Plötsligt öppnade den sig och vi stod inför en oväntad och mycket märklig syn.

Framför våra häpna ögon bredde en enorm sjö ut sig, omgiven av klippformationer. Mitt i sjön låg en stad, förmodligen på en ö. Alltsammans vilade i ett blåaktigt ljus, som faktiskt var både vackert och vilsamt för ögonen. En stad mitt i underjorden!

Luften var lite kylig, men frisk och behaglig. Vår ledsagare steg ner i en båt som samtidigt var en flotte och började ro oss till staden. Han var inte särskilt talför. Maorion ställde en hel del frågor till honom, men han svarade inte. Han var mycket storväxt och om det var hans enorma kraft som styrde eller om det fanns något maskineri i båten var omöjligt att säga, men fort gick det.

Återigen lade vi till vid en brygga. Vi gick sida vid sida, alla tre, in i den främmande staden. Vi såg till att börja med inte många människor och de vi såg väjde för oss som om vi var farliga. Det kanske var vår guide framför oss som skrämde dem, tänkte jag. Kvinnorna jag skymtade var beslöjade. Staden var mörk och gjorde ett ensligt, grått, hotfullt intryck. Det blå skenet som vi hade sett på långt håll kunde vi inte längre uppfatta.

"Det är tidig morgon här," förklarade Maorion. "Vi är på väg till härskarens palats om ni undrar."

Gatorna var belagda med ojämna stenar, ungefär som kullerstensgatorna i Gamla stan i Stockholm, tänkte jag. Men de här stenarna var större och så ojämna att det var lätt att snubbla på dem om man inte svävade. Vi aktade oss för att låta våra fötter röra vid marken. Snart stod vi framför ett hus som vi förmodade var härskarens palats.

Aldrig förr har jag sett så fula skulpturer. De var skrämmande med sina hemska djävulsansikten och onda minspel. Så här kunde jag ha tänkt mig att ett palats i helvetet hade sett ut, tänkte jag och ryste till. Helvetet finns inte, det är det första man får lära sig när man kommer över på den andra sidan. Men ingenting hindrar en från att associera. De flesta av dessa konstverk var överdragna med guld och besatta med ädelstenar. Skam på sådana hemskheter, tänkte jag.

Vi kom in i en stor hall, där folk sprang omkring som yra höns. Vår guide vinkade åt oss att komma med uppför en spiraltrappa och där fanns tronsalen. Den var också full av folk. Härskaren satt vid ett långt bord, omgiven av sina schamaner. Där fanns alla ingredienser som en sann trollkarl använder sig av: hyllor med konstiga föremål, glaskolvar och andra oförklarliga grejer.

"Vi måste knäböja för härskaren," viskade Maorion och föregick med gott exempel. Jag betraktade ansiktet på den styrande herren i Bonriket. Jag tyckte inte alls om vad jag såg. Ögonen var iskalla, näsan stor, tunn och kraftigt böjd, munnen ett smalt streck. Han var klädd i en lång rock som skiftade i starkt rött och mörkt gredelint. Kroppen var stor och mycket fet. När han talade förstod jag vad han sa.

"Ni är inte välkomna här," var den "vänliga" inledningen. "Vi tycker inte om främlingar. Vad vill ni? Vilka är ni? Var kommer ni ifrån?"

"Studerande från den eteriska verkligheten närmast jorden, ers majestät," svarade Maorion. "Vi reser runt på planeterna för att sedan kunna upplysa människorna på jorden om vad som finns i de olika universumen. Vi är också bärare av Ljuset."

"Vi behöver inget ljus," fräste den obehagliga kungligheten.

"Vi är upplysta. Vi har de förnämsta magiker ni någonsin skådat. Det kan ni tala om för jorden."

"Vi har inte skådat några magiker, endast människor i masker," svarade Maorion, som med en blick och en blinkning förmedlat till Shala och mig att vi skulle hålla oss passiva. "Om vi ska kunna berätta om er storhet måste vi få veta mera."

Härskaren förde ett tyst samtal med den präst som satt närmast honom. Det var en mager man med kalt huvud och fruktansvärda ögon. Det var ögon som blixtrade, men inte på ett vackert sätt. Det kom röda blixtar från dem. Han hade en framskjuten käke och rovdjurständer. Han var klädd i en lång gråaktig mantel och hade ett leopardskinn hängande över ena axeln. Han nickade, såg på sin härskare med ett otäckt leende och kom sedan fram till oss. Jag förstod vad han sa och det gjorde mig lite orolig.

"Härskaren har bett mig ge er några exempel på min magi," sa han med hes, skorrande röst. "Tydligen kommer ni från någon liten simpel planet som inte vet om vår storhet. Jag ska ge er prov på min kraft."

Han slog i luften med en liten stav och det uppstod flera ljusringar i olika färger, ungefär så stora som såpbubblor. Det blev som ett fyrverkeri, de utvidgades mer och mer ju högre de kom. Det var riktigt vackert. Vi blev ganska imponerade av det vackra färgspelet, men då hände något som kom oss att rysa. De mångfärgade ringarna samlade sig till en slags pil och med ett tjutande störtade de ner och rakt på en av undersåtarna som befann sig nära härskarens bord. Han föll till golvet med ett gällt skrik. Shala sprang fram till honom och kände på hans huvud, hals och hjärta. Sedan kom hon tillbaka till oss.

"Han är död," sa hon sakta. "Stendöd. Finns inget liv någonstans. Masken trillade av, det fanns en ung pojke under den. Det här var hemskt."

"Jag håller liv och död i mina händer! Den där pojken var en rebell och skulle straffas förr eller senare. Tack vare er fick han en lätt död," väste magikern och såg på Shala med sina lysande röda ögon. "Jag kan få folk att försvinna också."

Framför mina och Maorions ögon försvann Shala. Vi hann inte tänka, än mindre handla. Hon var totalt försvunnen.

"Det var en vacker flicka," sa härskaren med ett gapskratt. "Tur att hon finns kvar någonstans på något av min magikers gömställen. Han, Mjöun, har väl ändå gett er bevis på vår skicklighet? Vill ni ha mera? Kanske ni ska försvinna alla tre?"

"Vi är ute på uppdrag av Skaparen," sa Maorion med en stränghet som jag aldrig förr sett hos honom. Han liksom växte och blev kraftigare och längre. Härskaren krympte ihop inför hans bistra blick. "Ge oss genast tillbaka ängeln Shala. Annars får ni med Honom att göra."

Mjöun stod orörlig. "Om jag gör er den tjänsten så måste ni göra mig en tjänst tillbaka," skrek han. "Om inte, så stannar hon här."

Jag hade lärt mig mycket hos änglarna. Men jag hade aldrig utsatts för rena rama ondskan förut. Det här var verkligen ett sådant prov. Det fick inte hända Shala något och jag försökte få mental kontakt med henne. Det lyckades.

"Jag är i en dimlucka i berget ovanför staden," viskade hon i mitt huvud. Vad i all sin dar är en dimlucka? tänkte jag förtvivlad. Mjöun fick inte förstå att jag kunde kommunicera med henne, men Maorion visste det. Han gav mig en lugnande, kärleksfull blick. Sedan vände han sig till härskaren.

"För oss upp från staden," befallde han. "Lämna genast tillbaka Shala, annars kommer det att gå er illa. Jag har makt att förstöra din stad på ett ögonblick. Jag har en annan sorts kraft än den här taskspelaren."

Mjöun blev ursinnig. "Sök själva rätt på er ängel," skrek han. "Då får vi se om er kraft är större än min! "

Han fick bevis på ett sätt som han inte hade anat, även om det dröjde en stund. Härskaren nickade till samme guide som fört oss till underjorden. Vi lämnade salen, men Mjöun följde med oss på härskarens befallning. Det kändes inte särskilt bra, men han var den ende som visste var dimluckorna fanns. Jag avslöjade inte att jag visste om dem, eftersom jag inte ens visste vad en dimlucka var. Men jag hörde Shalas röst i mitt huvud:

"Jan, lyssna Jan! Jag befinner mig ovan jord i en spricka bland bergen. Den är full av dimma. Jag är fastbunden. Försök att hitta mig."

Jag sände lugnande tankar till henne hela tiden under båtfärden och upp i hissen. Mjöun var tyst och bister, likaså Maorion. Jag visste att Mjöun lurade på någon slags hämnd och att han tänkte locka oss i fördärvet om han bara kunde. Detta visste Maorion också och han var på sin vakt.

Vi steg ur hissen och jag märkte att Mjöun utväxlade blickar med vår guide. Denne gick före och visade vägen. Jag undrade i mitt stilla sinne vart de tänkte föra oss. Kanske Maorion och jag snart skulle sitta inom lås och bom som Shala. Jag knuffade till Maorion lätt på armbågen.

"Oroa dig inte," sa hans tanke, som jag till min glädje kunde uppfatta. "Jag vet var hon finns och jag lovar att jag kan hantera vår situation."

Det var bara att trava på. Runt omkring oss var höga, grå klippor och stigen mellan dem var mycket smal, så vi måste gå i gåsmarsch. Vägvisaren gick först och Mjöun sist, efter mig. Det kändes inte alls bra. Jag tyckte att hans blickar stack mig som nålar i ryggen och mina fötter började kännas tunga som bly. Jag sände en Hjälp!-tanke till Maorion som genast svarade att hjälp skulle komma. Strax blev fötterna lättare och jag kände att magikern bakom mig blev besviken. Det verkade som om vår tyste guide ledde oss till en mycket bestämd plats. Hans otäcka mask vände sig då och då om och såg efter att vi hängde med.

Framför oss uppträdde plötsligt en tät dimma. Den liknade en vägg och vår guide stannade tvärt och gestikulerade till Mjöun. Jag hörde svaga rop inifrån dimman och kände igen Shalas röst. Jag förstod att dimluckan måste finnas inne i dimman.

Maorion tog min hand.

"Vi måste genomtränga den här," sa han. "Det är inte riktigt samma sak som dimman på havet, det här är en styv dimma som liknar en vägg. I den finns luckor. Förmodligen sitter Shala i en sådan lucka."

"Det har jag förstått," mumlade jag. "Men hur ska vi få ut henne?" Han drog mig mot väggen. Mjöun stod småleende och orörlig bakom oss. Guiden stod bredvid oss och iakttog både oss och Mjöun. Jag kände på mig att något otäckt skulle hända. Men som väl var hade jag riktat min känsla en aning fel, för jag trodde att det var vi som skulle råka illa ut.

"Här bakom dimridån finns den lilla ängeln," sa Mjöun i spydig ton. "Hoppas hon trivs, annars ska hon veta att hon strax får sällskap. Jag tror inte på Maorions ord hos Härskaren. Du har ingen sådan magisk makt, Maorion, särskilt inte här. Dimman, som ni strax ska få känna på, varar några dagar, sedan omvandlas den till is och ni blir infrusna i dimluckorna för all evighet. Jag önskar er en angenäm färd!"

Nu skedde något oväntat. Maorion hann inte komma med

något svar innan vår hisklige guide drog upp ett svärd och högg det i Mjöun, som skrikande föll till marken och blev liggande där i en stor pöl av blod. Guiden slet av sig masken och under den visade sig ett mycket mänskligt pojkhuvud, rödhårigt och just nu fyllt av ilska.

"Det här tillfället har jag väntat på!" ropade han. "Uslingen där mördade nyss min bäste vän och innan dess min bror. Härskaren i underjorden är en usling. Men jag är bara en ensam pojke utan någon makt. När ni kom hit hoppades jag på att få chansen att hämnas min brors död. När Mjöun dödade min bäste vän visste jag att det bara fanns en utväg. Tillfället kom nu och jag har er att tacka för det."

"Ruskigt!" muttrade jag och skakade på huvudet. "Jätteruskigt. Han är ju död."

"Om inte pojken dödat honom, så hade jag måst göra det," sa Maorion. "Det fanns ingen annan utväg att rädda både oss och alla de andra. "Men hur har du kommit hit, pojke? Du liknar inte de andra i underjorden."

"Min bror, min kompis och jag gav oss ut på äventyr," svarade den rödhårige, kraftige pojken en aning generat. "Vi är från Sumer och jag heter Sonti. Vi kom hit av misstag, vi hade bara tänkt oss att vara borta några dagar. När man en gång har hamnat här kommer man inte så lätt härifrån. Min bror försökte, men han avrättades genast. Sedan dess har min kompis och jag väntat på ett tillfälle att rymma, men Mjöun förekom min vän och snart hade väl jag fått gå samma väg. Jag tror att jag kan hjälpa er att hitta flickan därinne, jag har varit häruppe förut."

Han böjde sig ner och letade i den orörlige Mjöuns kläder, där han fann en nyckelknippa och något som såg ut som en slags tredelad dolk. Han stoppade på sig dolken och skramlade med nyckelknippan. Till slut fick han tag på en vit nyckel.

"Här är nyckeln till dimluckorna," sa han glädjestrålande. "Nu kan vi befria dem allesammans!"

Sonti stack nyckeln i ett hål i dimväggen som vi inte hade sett förut. Med ett brak öppnade den sig och bakom den fanns en rad med stängda, vita luckor. Han använde nyckeln på varenda lucka och de for upp allesammans. Shala var den som kom först och hon flög rätt i famnen på mig och sedan på Maorion. Sonti stod orörlig och tittade på luckorna. Det fanns gestalter bakom nästan allesammans, men deras istid hade redan inträffat. Shala hade inte hunnit bli nerisad, så vi kom i grevens tid.

"Det är bäst du följer med oss," sa Maorion till pojken. "Det är lätt för härskaren att få tag i dig och låta dig gå ett hemskt öde tillmötes. Jag tänker smälta isen kring de andra, så får vi se om de vaknar."

Han höjde armen och genast började det droppa från väggen med luckorna. Snart hade isen smält, men det var bara ett par av fångarna som genast fick tillbaka sin rörelseförmåga. En av dem, en gammal man med långt hår och skägg, föll på knä framför Maorion och tackade honom.

"Kan du se till de andra?" frågade Maorion. "Jag råder er att inte gå tillbaka till den underjordiska staden, då kan ni råka illa ut. Försök finna en plats ovan jord där ni kan bilda ett eget samhälle. Du måste göra klart för de andra att det är kärlek och gemenskap som gäller och att ni måste hjälpa varandra. Omge ert samhälle med en kraftfull mur av ljus så kan inte härskaren nå er. Ni har ungefär ett dygn på er att försvinna härifrån innan härskaren anar oråd och skickar hit folk. Jag misstänker att Mjöun, som just nu förefaller alldeles död, har magisk kraft att återuppstå. Han är en sådan magiker som trotsar döden. Håll er så långt borta från honom som ni kan. Nu måste vi resa tillbaka."

Några av de frusna gestalterna stapplade ut ur sina dimluckor och den gamle mannen tog emot dem med öppna armar. Maorion gjorde några svepande rörelser längs alla luckorna och jag kände en stark värme stråla ut från honom. Ännu fler skepnader kröp ut ur sitt kalla fängelse och blev omhändertagna av den gamle mannen. Maorion svepte in Shala och mig och Sonti i sin mantel och snabbt som tanken befann vi oss åter i hans båt som låg vid stenbryggan där vi lämnat den. Inte en människa syntes till och vi kunde lägga ut från bryggan i lugn och ro. Nu var vi fyra i båten.

8. Minoxor och Minoerna

Sonti visade sig vara en glad och kvicktänkt pojke. Han visste dessutom en hel del om båtar. Maorion lovade att sätta av honom på andra sidan av planeten, i Sumer, men då kliade sig pojken i den röda kalufsen, flinade lite och sa:

"Jag skulle nog hellre vilja följa med er. Mina föräldrar har säkert varit oroliga och de tror nog att jag är död. Därför kan jag vara borta ett tag till."

"Då tycker jag att du ska visa dem att du lever i högsta välmåga," svarade Maorion strängt. "Vår lilla delegation ska ut på hemligt uppdrag och vi kan inte ha någon främmande med. Tyvärr måste vi skiljas åt, men kanske vi besöker dig någon gång i framtiden."

Därmed fick Sonti låta sig nöja. Vi var alla väldigt trötta efter alla upplevelser så vi somnade på de mjuka dynorna i båten, alla utom Maorion. När vi vaknade lade vi just till vid piren i Sumer, där det vimlade av folk. Sonti hoppade i land efter att ha kramat om oss och bett oss att snart komma tillbaka. Han förklarade var han bodde och Maorion lyssnade noga och lovade att besöka honom. Det sista vi såg av honom var ett rött huvud som guppade omkring i folkmängden och en benig pojknäve som in i det sista vinkade till oss.

Jag undrar vad det var för ett hemligt uppdrag som Maorion talade om, tänkte jag när vi vaggade på kvällsvågorna i den mjuka blåvioletta skymningen. Den fjärde planeten väntade på oss och vi på den. Jag frågade om vi skulle besöka alla planeter i hela detta universum.

"Käre Jan," smålog Maorion, "om vi skulle besöka din jords alla stammars ursprung, skulle vi inte bli klara med det ens inom tusen år av er tideräkning. Vi gör små axplock av de stammar jag finner mest intressanta att besöka. De flesta planeterna här inrymmer tallösa arter, både av människor och andra sorters varelser. Vår resa gäller ursprungsstammar, ingenting annat. Jag vill påvisa historiens märkliga gång på er jord och dess begynnelse på någon av våra planeter, innan vi kommer till slutmålet för vår resa."

"Och var är det?" kunde jag inte låta bli att fråga.

"Det är platsen i Mittens Universum, hos Centrala Rasen, en plats där människorna från jorden finner sin fullkomning." Han log på det där hemlighetsfulla sättet som alltid retade mig. Jag vill ha reda på saker, jag är vetgirig och nyfiken. Men jag gäspade i stället. Nu syntes ingenting mer i den nattliga atmosfären än en återspegling av en främmande stjärnhimmel i den mörka vattenmassan omkring oss. En tupplur kunde nog sitta bra.

"Vakna Jan, nu är vi framme!" Det var Shalas röst. Hennes små händer skakade mina axlar och hennes små noppiga bröst putade ut framför näsan på mig. Jag låtsades svårväckt eftersom jag, kisande i hemlighet, njöt av synen. Säkerligen höll vi på att intaga mänsklig skapnad igen!

"Framme var?" gäspade jag och låtsades yrvaket skutta upp från dynorna.

"Minoxor heter landet som minoerna kom ifrån," svarade Maorion. "Om du kan slita dig från Shala så kan jag tala om att de bodde på Kreta när de var jordingar."

Antagligen rodnade jag. Det var ljusan dag och vi hade åter lagt till vid en brygga. Det var ingen dålig brygga, den sträckte sig långt ut i vattnet och den var försedd med pelarprydda räcken hela vägen in till land. Eleganta människor vandrade omkring i vackra, färggranna kläder. Männen var högresta och hade ofta små skägg och smala mustascher, ibland hade de satt upp sitt långa hår i konstfulla frisyrer som kvinnorna. Kvinnorna verkade ytterst välvårdade och till min förvåning var de lika välmålade som våra dagars filmstjärnor.

"Välkommen till minoernas ursprungskultur," utropade Maorion och steg iland först av oss. Han möttes av en jublande skara som omfamnade honom, pratade, skrattade och såg ut att känna honom väl. Maorion vände sig om och pekade på Shala och mig som just steg ur båten, medan tjänstvilliga händer runt omkring oss gjorde fast den vid bryggan. Vi omringades av en samling människor som muntert välkomnade oss med miner, omfamningar och välvilliga klappar. Innan jag hann tänka bars Shala och jag iväg på främmande axlar under dans och sång. När jag vände mig om bars Maorion iväg på samma sätt, men han såg ut att vara van. Han skrattade och vinkade till oss och signalerade "ingen fara!"

Det verkade som om en nästan barnslig livsglädje genomsyrade de livliga, festklädda människorna. Shala bars iväg av kvinnor i ljusa, vackra klänningar som hade en sak gemensam: de var i mitt tycke inte särskilt sedesamt klädda. Klänningarna omslöt midjan men lämnade hela bysten bar. De var skickligt sydda med halvlånga åtsittande ärmar som lät tyget sitta ihop i halsen. Jag har aldrig ens i mitt jordeliv sett så många kvinnobröst flimra nakna förbi i yster dans. Jag glömde att blunda! Maorion, som nu bars framför mig, vände sig om och skrattade så att de vita tänderna blänkte.

"Gosse, det här får du bara se på en plats i detta universum," ropade han. "Visa yttersta vördnad, ty kvinnans ställning här är mycket hög, alla kvinnor är i det närmaste gudinnor ..."

Sedan hörde jag inte mer, för sången överröstade honom och vi hade kommit fram till en samling hus, som var praktfullare än någonting jag någonsin sett förut. Jag drog mig till minnes att jag läst om den minoiska kulturen på Kreta cirka 2000 år f.Kr. Att den skulle vara storartad hade utgrävningar visat, men maken till detta fanns nog inte ens i jordingarnas fantasi.

Det var inte bara rikt utsirade pelare och väggar som lyste som av stjärnljus, det var infattningar, utsmyckningar, garneringar, ornament och dekorer som jag aldrig ens kunde drömma om att de fanns. En sådan hantverksskicklighet tror jag ingen annan kultur kan bjuda på.

Äntligen satte man ner oss på det blänkande mosaikgolvet, så omsorgsfullt och konstnärligt lagt att jag en lång stund stod och gapade med nosen neråt. Mosaiken föreställde scener ur minoernas dagliga liv, jakt, fiske, ceremonier och inte minst tjurdans. Jag hoppade högt när en hand lades på min axel. Jag såg rätt upp i ett vänligt leende mansansikte.

"Maorions vänner är våra vänner och vi ber er deltaga i kvällens gästabud," sa mannen och jag begrep märkligt nog vad han sa. "Modergudinnan kommer att hedra er med sin närvaro. Hon är mycket intresserad av vad ni kan berätta om andra planetkulturer. Vi ber er allra ödmjukast om att få sköta om er så att ni känner er avspända och kan njuta av vår fest."

Jag fördes till ett bad. Det var det flottaste jag har sett. Det var ett nöje att få hoppa ner i den enorma bassängen och ta sig en skön simtur. Därinne fanns bara män och alla verkade lika vänliga. Så mycket skönhet och vänlighet behövde man vara ängel för att stå ut med, tänkte jag. Efter simturen fördes jag till ett rum med britsar, där jag masserades över hela kroppen med ljuvligt doftande oljor av en skicklig massör. Det var rätt skönt att ha en massiv kropp ibland, tänkte jag förtjust och spretade glatt med tårna. Hela tiden hördes stilla, avslappnande musik någonstans ifrån.

Sedan var det varmbadets tur. Det skedde i en nersänkt liten bassäng där det varma vattnet verkade komma underifrån. Det fanns varma källor där badet låg, förklarade min massör. Massagen fortsatte, denna gång med någonting som liknade havstång. Den luktade egendomligt, men massören påpekade att den hade en läkande inverkan på hela nervsystemet. Jag ifrågasatte att jag hade något nervsystem i den här kroppen, men nog var alltsammans mycket behagligt.

Innan jag klädde på mig blev jag insmord med väldoftande oljor och man ville sminka mig. Men där gick gränsen, jag sa hårdnackat nej. Jag kläddes inte i mina egna kläder utan i en olivfärgad tunika med guldbroderier, och sedan ställdes jag framför en spegel av polerad onyx. Jag kände knappast igen mig, utan brast ut i skratt. Min påklädare såg mycket allvarlig ut och det tog mig en stund att förklara att jag var mer än nöjd med den nye Janne.

Maorion mötte mig utanför badavdelningen. Han hade undergått samma förvandling som jag, fastän hans tunika var himmelsblå med silver och guldbroderier och han hade ett fantastiskt, tungt guldsmycke om halsen, som föreställde en trädgård i miniatyr, utförd i olika ädelstenar. Han såg lite generad ut när han sa:

"Så här är det alltid hos minoerna. De är onaturligt gästfria!" Han skrattade till. "Det är bäst att låta dem gå på, då trivs de."

Shala var nästa överraskning, både för henne själv och för oss. Lilla skojiga änglaflickan hade blivit en dam, en mycket skön ung dam. Hon var iklädd en ljusgrön kreation med sedvanlig urringning, som blottade de små nopporna. I övrigt var klänningen stel av broderier och volanger och omkring alltihop svepte hon sedesamt en vinröd schal som lyste och glittrade. Håret kände vi inte alls igen, det var uppfäst i en lockfrisyr och ovanpå den tronade en huvudbonad försedd med en skulptur av en delfin. Ansiktet var förstås sminkat. Hon fnissade så att hon var färdig att krevera. Den lilla busängeln liknade mest en fallen ängel och det var hon helt medveten om.

"Det här skulle de se därhemma i vår himmel," viskade hon i mitt öra. "Fattas bara att jag blir på sniskan också!"

Jag tittade häpet på henne innan jag förstod att hon gjorde narr av sig själv och då började jag skratta. Jag tog henne under ena armen och Maorion under den andra och så stegade vi in i den makalösa sal där festen skulle gå av stapeln. Där fanns ett enormt bord fyllt av läckerheter och det var bara att förse sig med det man kände för. I resten av salen fanns små bord och soffor och till och med dynor på golvet, eftersom en del av gästerna låg till bords som de gamla grekerna. Vinet flödade i genomskinliga pelare. Man såg alltså hur vinet rann igenom glaspelare från taket och ner i salen, där det fylldes på kannor av tjänare. Tjänare fanns överallt och de såg till att ingen blev utan mat och dryck. Shala drogs iväg till en del av salen där det bara fanns kvinnor och jag tyckte mig se att hon trivdes därborta. Kvinnorna var som en samling kolibrier i sina färgsprakande klänningar och glittrande håruppsättningar.

"Nu äter vi," förkunnade Maorion och fyllde sin tallrik med läckerheter. "När vi har ätit kommer förmodligen Modergudinnan att visa sig. Hon brukar aldrig delta i måltiderna. När hon är här vill hon ha folkets uppmärksamhet. Hon brukar ha viktiga saker att säga."

Jag njöt verkligen av denna utsökta måltid i den lika utsökta miljön. Då och då gav jag mig tid mellan tuggorna att kika på den närmaste omgivningen. Alla kvinnor befann sig inte i klungan därborta, en del satt i livligt samspråk med männen som på vilken lyxkrog som helst därnere på jorden. Trots kläderna och den magnifika utstyrseln överallt, kändes detta mer jordiskt än någon av de andra kulturerna vi hade besökt. Det kändes dessutom som om min mage fylldes - en numera mycket ovanlig känsla. Med ett leende gav jag min tallrik åt den städse närvarande vitklädde uppassaren och höjde mitt glas mot Maorion. Det var ett förträffligt vin, man blev varken yr eller illamående av det. Man kände sig glad och upprymd, ingenting mer. Det var förunderligt att se vinpelarna, där antingen gula, röda, rosa eller gröna viner rann i en aldrig sinande ström. Jag upptäckte senare att det faktiskt fanns en kran på varje pelare.

"Ska vi kanske börja prata med grannarna?" föreslog jag. Jag hade nämligen fått uppmuntrande leenden och nickar från paret närmast oss.

"Nej," svarade Maorion. "Nu kommer aftonens höjdpunkt! Ser du därborta?"

Som genom ett trollslag var bordet med alla maträtterna borta och i dess ställe kom ett podium, klätt med bländande vit sammet. Ännu ett trollslag släckte alla ljus i salen, utom de fyra vinpelarna, som gnistrade i mörkret. När ett ljus - strålkastarljus? - tändes på podiet stod där en underskön kvinna. Ja, egentligen är jag inte säker på hur hon egentligen såg ut, men hennes apparition var förtrollande läcker. Det är svårt att beskriva henne, men hon var klädd i en klänning av gnistrande vitt, även den urringad så som modet tydligen föreskrev, och på sitt svarta hår hade hon en märklig huvudbonad. Fyra små skulpturer tog varandra i hand och Maorion viskade att de representerade vatten, jord, eld och luft. De fyra elementen alltså, som tydligen var identiska med jordens. Hon började tala och hennes röst var en mäktig alt som slungade ut orden som pilar, eller kanske hellre som en hagelstorm, genom rummet.

"Mina kära undersåtar och mina lika kära gäster," började hon och bugade sig åt vårt håll och därefter åt Shalas håll. "I detta rike lever vi i symbios med de fyra elementen, det vet ni säkert allesammans. Naturens väsen är oss inte främmande och vi arbetar i gemenskap med dem. Vi kan se dem och konferera med dem, något som jag rekommenderar våra besökare. Så länge människor och natur tar hänsyn till varandra inträffar inga krig eller katastrofer.

En gång för länge sedan sände vi ner ett ganska stort antal av våra invånare till jorden. De hamnade på Kreta. Det var meningen att de skulle lära människorna samma lagar och statuter som finns här i Minoxor. I stället för att efterleva den ursprungliga kulturen så utvecklades de allteftersom till egoistiska varelser, som visserligen använde sina minnen av oss till att åstadkomma vackra byggnader och skapa en kultur som många avundades dem, men de förföll alltmer till onda gärningar. När den minoiska kulturen på jorden började gå mot sitt slut så offrade de till och med barn.

Meningen var att de skulle sprida vår kultur över de grekiska öarna och sedan vidare så långt det var möjligt. De mötte naturligtvis fientliga stammar och en hel del motstånd, men vi hade lärt dem att motstånd kan besegras med kärlek, tålamod och goda gärningar. De glömde våra råd och satsade på grymhet och våld. Världen därnere utvecklades så småningom till vad den är i dag - och det är bedrövligt. Undergången lät inte vänta på sig: 1620 år f.Kr. skedde ett vulkanutbrott på ön Thera. Flodvågen och askregnet nådde ända till Kreta och förstörde ön. Det var ett av de svåraste vulkanutbrott som skett på er jord. Våra långväga gäster är här för att inhämta kunskaper om hur jorden ska kunna räddas den här gången. Vi kan inte rädda den härifrån, det finns bara en enda möjlighet och den befinner sig i varje nu levande jordinvånares hjärta.

Om det går att nå varje nu levande människas hjärta med ett ord eller en sång som genljuder i hela deras lekamen, som får deras själar att vibrera och som sprider den känslan i vida cirklar överallt, vare sig den är välkommen eller icke, så kanske jorden kan räddas. Fortfarande finns guldkorn kvar från vår ursprungliga civilisation i de delar av världen där minoerna levde. Ännu finns människor som lyssnar till det gudomliga fröets sång inom sig. Det är dem vi tror på, det är deras hjärtan som ska förhindra jordens undergång. Det lilla klotet som finns i utkanten av vår galax äger alltför många sällsynta värden för att bli förstört av oförstånd, våld och maktbegär. Vi måste sända hjälp från alla de planeter som deltar i den planetfusion som ingår i Mittens Universum. Det är en fusion av olika sorters kärlek. Vi ingår som en del av den här på Minoxor."

Maorion reste sig upp och bugade sig djupt inför Modergudinnan.

"Högt ärade," utropade han. "Vi har kommit för att möta ursprunget och sedan föra det vidare till jordens invånare genom min följeslagare Jan. Det är få jordemänniskor som känner till våra universum och som vet var ursprunget finns. Det är dags att den kunskapen förmedlas nu. Det kan bli kaos på många planeter och stjärnor om jorden går under. Det får inte ske. Makthungriga, destruktiva krafter måste bort. Kan du hjälpa oss?"

Modergudinnan lade sina armar över bröstet. Därefter smålog hon. "Jag ska se vad jag kan göra. Men har ni besökt Centrala Rasen ännu? Vi behöver deras bistånd."

"Vi kommer dit som sista mål på den här resan," svarade Maorion.

Nu log den magnifika kvinnan på podiet. "Ni är välkomna att stanna här så länge ni önskar. Glöm inte att bekanta er med naturandarna. För oss är de andningens puls. Nu fortsätter festen och jag önskar er lycka till."

Lika snabbt som hon kommit, försvann hon. Vi försvann också snart - till våra respektive inkvarteringar. Vi fick hämta Shala först, det var svårt att slita henne från de fnittrande, babblande flickorna som satt i en klunga i ena hörnan av salen. Det var en vacker klunga, tyckte jag, men vi blev tvungna att bära Shala med oss. Hon uppförde sig inte alls som en ängel, inte förrän jag hotade med att berätta för Zar om hur olydig hon var. Då lugnade hon ner sig och följde snällt med när vi visades till var sitt sovrum som kunde få ett Grand Hotel att verka som en förfallen statarstuga.

Nästa dag skulle resan gå vidare men innan dess skulle vi få träffa naturandarna. Jag vräkte mig tillbaka i den utsökta sängens himmelska bekvämlighet och somnade snabbt som en fluga i risgröten.

Trädgårdarna

Det var svårt att stiga upp ur de mjuka bolster som hade rättat sig efter min magra lekamen denna sköna natt. Jag kände mig utsövd och mina egna kläder låg ordentligt hopvikta på en stol. En leende tjänare upplyste mig om att frukost väntade i frukostrummet. Där väntade också Maorion och Shala. Vår änglaflicka, klädd i sina vanliga kläder, var blek och hålögd men Maorion var lika utsövd som jag.

"En underbar del av det här riket är den där naturens väsen härskar," berättade han. "Jag har varit där många gånger och varje gång är det lika fantastiskt."

Vårt besök i Modergudinnans trädgårdar bekräftade sannerligen denna utsago. Som jag nämnde förut fanns det mycket här som påminde mig om jorden. Dessa prunkande trädgårdar med okända blommor, men också med mängder av rosor och andra växter som jag kände igen, var verkligen ingen besvikelse. Plötsligt, när man vandrade där och insöp doften och betraktade virrvarret av humleliknande insekter, kom någonting annat surrande ur buskarna. Det var ett naturväsen, sådant det alltid framställts på jorden: en liten vingförsedd alf med den tunna, nästan genomskinliga kroppen svävande bland blomstren. Sedan kom en till och en till och till slut var vi omsvärmade av naturväsen.

"Ser man på, nu är mina vänner väldigt nyfikna!" Det var Modergudinnan som plötsligt dök upp bakom ett blommande träd. "Det är bäst ni följer med mig till deras rosenhem."

Hon var inte så lysande vit som kvällen innan, men ändå väldigt elegant. Hon bar en grågrönglittrande cape med ett mönster av rosor som var så naturliga att de föreföll levande. Hon vinkade åt oss att följa henne och där gick vi alla tre mitt i ett moln av små surrande, skimrande naturandar. En doftande rosenberså i form av ett litet tempel blev målet för vår promenad. Modergudinnan och Maorion var inbegripna i ett lågt, intensivt samtal och Shala och jag gick bakom dem.

"Vad är det med dig, du ser inte alls pigg ut?" frågade jag föga uppmuntrande.

"Jag är trött," svarade Shala. "Jag är inte van vid att ha en fysisk kropp och jag åt och drack för mycket i går. Jag fick så goda vänner bland flickorna att jag skulle vilja stanna här. Tror du jag får stanna?"

"Det vet du är omöjligt," svarade jag allvarligt. "Du är utbildad för den här resan och den är väldigt viktig. Gör oss inte besvikna, Shala!"

Hon svarade inte men hängde med huvudet. Just då var vi framme vid rosenbersån och satte oss i den. På ett bord stod en liten klocka och Modergudinnan ringde i den. Ett märkligt väsen uppenbarade sig. Det var en hög fjäderbeklädd varelse med människohuvud. Hans ögon var underbara och glittrade av humor och vänlighet. Håret var smålockigt gyllengult och låg som en tät mössa kring hans huvud. Han bar en krans av rosor på huvudet.

"Det här är trädgårdarnas väktare, Lari," förklarade Modergudinnan. "Jorden har en naturgud som heter Pan. Lari är hans motsvarighet på den här planeten. Skillnaden är att här tror alla på naturens väsen och alla kan både se och prata med dem. Vi samarbetar in i minsta detalj. Varje frö, varje planta, varje växt har sitt eget naturväsen och invånarna här hjälper till att se efter att de har det bra. Detta gäller även alla vatten som finns på denna planet. Lari har en bror som är en slags vattengud. Det finns en sådan på jorden också, men eftersom dess invånare inte erkänner några naturväsen så kan de heller inte uppfatta dem. Det är en sak som behöver ändras på."

"Finns minoerna på hela den här planeten?" frågade jag.

"Nej," svarade Modergudinnan. "Här finns andra, mindre folkstammar också, som är spridda över planetens yta. Men alla har en sak gemensamt: naturens väsen. Därför kan du gott kalla den här planeten för naturens planet. Ingen annanstans har man mig veterligen så stark kontakt med naturväsen. Därför blomstrar vi nästan lika mycket som jorden.

Skillnaden är att naturandarna har hjälpt oss att anlägga växtprakten här, men på jorden är den naturlig. Det finns naturandar där också, men de var bara synliga i början av jordens tillkomst och utveckling. Det skedde inte tillräckligt mycket samarbete mellan dem och människorna."

"Sorgligt," suckade jag och tänkte på en röd liten stuga, inbäddad i björkars, ekars och granars famn, med vattenblänk mellan trädstammarna. "Inte sant, Shala?"

Men Shala var försvunnen.

"En ung flicka smög sig ut ur bersån medan vi samtalade," sa Lari. "Det fick jag just höra av en av mina små."

"Ers ärade höghet," stammade jag som inte var så bra på titlar. "Shala sa att hon ville stanna här. Jag befarar att hon rymt."

"Hon kommer inte så långt," smålog Modergudinnan. "Lari låter djungeltrumman gå!"

"Finns det några farligheter här?" frågade jag oroligt.

"Ingenting annat än en väldigt vild och svårframkomlig terräng utanför trädgårdarna," svarade Maorion. "Det här är en slags invigning för Shala - ja på sätt och vis för er båda. Men jag medger att hon är ganska busig."

"Hon har precis hunnit utanför trädgårdarna," upplyste oss Lari. "Strax har vi henne här igen."

Han hade knappt uttalat orden så kom en svärm av naturandar med Shala i mitten. Hon grät inte, såg bara sammanbiten ut - med andra ord: hon tjurade. Jag tog henne i famnen.

"Dumma änglaunge!" frustade jag i hennes hårburr. "Hur kunde du tro att du skulle kunna rymma här, där alla hjälper varandra."

"Jag rymde inte för att göra er arga," svarade hon trotsigt. "Jag hade en träff."

Jag tittade häpen på Maorion, som såg förvirrad ut. Modergudinnan var däremot idel leenden.

"Var den skurken Ailos gömd i flickklungan i går?" frågade hon. Shala nickade. Modergudinnan drog en lättnadens suck.

"Nåja," sa hon, "Var det inte värre så ... Det var tur att du inte hann träffa honom. Han är en av de få opålitliga ungherrar vi har här. Han älskar alla flickor, men de unga damerna här känner till honom och aktar sig. Varnade de dig inte?" Shala skakade på huvudet. "Då får jag göra det. Den vackre Ailos är en duktig och skötsam pojke som läser på sin naturläkarexamen. Dessemellan förför han flickor. Det vet alla, så de aktar sig för hans heta förslag. Förmodligen retades dina nya väninnor med dig och tyckte att du själv fick ta ansvaret för träffen, eller hur?" Shala rynkade pannan, nickade och såg fundersam ut.

"Du får snart återta din eteriska kropp, Shala," tröstade Maorion, om det nu var någon tröst. "Vi måste fortsätta vår resa och ombord på båten återfår både du och Jan era eteriska kroppar. Landstigningarna på de olika planeterna medför tyvärr en omändring i er cellstruktur, eftersom ni knappast kan besöka främmande kulturer utan att bli synliga och kunna tala med invånarna. Det blir likadant nästa gång och kanske lite riskabelt dessutom."

"Det var säkert en lärdom för Shala," sa Modergudinnan med ännu ett vänligt leende. "Du utbildas till lärare hos änglarna och det är ett stort ansvar. Därför är det bara bra att du får erfarenheter. Kom ihåg att rannsaka ditt hjärta innan du rusar iväg till någon träff. Fråga dig själv: Varför? Vem ska jag egentligen träffa? Vad vill han mig? Vad känner jag? Varför gör jag det här? Får du svaret 'äventyr' i hjärtat så måste du tänka dig för en gång till. Du ska vara en förebild för nyblivna änglar. Det har du varit för Jan. Nu är det visst tvärtom!"

Hon reste sig upp och tog farväl av oss. När hon tog den skamsna Shala i famnen, kysste hon henne på pannan och gav henne ett litet smycke. Det föreställde en ring av diamanter och inne i ringen var ett par vingar avbildade. De var så väl gjorda att man kunde räkna fjädrarna på dem. Smycket satt på en vacker guldkedja. Jag fick också en gåva. Det var en liten gulddosa med inlagda ädelstenar. När jag öppnade den var den fylld av en ljusgrön salva.

"Använd endast den salvan när du verkligen behöver den," varnade Modergudinnan. "Ta då bara ett uns på en fingerspets. Den har en oerhört läkande förmåga."

Lari följde oss till viken med bryggan, där Maorions båt låg för ankar. Den här gången såg vi inte många människor, men de som fanns där vinkade och log. Det kändes riktigt sorgligt att lämna denna underbara plats. Det sista vi såg när båten gled ut i en morgonstilla vik, var Laris mångfärgade, befjädrade kropp som liksom en fågel höjde sig upp i luften för att återvända till trädgårdarna.

9. Hettiterna

Jag var nyfiken på vart vi skulle, medan Shala satt tyst och betraktade utsikten. Den här gången fick jag veta vårt mål.

"Vi ska besöka hettiterna," berättade Maorion. Jag blev förvånad.

"Menar du det där krigiska folkslaget som det står om i bibeln?" frågade jag. Maorion nickade småleende.

"Bibeln har skildrat dem ur jordisk synvinkel," svarade han. "Vi ska kontrollera om de verkligen är de blodtörstiga typer som det berättas om - i mycket kritiska ordalag vill jag minnas!"

"Är det inte farligt att träffa dem?" undrade jag.

"Det beror på var vi hamnar," svarade han. "Jag försöker lägga till i hamnen som hör till huvudstaden. De bor på en ny planet, där många av de folk som levde omkring Kristi födelse får samsas om utrymmet. Till dem hör hettiterna, filistéerna, samariterna m.fl. Hettiterna var inte bara krigare. De var de första som var verkligt kunniga i järnhantering och som undervisade andra folk som de mötte under sina långa resor norrifrån, över Kaukasus. Det blir intressant att få veta mera."

Det enda vi hade sett på länge var himmel och hav. En och annan delfin hoppade till Shalas förtjusning upp i luften och dök sedan elegant ner i vågorna. Vi blundade förstås på kommando och när vi fick titta upp igen befann vi oss i en liten stenig havsbukt. Stenar var utlagda till en mycket enkel brygga. På en stor sten vid stranden satt en gubbe och fiskade.

"Ojoj då!" utropade Maorion. "Nu har jag nog kommit fel. Jag seglade mot hettiternas huvudstad, men här finns inte ens en brygga. Hallå där, fiskarman, var befinner vi oss?"

Gubben sänkte spöt och tittade på oss en lång stund innan han svarade. När han gjorde det var det bara Maorion som förstod vad han sa.

"Han säger att vi är utanför hettiternas huvudstad," förklarade Maorion. "Vi har kommit till en del av viken där fiskarna håller till. Just nu är bara han här, men snart kommer de andra. Vi kan lika bra lägga till här, säger han, annars kan båten bli konfiskerad. Och vi måste göra fast den ordentligt. Det finns tydligen tjuvar här."

"Ska det här vara en ursprungskultur?" frågade jag. "Jag trodde att alla sådana var ärliga och schyssta." Maorion skakade på huvudet och gjorde något med ankaret som jag inte riktigt förstod. Jag är ju inte precis någon sjöman. Han hängde några konstiga grejer på ankarkättingen och sedan surrade han fast båten omkring en stor sten.

"Törs man gå iland?" undrade vår änglaflicka. Maorion smålog och gick ner i ruffen.

Han kom upp med en vit skjorta och ett par guldgula långbyxor i handen.

"Du får spela pojke," sa han. Shala blev röd i ansiktet, men hon dök ner i ruffen och kom strax tillbaka i de nya kläderna. Maorion slängde en vit jacka över hennes axlar.

"Den här får dölja att du är flicka," skrattade han. Shala skrattade inte alls. Vi vadade i land.

Fiskarens ansikte delade sig i två hälfter. Åtminstone tyckte jag att det såg ut så, men förmodligen skrattade han. Han ropade något till Maorion, som svarade honom på hans språk. Sedan översatte han till oss:

"Gubben skrattar åt min fastgöring av båten. Han påstår att hans kompisar kan få loss den hur lätt som helst. Jag sa åt honom: Försök, så får du se!"

Gubben var snabbt framme vid den stora stenen och grep tag i repet. Han lyckades inte få upp knuten, så han tog en kniv ur fickan och försökte skära loss den. Det gick inte heller. Då vadade han ut och hoppade ombord. Han var smidigare i rörelserna än åldern borde tillåta. Han gick bort till aktern och började hala in ankaret. Då slog det upp knivar från kättingen och han hade ett förskräckligt schå att värja sig. Han gav upp och kom tillbaka i land. Först såg han arg ut, sedan delade sig ansiktet igen och han skrek några ord till Maorion.

"Han säger att det ska bli roligt att se kompisarna försöka!" översatte Maorion muntert. "Han säger att det vill han inte gå miste om och att jag är en stor trollkarl."

Maorion förhörde sig om vägen in till staden och gubben pekade och dunkade honom i ryggen. Vi förstod att båten säkert skulle ligga kvar när vi kom tillbaka.

Vi gick på en grusväg. Det var inte sådant grus som vi är vana vid, utan ett ljust violett grus. Det var tätt packat så det kändes som att vandra på ametister. Det föreföll som en bra början, men Maorion verkade lite sammanbiten.

"Vi får inte tappa bort varandra när vi kommer in i stan," förmanade han. "Vad som än händer måste vi hålla ihop. Tillsammans är vi nämligen starka om vi blir utsatta för något."

Det lät inte vidare hoppfullt, men nu fick vi annat att tänka på. Vi kom fram till en jättelik plan, också den packad med det lilafärgade gruset. Bakom den reste sig en massa hus, alla i grå och violetta toner. Det var vackert men kändes dystert, för här och där fanns det också svarta hus. Vi mötte en klunga med män försedda med fiskespön och vi förstod att de var på väg till bukten. Om det var vår fiskarväns kamrater, så var de oroväckande svartmuskiga och ovårdade och blängde hotfullt på oss. När vi kom lite längre in i stan myllrade det av människor och en del var faktiskt konstiga typer. Det såg ut som om vi hade kommit in i en science fictionfilm, typ Star Wars eller Star Trek. Längre in i staden fick vi tränga oss fram och det gjorde vi hand i hand för att inte komma bort från varandra. Det kändes konstigt att komma från en glädjestad som Minoxor till den här dystra avkroken, men det måste väl finnas motsättningar även på dessa märkliga planeter.

Vi drevs mot ett grått stenhus, där ingångsporten stod öppen och blottade ett valv. Maorion drog in oss i valvet och där var det glesare med folk. Männen såg krigiska ut, de bar vapen och kvinnorna skyndade förbi med nerböjt huvud och stora sjalar om ryggarna. Shala väckte uppmärksamhet i sin vita klädsel, men ingen försökte hindra oss från att gå vidare. De tittade på oss, pekade och pratade som om vi var främmande djur. Det var vi kanske också för dem.

Det grå valvet var upplyst av små flackande ljuspunkter på sidorna. Vi gick där åtminstone tio minuter innan det ljusnade och vi kom in i en sal. Numera var jag väldigt van vid salar. Det fanns sådana var vi än var, men den här skilde sig verkligen från de andra. Den var stor och grå, den också. Där fanns kandelabrar på pelare lite varstans, för det fanns inga fönster som släppte in dagsljus. Det liknade mer en tunnelbanestation än en sal, tänkte jag. I bortre änden, dit vi var på väg, fanns en samling herrar. De var människor, men klädda i väldigt stela kostymer, som liknade medeltida rustningar. Och så var de beväpnade - tungt beväpnade. De särade på sig och öppnade en liten gång för oss fram till en liten, bred man i en elegantare rustning än de andra. Den såg ut att vara gjord av silver och överdelen var ett grovt nät av små glittrande maskor. Hans harnesk var nerdraget och ett par kalla grå ögon tittade på oss genom springorna.

"Främlingar! Tala om vilka ni är så får vi se om ni överlever." Ett dovt skratt rullade runt hos de andra krigarna.

"Ärade hettithövding," sa Maorion. "Vi dokumenterar de ursprungliga kulturerna för att kunna sprida deras ära och glans till andra planeter."

"Hm," sa silverrustningen. "Det var ju ett gott skäl till att komma hit. Vår kultur är ganska enastående och vi har försökt sprida den på en fånig liten planet som kallas Jorden, men det blev ett tidsbegränsat misslyckande. Jag ska se vad jag kan göra för er. Tojl, du får bli deras vägvisare och svara på de frågor du anser duger."

Han slog en "riddare" på axeln så järnringarna klirrade. Visiret var nerdraget så vi kunde inte uppfatta hur han såg ut. Hans stela järnarm vinkade åt oss att följa honom. Vi gick ut från borgen - eller vad det nu var - på andra sidan. Det var en tyst gata och mitt framför porten stod en vagn parkerad. Fyra hästar var förspända, vagnen hade bekväma sittdynor och plats för fyra. En svartklädd kusk satt på framsätet. Vagnen verkade mycket välbyggd och det var vackra hästar, två svarta och två bruna. Tojl tecknade åt oss att stiga upp i vagnen och så bar det iväg.

När vi suttit ett par minuter i vagnen tog Tojl av sig hjälmen med visiret. Till vår stora häpnad visade han sig vara en ung, brunhårig man med ett tilltalande ansikte. Han skrattade när han såg våra häpna miner.

"Väntade ni er ett monster?" frågade han på ett språk som vi förstod. "Jag kan tala om för er att hettiternas land är oerhört välorganiserat, välskött och blomstrande. Ni kom av misstag rakt in i vår stridsmakts boningar och dit brukar främlingar inte hitta. Ni tycker kanske att vår huvudstad är dyster, men det beror på vårt försvar."

"Försvar?" undrade Maorion med rynkade ögonbryn. "Behöver ni försvara er? Jag trodde det var fred på de flesta av dessa planeter i de sju universumen."

"Här bor en brokig samling människor, och många märkliga typer har hittat hit från andra galaxer, som ni säkert såg på gatorna. Det finns folkslag från mycket närliggande trakter som är avundsjuka på vår välfärd. De tog med sig dessa egenskaper när de kom tillbaka från sitt liv på jorden och så blev det strider. Därför utbildas krigare som jag. Vi är vanliga hyggliga människor som måste kunna försvara vårt underbara land oftare än ni kan föreställa er. Titta nu ut!"

Vagnen var täckt, men sidorna var genomskinliga. Vi hade en utmärkt utsikt över landskapet och vi häpnade över dess skönhet. Det påminde mig lite om Skottland. Kullarna, täckta av saftigt grönt gräs utgjorde ett oregelbundet mönster som präglades av åar och bäckar och små vackra, välvda broar. Det fanns odlingar överallt. Jag är inte så bra på att avgöra utländska sädesslag, men nog såg jag majs och bönor och ärter, och det fanns också vinodlare och stora fruktträdgårdar. Det verkade på mig som om inte en kvadratmeter av detta enastående landskap hade gått förlorad i missväxt eller ogräs. Ljusklädda män, förmodligen bönder, styrde och ställde i sina odlingar. Runt de flesta låga husen fanns en härlig blomsterprakt. Små dammar, försedda med fontäner, sprutade upp glada vattenstrålar som plötsligt vidgades och föll ner över markerna på samma sätt som ett regn. Jag komplimenterade Tojl till den fina uppfinningen.

"Trevlig pojke ni har med er, men väldigt ung," sa Tojl och tittade på Shala som blev blossande röd och drog kavajen tätt omkring sig. "Och han verkar inte särskilt talför heller."

"Det är en ängel," förklarade jag. "Han följer med oss för att förmedla våra upplevelser till den angeliska sfären. Han är både kunnig och intelligent, men ganska skygg."

"Vi kommer strax till en av de största byarna," berättade Tojl. "Jag är därifrån och min far är bymulla ..."

"Mulla?" avbröt jag. "Är han islamisk präst?"

"Jag vet inte vad du talar om," svarade Tojl synbart förvirrad. "Mulla är en urgammal titel och om den har kommit vilse på jorden får jag bara beklaga. Vår tro är mycket ren och kärleksfull."

"Med de där krigarna," skrek Shala som inte kunde hålla tyst längre. "En ren och kärleksfull trosuppfattning krigar inte. Det var ruskigt i den där stensalen."

"Jag förstår att ni tycker det," nickade Tojl. "Min far förklarar det där bättre än jag. Titta, nu är vi framme."

Vi körde in i en by som såg ut att vara klippt ur ett engelskt trädgårdsmagasin. Där fanns visserligen inte korsvirkeshus, men de låga byggnaderna i olika pastellfärger var en fröjd för ögat. Varje fönsterbleck var prytt av blommor och likaså taken. Inte ett tak var beklätt med tegel eller annat, det växte gräs och mossa och små fina blommor i många färger på taken.

Mitt i byn fanns något som antagligen föreställde en kyrka

eller ett tempel. Det var en märklig byggnad, men man blev glad av att titta på den. Den var rund och utanför den var en ring av pelare. Överallt fanns det blommor. De tittade ut mellan pelarna och slingrade sig överallt i alla former och färger. Man skulle kunna kalla byggnaden för en djungelkyrka. Vi stannade utanför.

Ut ur templet kom en vithårig man med ett vänligt utseende. Han var klädd i en vit mantel men bar inga särskilda tecken som utmärkte hans ämbete. Tojl kastade sig i mannens armar, så vi förstod att det var hans far. Vi blev varmt välkomnade och ombads att stiga in i templet. Därinne rådde en behaglig halvskymning och i fonden stod en enorm öppen spis, där det brann en skön brasa. Framför den fanns en bekväm soffgrupp av skulpterat trä med mjuka dynor. Det fanns inga tecken på att rummet var en helig plats, ett tempel eller en kyrka. Det var helt enkelt ett vanligt vardagsrum.

"Märkligt vad det här liknar jorden," muttrade jag. "Det känns nästan som att komma hem."

"Vi har sänt både representanter från vår kultur och andra till jorden," nickade Tojls far. "Vi hoppas att vi har påverkat dem på ett positivt sätt."

"Här är mycket välordnat och trivsamt," smålog Maorion. "Vi har inte sett många kvinnor här. Var håller de hus?"

"Kvinnor?" frågade Tojls far. "Menar ni esklamperna?"

"Esklamper?" Det var Maorions tur att fråga. "Vi undrar om vi får träffa din hustru, Tojls mor?"

Far och son utbytte en egendomlig blick. De steg åt sidan och började ivrigt prata med varandra på ett språk som vi inte förstod. Vi måste ha frågat någonting olämpligt. Tojl log generat när han kom tillbaka till oss. Han slog ut med händerna och sa:

"Ni tycks inte känna till förhållandena här. Hettiterna är ett manssamhälle. Här finns förutom vi män endast esklamperna som är våra slavar och som föder våra barn. De uträttar alla sysslor. Männen sköter bara kriget och stiftar lagar. Vi befaller, esklamperna lyder. De som inte lyder blir genast avrättade."

Jag kastade en sned blick på Shala, som hade bleknat. Hon grep hårt tag i stolens armstöd och jag såg att hon darrade till. Det var tur att hon hade manskläder.

"Min son har bett mig redogöra för titeln bymulla," sa den äldre mannen och drack en klunk av det goda vin som serverades oss. "Jag styr den här byn. Jag bestämmer allt som ska ske. Allt viktigt som uträttas här måste först komma till mina öron. Varje by har en mulla. Vi gör våra egna lagar, men de måste godkännas av huvudstadens regent.

"Männen i byarna har fullt upp med att styra sina esklamper. I varje hus utropas varje morgon dagens program med arbete till esklamperna. Dessa får inte opponera sig mot någonting, de ska lydigt utföra dagsprogrammet. Esklamperna sover utanför huset eller i förrådshuset om sådant finns. När barn föds får esklamperna sköta dem tills de blir fyra år. Då går pojkarna till en gemensam uppfostringscentral och flickebarnen fostras i någon av skogsförläggningarna. Där finns särskilda avbalkningar för oss män där vi kan förlusta oss med de små eller stora monstren."

"Förlåt, hörde jag monstren?" avbröt jag. Jag såg att Maorions rena vackra ansikte hade förvridits till en ursinnig mask. Han hade lika stor lust som jag att ta stryptag om mullan. Denne log ett försmädligt leende.

"Ja, är de inte monster? Det finns vackra monster och fula, men för oss är alla esklamper ett slags monster som vi måste tämja ända från deras ynkliga födelse."

Nu började Shala ilskna till också. Hon reste sig halvvägs ur stolen, men en sträng blick från Maorion gjorde att hon sjönk tillbaka. Jag såg tårar i hennes ögon - ilsketårar - och hoppades att Tojl inte skulle märka något. Men hon behärskade sig snabbt och tog till orda innan jag hann hindra henne.

"Era esklamper är kvinnor för oss," sa hon. "Kvinnan har lika stort värde som mannen i andra kulturer, ibland är det kvinnorna som styr. Vi har svårt att förstå er därvidlag. Den gode Guden har skapat två kön för att dessa ska komplettera varandra. Tojl talade om en ren och vacker religion. Vilken är den? Får inte esklamperna ta del av den?"

"Vår religion är endast för män," svarade mullan högdraget. "Det är därför den är så ren. Esklamperna dyrkar den smutsiga jorden och allt annat de ser i naturen och det får de ha för sig själva. Naturen är också vår slav, som vi behandlar på ett sätt som får den att ge oss ett överflöd av mat och dryck. Vi ger den en stark näringsvätska som vi åstadkommer på artificiell väg och som får växterna att växa sig dubbelt så höga.

"Vi dyrkar det rena järnet och smidet, stridskonsten och de manliga stridsgudarna. När en man dör sker en mycket högtidlig begravning, eftersom vi hoppas att han får en ärofull tillvaro tillsammans med stridsgudarna. När en esklamp dör bränns hon genast eller grävs ner. Vi vill inte alls ha med dem att göra i onödan. De får inte visa sina ansikten och måste alltid vara beslöjade, även när vi avlar barn med dem. Nog talat om esklamperna. Ni är män och besökare och behöver inte alls komma i kontakt med dem. Nu ska vi fylla era magar innan er resa fortsätter."

Han klappade i händerna och tre beslöjade, insvepta varelser, "esklamper", visade sig med brickor i händerna. En utsökt måltid serverades oss, men Shala hade ingen aptit. I ett obevakat ögonblick försvann hon. Ingen brydde sig om det mer än jag. De andra trodde väl att hon besökte toaletten, men jag hade mina misstankar. Jag ursäktade mig snabbt och gick ut. Jag kunde inte se henne, så jag vandrade genom den vackra fruktträdgården i förhoppning om att få tag i henne. Det här var ett farligt ställe att vara på och hon fick under inga omständigheter avslöja att hon var kvinna. Jag hittade henne till slut. Hon befann sig i en klunga med kvinnor som ivrigt lyssnade på henne, trots att ingen vågade ta av sig slöjan.

När jag smög mig närmare hörde jag att Shala uppviglade kvinnorna. Hon uppmanade dem helt enkelt till strejk. Det föreföll som om antalet kvinnor i det här landet vida översteg männens, men de var alla förskräckligt kuvade. De visste ingenting om frihet. Stackars kollin, tänkte jag, stackars hemlösa små arbetsmyror utan framtid, utan hopp. En träl under vikingatiden hade det bättre än de. Jag beslöt mig för att låta Shala hållas så länge det inte blev farligt för henne. Jag tänkte med en rysning på hur det skulle ha blivit på jorden, om en massa muslimska kvinnor hade gjort uppror eller demonstrationer. Jag tänkte också att Muhammed måste någonstans ha haft ett minne inbakat från hettiternas rike, även om muslimerna på jorden har rört om rejält i smeten. Jag stannade för att vakta min lilla ängel, som just nu var högröd i ansiktet och hoppade fram och tillbaka, fäktade med armarna och skrek till de stackars slavinnorna.

"Det är dags för er att handla!" ropade hon. "Ni är lika mycket människor som de där fördömda karlarna. Förstår ni inte att det är deras påhitt alltihopa. Ni har inte skapats för ett sådant här liv..."

En av kvinnorna hade närmat sig Shala. Hon såg ut att lyssna mycket uppmärksamt. När Shala uppmanade dem att ta av sig slöjorna, så gjorde flera stycken det. Där jag stod bakom ett träd, uppenbarade sig plötsligt så mycket skönhet att jag hade blivit stum, om jag inte redan var det. Dessa hettitiska kvinnor var alla skönheter och under slöjorna och kåporna hade de inte en tråd på kroppen. Jag blev alldeles knäsvag och torr i munnen. Åtrån, som jag trodde var lika avliden som jag själv, steg upp i mig. Hualigen! Nu var det bäst att agera.

"Vad har ni för er?" hördes Maorions just nu ganska barska röst. "Jag sa därinne att jag skulle leta efter er och att vi brukade gå en liten promenad efter maten för magens skull. Jag tror inte att de misstänker något, men kommer de hit så är vi illa ute."

Jag såg nog att även Maorion slickade sig om munnen när han kikade över min axel. Jag ropade på Shala. Hon skrek åt kvinnorna att ta på sig slöjorna igen och sedan kom hon till oss.

"Jag trodde att jag skulle hinna mera," suckade hon. "Men nu har jag sått ett litet frö hos kvinnorna och kanhända det kan växa sig större."

När Tojl kom springande för att se var vi hade blivit av, gick vi lugnt emot honom och försäkrade att vi bara motionerat en liten stund. Maorion frågade honom om det fanns mycket kvar att se, eftersom vår tid började bli knapp. Vi måste resa vidare.

10. De Gamla Egyptierna

Det märkliga var att Tojls far tillät oss resa och jag tyckte mig till och med förmärka en viss lättnad hos honom när vi tog farväl. Vi satte oss i den fyrsitsiga vagnen och då såg jag att Shala hade en speciell glimt i ögonen. Hon hade säkert något att berätta för oss sedan. Tojl verkade däremot tystare än förut. Jag hoppades att han inte fått nys om våra förehavanden med kvinnorna. Jag läste någon slags triumf i ögonen på Shala, som inte funnits där förut.

När vi närmade oss huvudstaden kom tjocka dimmoln rullande mot oss. De var inte vita utan snarare askgrå.

"Vi har blivit överfallna av filistéerna," förklarade Tojl. Han satte på sig sin hjälm och drog ner visiret. Jag tyckte att den sista glimten av hans ansikte pekade på en rädd liten pojke. "Ni måste försöka klara er ifrån staden och nå hamnen på omvägar. Kusken kör er så långt han kan, men sedan får ni gå resten av vägen till fots. Farväl mina vänner! Jag önskar er en god resa."

Han svingade sig ut ur vagnen och vi skymtade utkanten av staden genom dimman, som redan var blandad med krutrök. Det verkade som om krutet redan var uppfunnet på den här planeten. Kusken vände vagnen och körde i riktning mot havet.

Vi åkte på smala, krokiga och steniga vägar, inte alls på den fina ametistvägen som vi gick på i början. Shala satt och småfnittrade emellanåt och vi såg frågande på henne.

"Jag lovar att berätta om en stund," sa hon och pekade på kuskens mörka rygg. Hon var förstås rädd att han skulle höra oss. Vi satt tysta och märkte snart att vi kom närmare havet. Det började lukta hav, det var inte att ta miste på. Ganska snart såg vi vattnet glittra mellan träden. Då stannade kusken. Han gjorde något konstigt. Han selade av de fyra hästarna och gav dem en dask i baken så att de skuttade iväg.

Ännu konstigare var det att Shala tog kusken i famn och rev av honom - henne - kåpan. För det var alldeles säkert en esklamp.

"Det här är Tilla," förklarade Shala förtjust. "Innan Jan hittade mig hade vi varit i stallet och bedövat kusken och Tilla tog hans kåpa. Väldigt unga pojkar får hjälpa till som hästskötare och kuskar för att lära sig handskas med djuren. Den här pojken var alldeles oförberedd på att få en sittopp så att han tuppade av."

Häpna stirrade vi på Tilla. Det var en vacker ung kvinna med rödbrunt, långt hår och stora bruna ögon.

"Jaha," fortsatte Shala, " ni undrar förstås varför jag har räddat en enda av esklamperna. Tilla är väldigt intelligent och hon har länge förstått att esklampernas liv är både felaktigt och orättvist. Jag ordnade med den här flykten för att hon ska kunna redogöra för sin och sina medsystrars situation."

"Redogöra för vem?" frågade Maorion strängt, men jag såg att han hade svårt att hålla sig för skratt.

"Till någon hög person," svarade Shala lite diffust och tog Tillas hand. "Vi möter kanske någon som lyssnar på henne och som kan göra något för esklamperna. Det är ju så fint på de flesta planeterna där vi har varit, det finns så många visa personer som kanske kan hjälpa henne. Får hon följa med oss? Eller ska jag skicka tillbaka henne mot en säker död?"

Maorion nickade och vände sig bort. Jag förstod att han skrattade för sig själv. Jag skrattade högt, jag, tog flickan i famn och svängde runt med henne.

"Vackra flickor är alltid välkomna i vår lilla krets!" sjöng jag och då visade Tilla en rad jämna vita tänder i ett leende. Hon sprang framför oss och markerade att hon ville visa vägen. Hon var klädd i ett tunt, smutsigt linne som räckte till knäna och jag hoppades att Maorion skulle kunna trolla fram lite kläder till henne på båten.

Vi kom mycket snart fram till hamnen. Båten låg kvar. Gubben satt fortfarande och fiskade men han var inte ensam längre. Ett gäng på fem, sex andra gubbar med väldigt otrevliga fysionomier satt också och fiskade. När Tilla såg dem smög hon sig ut i vattnet och började simma.

"Fiskarna kommer från staden," sa Shala. "Jag tror att jag tar mig en simtur, jag också. De får inte märka att vi är två."

Maorion gick fram till fiskarna och jag följde efter. Gubben med den stora käften hade rest sig och spanade mot vattnet.

"Ni hade grabben med er förut," sa han, "men han kan inte ha två huvuden."

"Pojken ville ta sig en simtur innan vi åker iväg," förklarade Maorion på sitt lugna sätt. "Det är hans roliga boll ni ser. I det landet han kommer ifrån använder man bollar som ser ut som människohuvuden. Vet du om att ni har fullt krig i staden? Filistéerna har anfallit."

Detta fick fart på gubbarna. De for omkring som torra skinn och skrek till varandra. Tydligen fanns det inga massmedier här. "Då måste vi gömma oss," sa vår fiskare. "Vi vill inte kriga. Det händer alldeles för ofta och filistéerna, di är blodiga av sig."

Maorion tog fram ett guldstycke och gav gubben. "Tack för att du har vaktat vår båt," sa han. "Köp något gott åt er allihop."

Gubben ryckte åt sig guldet och gubbarna försvann i buskarna längre in i land. Vi hörde deras uppbragta röster, de grälade tydligen om slanten och om vart de skulle ta vägen. Men vi vadade ut till båten, där Shala och Tilla torkade sig i solskenet. Shala hade fått på sig sina vanliga kläder och tydligen lånat en vacker, blå klänning åt sin nya väninna. Jag tänkte att det var skönt för Shala att få ta hand om och hjälpa någon. Det är ju vad änglar är till för.

Maorions ansikte visade en tydlig tillfredställelse med att få sitta vid rodret igen. Ankaret kom upp med eterisk lätthet och så var vi på väg. Flickorna skrattade och pladdrade i fören medan jag satte mig hos vår skicklige kapten. Jag hade några frågor.

"Om vi inte har substantiella kroppar här ombord, hur kan då flickorna prata med varandra? Tilla kan väl inte se oss nu?"

"Jag trollade litegrann," småskrattade Maorion. "Du vet att det kan vi maorier! Tilla vet inte om att hon har simmat in i en annan verklighet, men här ombord är den ju neutral. Det betyder så att säga att olika DNA kan samsas. Sedan får jag se om jag kan anpassa henne, beroende på vart vi kommer. Flickan tror att hon ska kunna rädda sina medsystrar. Vi får ta tag i det problemet när vi kommer till vår sista anhalt. Där är allting möjligt, bara det är positivt."

"Muslimerna på jorden har också en bekväm uppfattning om kvinnan," funderade jag dystert. "Den står ganska nära hettiternas, fastän hettiterna fanns så långt före dem enligt tideräkningen. Härstammade Muhammed från hettiternas planet?"

"Ja, det gjorde han," svarade Maorion. "Hettiterna har inte alltid varit kvinnohatare och stridsmän, det har utvecklats under de senaste tusen åren. Varje planet fick från början chansen att utvecklas på sitt eget sätt. Ibland blev det bättre och bättre, ibland blev det riktigt galet. Inga andra än invånarna på planeterna kan själva rätta till det som de har ställt till med. Gör de inte det, då går det galet - ja, du kan själv se hur det ser ut på din hemplanet, jorden. Det vore förmätet att tro att ingen annan planet har stökat till det för sig som ni. Hettiterna är ett bra exempel.

"Muhammed var en enkel pojke när han föddes till jorden. I

hettiternas rike var han son till en mulla, precis som Tojl. På jorden var han en fattig karavanförare som gifte sig med en rik kvinna och blev en framstående affärsman. Han hade en uppenbarelse i öknen, då han fick veta att han var Guds sändebud. Från den dagen kanaliserade han ängeln Gabriel och predikade på gatorna. Hans kanaliseringar har samlats i en bok, *Koranen*. Om du tror att han var en fredlig profet så har du alldeles fel. Han var en slug politiker och med vapen och ren människoslakt lyckades han inta Mekka, där judarna inte var särskilt pigga på hans nya lära. Så nog fanns hans hettitarv i generna, alltid."

"Jag har aldrig träffat Muhammed i änglariket," smålog jag. "Han kanske inte passar där. Men säg mig, vart styr vi kosan nu?"

"Till det Gamla Landet, till Egypten", svarade Maorion.

"Egypten?" utropade jag häpen. "Men det finns ju kvar i högsta grad på jorden."

"Det började här, liksom Atlantis," svarade Maorion. "Här finns ursprunget till allt. Du får tro det om du vill, men jordens befolkning har sin upprinnelse i våra universum. Det gamla Egypten är grunden till så mycket som har hänt på jorden att jag vill visa dig ursprunget. Där finns en hel del visdom att hämta. Egyptierna förde med sig en del sägner men också verkliga historiska händelser härifrån. Egypten blir nog en välbehövlig vila från skrämmande scener för er allihop. Det är ett mycket vänligt land."

Det brukar hända oss saker i de vänligaste länder, tänkte jag. Men det var oerhört spännande att få besöka det äldsta Egypten. Jag hade alltid under min jordetid önskat att få resa dit. Villigt slöt jag mina ögon när Maorion befallde oss att sova en stund. Det visade sig alltid vara inledningen till något nytt.

Vad jag inte förstod var det här med språken. Vi kunde göra oss förstådda nästan överallt och vi förstod nästan alltid språket var vi än var. Hur gick det egentligen till? Det måste vara trolleri med i spelet. Jag vaknade av att Tilla skakade mina axlar och ropade: "Vi är framme nu. Skynda dig att göra dig i ordning. Maorion håller på att ankra båten."

"Hon har väldigt små bröst," tänkte jag sömnigt när jag tittade upp. "Ungefär som de där små vaniljkakorna som kallas för drömmar. Hon har nog aldrig fött barn." Jag frågade henne. Hon såg lite förvånad ut, men smålog sedan och förklarade att det var hennes problem. Hon var redan nitton år och de flesta blev gravida vid tolv år. Om en esklamp inte födde barn före tjugu år så blev hon antingen dödad eller förpassad till ormringen. Ormringen var en plats där kvinnorna tjänstgjorde som horor. Jag ryste. Vi hade i alla fall lyckats rädda en stackars tös från ett hemskt öde.

När jag kom upp på däck hade vår duktige kapten lagt till vid en annorlunda brygga. Den var murad av sten och försedd med vackra skulpturer. Flera båtar låg i hamnen och det var eleganta båtar som påminde om vår, med stora galjonsbilder och snirklade relingar. De hade, precis som vår, vackert bemålade skrov och en del hade en bekväm, dekorerad sittplats uppmonterad mitt i båten. Det fanns också mindre papyrusbåtar som säkert tjänstgjorde som jollar. Här, som i Minoxor, var det ett livligt och brokigt folkliv på stranden, där en strandpromenad av sten var byggd för att underlätta allt bagage och all last som skulle till och från båtarna.

Vi klev i land och vår nya vän Tilla lyste av förväntan. Hon trodde säkert att hon drömde. Att föras från en så svår och fattig tillvaro till en rikedom av nya, positiva erfarenheter var för henne himmelriket. Hon strök över det mjuka tyget i den blå klänningen som hon fått av Shala. Jag tänkte i mitt stilla sinne att så måste en invandrare känna sig när han mötte överflödet i vårt land - åtminstone på den tiden jag levde där. Jag saknade lilla Shalas hand i min - den höll nu stadigt i Tillas i stället. Shala njöt av att vara den starka och upplysta. Jag log i mjugg.

Här möttes vi också av folkets jubel när de såg Maorion. Det var tydligen inte hans första besök i landet. En bärstol, buren av fyra bärare, stannade framför oss. Ur den steg en majestätisk kvinna. Det märkliga var att hon praktiskt taget föll Maorion om halsen och kysste honom med synbar förtjusning. Nåja, förtjusningen var inte bara på hennes sida!

"Får jag presentera min hustru!" sa Maorion och jag begrep ingenting. En maorisk präst och en egyptisk dam - hur kunde detta vara möjligt? Dessutom var hon både vacker och respektingivande. Hennes hår var ebenholtssvart, men en bred vit strimma följde på ett klädsamt sätt det slätkammade, långa håret som var uppsatt i en fantastisk frisyr. Hon var inte i sin första ungdom, kanske närmare 50 år. Hon hade ett älskligt leende när hon välkomnade först mig, sedan flickorna.

"Vi ska direkt till mitt hus," förklarade Maorion när det dök upp två bärstolar till. Det var bara att kliva upp, men jag fick förstås sitta ensam i min. Jag tittade ut på omgivningen och den var ingen besvikelse. Först följde vi stranden en bit, sedan tog vi av inåt landet på en välvårdad grusväg. Det fanns ingen skog, vi åkte genom en allé av palmer. Att Maorion inte hade nämnt att han hade familj var för mig en gåta, men han kanske gillade att överraska. I så fall var jag ordentligt överraskad.

Vi passerade en hel del stora, vackra hus som låg ordentligt separerade från varandra, omgivna av trädgårdar. Jag förstod att detta var förstaden till en större stad och det visade sig vara rätt. Plötsligt stannade mina bärare. De hade sjungit hela tiden och det verkade som om de var glada och nöjda med sin tillvaro. Det var fyra muskulösa män och de nickade och skrattade och sjöng. När de stannade tecknade en av dem åt mig att stiga ur bärstolen.

Vi hade stannat framför ett stort vitmålat hus, eller snarare ett palats. Mellan väggstyckena var pelare och jag skymtade dekorationer i de härligaste färger därinne. Flickorna hade klivit ur sin bärstol och Maorion skyndade emot oss med öppna armar.

"En maorisk magiker gift med en ädel dam från Egypten," sa jag. "Hur kan detta komma sig? Har ni barn också?"

"Det är en lång historia," svarade Maorion leende. "Vi har vuxna barn, en son och en dotter. Min son är läkare och min dotter är gift med en läkare. Kom in nu, så ska jag berätta alltsammans."

Jag dunkade honom i ryggen. Det var som om all respekt för den högtidlige mannen var bortblåst när jag utbrast: "Din gamle skojare!"

När vi satt tillsammans med vårt värdpar i bekväma sittmöbler i ett utsökt rum med väggar och tak av mosaik och läppjade på ett gott vin berättade Maorion sin historia.

11. Maorions Berättelse

"Jag föddes på en annan planet," berättade han. "Vi besökte den ganska nyligen, Jan, Shala och jag. Minns ni det gigantiska vattenfallet, dit jag sökte mig i min ungdom med dess våldsamma inre motsättningar och trotsiga resonemang? Inte långt ifrån detta smultronställe hade mina föräldrar sitt hus. Jag växte alltså upp på landet och den storslagna naturen bidrog till att ge mig det inåtvända sinnelag som behövs - åtminstone i början - när man ska vandra mystikerns väg.

Minns ni att jag berättade att maorierna på jorden härstammar från Atlantis? Där var kulturen enastående även om den slutligen ledde till invånarnas förfall. Den ursprungliga kulturen som finns här, i detta universum, var fylld av magi. Min far var en erkänd magiker. Vi bodde någon mil från huvudstaden, en bit ifrån odlingarna. Min far härstammade från en lång rad magiker och han satsade allt på att jag, den äldste sonen, skulle bli nästa. Jag hade tre bröder och en syster. Min mor var också mycket speciell. Hon var synsk och den ljuvligaste varelse ni kan tänka er, precis som min lilla vackra syster. Men jag gillade inte att vara förutbestämd för ett yrke - eller kall, som min far ville ha det till. Jag funderade mycket, läste mycket och var beständigt i kontakt med naturens väsen, som för mig var lika naturliga som vilken människa som helst.

Så kom den dag när min far bestämde att jag skulle ingå i eliten av studenter som fick sin träning hos den Centrala Rasen i Mittens Universum. Redan då kunde man utan svårigheter ta sig fram bland de sju universumen. Det fanns farkoster av olika slag som kunde frakta sina passagerare dit de önskade, men inte i det perifera utvidgningsutrymmet. Det är den atmosfär som finns utanför dessa universum och som ger dem möjlighet att expandera så småningom. Det är en oändlig rymd som är absolut ofarbar. Jag ville egentligen inte alls till universitetet, men som den lydige son jag var följde jag med min far till det centrala högkvarteret för universell kosmisk utbildning. Man kunde ju alltid ångra sig efter ett tag, tänkte jag, och återvända hem. När jag kom dit greps jag emellertid av den förtätade stämning som rådde där. Jag hade aldrig upplevt något dylikt. Det var så underbart, så oerhört och så behagligt, att jag beslöt mig för att stanna ett tag och se om jag trivdes med studierna. Jag tänkte inte i den banan att jag skulle klara studierna eller ej, utan bara om jag skulle gilla dem. Man är så självisk i ungdomen.

Det visade sig ganska snart att jag fascinerades ända in i hjärteroten av dessa studier. Jag kan inte berätta mer om dem eftersom de kunskaper vi delgavs är hemliga. I händerna på fel person skulle de åsamka mycket lidande. Men vad som från början från min sida var ett test blev ett yrke, som jag fortfarande älskar.

Hos Centrala Rasen har jag mina egentliga rötter när det gäller mitt arbete. Ni får gärna kalla mig för schaman, men det visar inte den egentliga innebörden av mitt jobb. Jag är en slags präst i era ögon, men jag tror inget jordiskt ord kan tolka mitt yrke. Präster är ett okänt begrepp på de här breddgraderna. Jag stannade hos Centrala Rasen eller Vingmakarna, som de också kallar sig, under många år. Sedan började jag resa runt på planeterna, mest med hjälp av min båt, som ni ju känner väl vid det här laget. Det var så jag hamnade i det Gamla Landet, eller Egypten.

En av mina uppgifter var att utse de människor som skulle födas igen på jorden och som hade till uppgift att föra fram sin kultur där. Jag valde kulturarbetare av olika slag och det var så jag kom i kontakt med min hustru, Semeta. Hon bodde med sin far och sina systrar i huvudstaden här och hennes mor var död. Jag ansåg att hennes far var en lämplig kulturarbetare för jorden och beslöt att sända honom dit. Han var mycket samarbetsvillig, men först måste han se till att hans tre döttrar var väl placerade.

Redan första gången jag såg Semeta bankade hjärtat ursinnigt i bröstet på mig, men jag ville inte erkänna den passion jag kände för henne. Jag var nog ganska självbelåten och stödde mig på min magi hela tiden. Varje gång jag kom i hennes närhet hade jag svårt att uttrycka mig och till slut undvek jag att besöka familjen. Jag stämde möte med fadern på andra platser."

"Visst var jag en självgod struntviktig grabb, eller hur?" Maorion tog sin hustrus hand.

"Du var alldeles hemsk och det är du fortfarande ibland," skrattade hon och kysste honom på kinden. "Gudskelov lyssnar du på förnuftets röst i form av mig!"

"En dag blev jag tvungen att hämta Semetas far till ett viktigt möte," återtog Maorion. "Jag stod i trädgården och trummade otåligt på en trädstam. Då kom Semeta. Hon bad mig ursäkta att fadern dröjde lite till. Sedan gick hon fram till mig, la armarna om halsen på mig och kysste mig. Resten kan vi hoppa över, för resultatet blev ett pampigt bröllop."

"När var detta?" frågade jag. Jag var lite konfunderad, eftersom jag trodde att Maorion var en eterisk person som för länge sedan lämnat det fysiska livet på sin egen planet. Han gav upp ett hjärtligt skratt.

"Jag ser vad du tänker, Janne!" utropade han. "I jordiska ögon är vi väldigt gamla, Semeta och jag och våra barn, men här räknas inte åren på samma sätt som hos er. Jag har mitt hem här, hos min familj som jag besöker så ofta jag kan, men jag har också ett hem hos Vingmakarna, dit min hustru kommer på besök ibland. Men nu är det nog dags att visa er hur det Gamla Landet ser ut."

"Du sa att din son är läkare och din dotter är gift med en läkare? Vilken innebörd har titeln läkare hos er?" frågade jag.

"Läkare är det närmaste jag kan komma om jag vill beskriva min son och min mågs arbete. De botar människor. Kirurgin här är långt kommen och överträffar verkligen de enkla kunskaper som finns på jorden i dag. Vi hade hoppats att ni jordingar skulle hinna längre på hela den här tiden. Det finns metoder här som skulle vara helt otroliga, för att inte säga omöjliga för en jordisk hjärna att acceptera. Nu kallar jag på några bärare och sen går vi runt i innerstan.

Det var mycket som jag kände igen från den gamla egyptiska historien. Men här fanns inga faraoner, inga maktens utövare som förtryckte folket. Det Gamla Landet visade sig vara oerhört välordnat och jag närde en liten tanke i mig att det var Maorions förtjänst. Nog hade han ett finger med i spelet hos dem som regerade? Jag beslöt att fråga honom.

"Jag sitter med i styrelsen för den Gamla Staden," medgav han. "Vi gör bara det som folket själva önskar och ber oss om - i den mån det är möjligt. Här utövas den äkta demokratin!"

Tilla var som en kalv på grönbete. Hon tjöt av förtjusning över allt det nya, spännande som visades oss. Shala hade fullt schå att lägga sordin på henne medan jag fick lägga många nya fakta om Egypten till den futtiga kunskap jag fört med mig från jorden.

Jordbruket stod mycket högt i det Gamla Landet. Där fanns alla de sädesslag vi känner till på jorden och många fler. Bönderna såg ut att leva i välmåga, men de arbetade också oförtrutet. Gårdarna med blomstrande lantbruk var många. Huvudstaden var mycket vacker, den påminde mig om de bilder jag sett från Egypten:

målningar, fresker och skulpturer fanns i riklig mängd och husen var så välbyggda att inte en millimeter syntes mellan byggstenarna. Men naturen var inte samma sak som hos maorierna. Jag såg bara floder som flöt stilla och odlad mark, inga berg. Allt var välplanerat, ett mönstersamhälle byggt av flitiga människohänder. Det sa jag till Maorion.

"Du har rätt," svarade han. "Därför älskar jag den vilda naturen i mitt eget land och sådan finns även på sina ställen hos Vingmakarna. Grand Canyon är småpotatis jämfört med deras berglandskap. Här saknas berg, det finns bara slättland och en och annan kulle. Jag älskar min familj, men jag orkar inte bo här långa perioder. Nu ska jag visa er innerstaden." Vi vände oss om efter flickorna, men de fanns inte där. För fem minuter sedan hade jag pratat med dem - eller var det verkligen fem minuter?

"Oroa dig inte," tröstade Maorion. "De kommer säkert tillrätta. Här kan ingenting farligt hända dem."

Jag lät mig övertygas och följde min underbare guide och vän till fots in bland de vackra, mångfärgade husen och templen i huvudstaden.

12. På väg till Hunera

Gamla sägner fanns avbildade på husväggarna. Inte ett hus var fritt från livligt skildrade bilder, en del målade, en del huggna i stenen. Solguden Ra var flitigt representerad, likaså Isis och Osiris, Horus och Hathor. Tydligen hade många av de gamla gudarna följt med till jorden i människornas fantasi. Det fanns, enligt Maorion, människor som fick resa direkt till jorden för att bilda stammar där. De behövde alltså inte födas på nytt. Det var dessa och deras avkomma som förde myter och sägner vidare, ibland i väldigt påspätt skick, fulla av felinriktad fantasi och överdrifter.

Vi vandrade omkring och småpratade om allt detta. Så kom vi till huvudstadens shoppingcenter. Det låter väldigt modernt, men alla större butiker var samlade mitt i staden, så att det skulle bli lättare för folk att handla. Precis som nu, fast butikerna liknade inte de moderna. Det var som en gigantisk marknad, men varje butik fanns i ett hus, under tak, mycket välordnat. Vi skulle tillbringa natten hemma hos Maorion och resa vidare tidigt nästa morgon. Tiden led och jag gick förstås och tänkte på Shala och Tilla. Var höll de hus? Det fick vi mycket snart se!

Ut ur en butik kom en arg butiksägare farande. Framför sig föste han de båda unga kvinnorna, som fnittrande försökte ursäkta sig. Maorion stannade och pratade med butiksägaren. Det visade sig att flickorna hade provat igenom hela hans lager och praktiskt taget vänt uppochner på hela butiken. För Tilla var detta överflöd av underbara kläder, tyger och annat pynt en ren uppenbarelse. Först trodde hon inte sina ögon, sen ville hon ha allt vad hon såg. Eftersom flickorna inte hade någonting att betala med, hade butiksägaren bett dem att gå därifrån. Då började Tilla gråta och Shala försökte förklara situationen för honom. Vi kom just i rätt tid, men Maorion gick avsides med butiksägaren en stund.

"Jag har sagt honom att flickorna får köpa vad de har lust till, så betalar jag," sa Maorion till mig. Butiksägaren hade ändrat uppsyn och var nu idel vänliga leenden. "Jan, jag är mycket rik, så oroa dig inte," försäkrade han.

Det var en sida av honom som jag inte hade anat förut. Magikern kände jag, familjefadern och vännen också - men det här var alldeles nytt. Det fanns alltså fattiga och rika här. Jag frågade honom.

"Jag kan svara både ja och nej på den frågan," svarade han. "Det finns de som har stora tillgångar och de som har mindre. Det är aldrig någon avundsjuka människor emellan, för man bestämmer själv om man vill vara rik eller inte. Det finns en gemensam fond för hela staden där alla kan få hjälp och ekonomiskt stöd. Skillnaden i rikedomarna består i att alla de rika har förtjänat sina pengar genom idogt arbete precis som de mindre lottade. Arbetet är det viktigaste näst familjen. Kvinnorna arbetar i samhället om de vill, annars skattas arbete i hemmet lika högt."

"Så om någon vill bli rik så är det bara att arbeta?" frågade jag en aning förvirrad. Den här samhällsordningen kändes främmande, men allting var ju främmande för mig. "Ni har väl inte så höga skatter då?" fortsatte jag att undra.

"Skatter?" Maorion lät väldigt förvånad. "Vad ska vi med sådana till?" Jag avstod från att fråga mer om den mystiska stadens ekonomiska uppläggning.

Följande morgon fördes vi med bärarna till hamnen och jag förstod att Maorion kände det svårt att lämna det Gamla Landet. Hans hustru följde med oss till hamnen.

"Vi ses igen när ni har kommit till Mittens Universum," var hennes sista ord. När flickorna kom hem kvällen innan, var de lastade med kläder och smink och prydnadsföremål. Semeta tog hand om dem på ett förtjusande moderligt sätt och med hennes hjälp lyckades de stuva in alltsammans på båten.

"Jag tycker synd om bärarna," sa Tilla när vi styrde ut från hamnen och vinkade åt alla som var där. "De lever nästan på samma sätt som jag gjorde och ändå är de män."

"De har själva valt sitt yrke," invände Maorion. "De behåller det så länge de vill, sedan kan de söka sig något annat. Det är ett led i deras utveckling." Tilla stirrade på honom, men hon förstod nog inte det svaret. Esklamperna på hennes planet emotsåg ingen utveckling och valde inte sina yrken. Hon suckade och blundade. Det var morgon, men det nya livet tog tag i henne med hårda armar, det också. Hon hade minnet så färskt av alla dem hon älskade som hade det svårt och hon förstod inte sitt privilegium. Alla kläder och föremål hon hade köpt ville hon ge till sin familj och sina vänner. Det var en rikedom utan like. Hon hade varit fångad i ett fruktansvärt hårt liv utan ljusning. Nu var hon fångad i ljuset och glädjen, men oförmögen att dela med sig av allt det goda.

Jag tror att Maorion förstod vad som rörde sig i den unga flickans huvud, för han log mot henne och sträckte ut handen.

"Vi är på väg att förändra livet för esklamperna," sa han. "Vi måste bara gå den väg som är utstakad för oss innan vi kommer till slutmålet. Du kan vara helt trygg med oss, Tilla. Shala är utbildad för att ta hand om de svaga och göra dem starka. Titta bara på Jan!"

Det var ett dumt skämt, tyckte jag, men jag skrattade i alla fall. Det var skönt att Maorion kunde retas, det gjorde honom mänsklig och känslig. Vår guide på den här resan var en fantastisk man. Jag beslöt mig för att inte fråga vart vi skulle segla, utan låta det bli en överraskning. Jag somnade tvärt. Förmodligen gjorde flickorna det också.

"Vakna nu, vi är strax framme," ropade vår kapten och vi vaknade på en gång.

Vi seglade in i en hamn. Den var olik de andra hamnarna vi varit i. Sandstranden gick ända ner till vattnet och där fanns ingen brygga. Däremot fanns det båtar lite här och var, som låg och guppade fram till en viss del av vattnet, där det började bli grunt. Små enkla båtar med roddare hämtade och lämnade passagerare från båtarna, och snart hade vi en sådan liten båt nedanför vår egen. Massor med palmer vajade lite högre upp på stranden och jag tyckte att det såg ut som något slags Hawaii. Det sa jag till Maorion, som skrattande bekräftade det med en nick. Han ropade något åt männen i den lilla båten och fällde ner en repstege. Han var först med att klättra ner, flickorna var inte sena att följa efter och sist kom jag. Roddbåten som hämtade oss var större än jag först trodde, den var lång och hade plats för sex passagerare förutom de två roddarna.

Från land och en liten bit ut låg flata stenar som man hoppade på tills man nådde stranden. Palmerna stod i täta klungor och på stranden rörde sig brunbrända, sjungande och dansande människor. Männen hade korta byxor och bar överkropp, kvinnorna bar långa, glatt mönstrade kjolar och snålt tilltagna överdelar. Det vilade en stor och sann glädje över hela sällskapet. Tänk, att det fanns söderhavsöar på de här planeterna också! Men så tänkte jag på att söderhavsöarna på jorden snarare var en kopia av detta än tvärtom.

Väl i land sveptes vi tillsammans med de glada dansarna rakt upp över sanden och in bland palmerna. Bortom dem såg vi höga berg, som liknade vulkaner. En by, som var mycket välbyggd, med hus av behandlad lera och tak av skickligt bunden vass skymtade mellan palmerna. Där sattes vi ner av vänliga händer vid små bord och höga stolar utanför något som förmodligen var en krog. Man ställde små muggar framför oss som var tillverkade av kokosnötskal. Säkert hade min cellstruktur omvandlats så fort jag kom i land, eftersom drycken smakade så förträffligt.

"Har ni hört talas om Huna och Kahuna?" frågade Maorion. Jag skakade på huvudet och det gjorde också Tilla, men Shala nickade eftertryckligt.

"Det förekommer på de jordiska Söderhavsöarna," sa hon. "Det är magi!"

"Magi som härstammar härifrån, ja," ifyllde vår egen magiker. "Jag tänkte att vi skulle titta lite närmare på hur det ser ut på den här planeten. Jag skulle vilja beteckna den som den sorglösaste planet ni kan uppleva. Men magi finns det gott om. Magikerna är heliga, älskade och vördade. Det sker inga onda trollkonster, men ibland uppfostrande. Den här magin är tyvärr utdöd på jorden. Människorna härifrån sökte sig till liknande betingelser när de föddes på ert klot. Kahuna är deras magiker och Huna är deras magi. Det heter något liknande här. Landet heter Hunera och invånarna hunier. Jag tror att vi kommer att få lite underhållning här!"

Några män höll på att göra en rektangel av kol mitt på torget framför oss. När jag tittade mer uppmärksamt, upptäckte jag att kolen glödde ganska intensivt. Jag hade hört talas om människor som kunde gå på glödande kol, men det som utspelades här tror jag inte förekommer på jorden. Tre män och tre kvinnor i glittrande dräkter och med blomsterkransar på sina huvuden gick fram till det glödande kolet. De var alla barfota. Jag såg att Tilla tog Shalas hand och knöt sin andra lilla näve. Hon var säkert jätterädd.

De tre paren började dansa på det glödande kolet. Ibland slog en låga upp och hotade att tända på kjolen hos någon av kvinnorna, men de lyfte elegant på kjortelfållen och viftade bort den. Kolet tog mer och mer eld och snart slog det upp lågor överallt. Då lyfte sig de tre paren upp i luften och fortsatte att dansa som om ingenting hänt. De dansade utan fotfäste, som om luften var ett lika bra dansgolv som det brinnande koltäcket därnere. Högre och högre upp dansade de, till slut var de flera meter uppe i luften. Under tiden kom några män och släckte lågorna i kolen och då sänkte sig dansparen och tog mark under folkets jubel. Musikerna, som suttit i bakgrunden, kom fram och började dansa de också. Jag kände inte riktigt igen instrumenten, men det var olika sorters stränginstrument, flöjter och cymbaler.

"Det var bröllopsdansare," förklarade Maorion och högg med synbar förtjusning in på maträtterna som placerats framför oss under uppträdandet. "Var inte rädda för den här maten, den är vegetarisk, gjord på frukter, bär och rötter härifrån. Vi har hamnat mitt i bröllopsfestligheterna. Elddansen är inledningen till att ett ungt par har funnit varandra och ska gifta sig. Hunierna är mycket gästfria och säkert bara smickrade av att ha oss som gäster. Nu ska ni få se mer magi. Här kommer den trollkarl som ska förrätta vigseln."

En trollkarl som viger folk, tänkte jag bestört. Hur kan det gå till? Det visade sig mycket snart. De som jag kan kalla för "städarna" forslade bort allt kolet. I stället breddes en matta ut mitt på det lilla torget. Musikerna satte sig på ena sidan om mattan, och så kom den man som jag förstod var trollkarlen. Han var klädd i en vit mantel som var draperad på axlarna med en krans av blommor. Under den bar han ett höftkläde och ingenting mera. På huvudet hade han en toppig huvudbonad av blommor. Han ställde sig på den ena kanten av mattan med armarna i kors. Jag såg att han hade en stav i ena handen. Staven såg ut att vara av guld och den hade en bred, stel frans i ena änden. Den var dekorerad med ädelstenar. Men var fanns brudparet?

Jag hade knappt tänkt tanken så bars brudparet in. Åtta män bar dem på sina huvuden. Båda ungdomarna satt med benen i kors och mellan dem satt - jag trodde inte det var sant, men där satt en hund. Det var en guldbrun, släthårig hund med spetsig nos, ungefär så stor som en golden retriever. Ganska lik förresten, så när som på huvudet med sina spetsiga, ovanligt långa uppstående öron.

"Den sortens hund är helig här," sa Maorion lågt. Flickorna stirrade som hypnotiserade. "Sådana hundar används vid alla högtider och de behandlas som gudar. Alla är väldigt snälla mot dem. De kallas för meder."

Inte bara snälla, tänkte jag när jag såg att allt folket föll på knä framför den lilla processionen som gick runt torget och till slut stannade på mattan framför magikern. Musiken spelade hela tiden. Jag beundrade hunden som satt så stilla mellan brud och brudgum. När jag tittade på Tilla strömmade tårarna nerför hennes kinder. Hon var helt betagen.

Bärarna sänkte försiktigt ner paret och hunden framför magikern, som stod orörlig och tittade uppåt. Bruden var klädd i en mycket vacker, skimrande, pastellfärgad klänning och brudgummen hade bar överkropp och ett par vita kortbyxor. Båda hade blomsterkransar runt halsen, men ingenting på sina huvuden. Musiken tystnade. Ögonblicket dallrade som en ridå av energier mellan brudparet och publiken. Magikern sträckte upp båda armarna i luften. Då kom kanoneffekten som vi alla hade väntat på.

Det sprakade till och det kändes som om marken darrade under oss. Staven som magikern höll i sin högra hand utsände gnistor i olika färger ungefär som ett fyrverkeri. Det pågick en kort stund, sedan visade sig tunna ljusgestalter som liksom flöt ut ur staven och som samlades kring brudparet och hunden.

"Det är de ungas förfäder," viskade Maorion. "De måste godkänna äktenskapet. De samlas kring brudparet, men om en av dem lämnar skaran visar det att någonting är fel, att äktenskapet inte godkänns."

Ingen förfader lämnade ringen som hade slutits tätt omkring brudparet. Gastar, tänkte jag, spöken som stod halvsynliga i sin genomskinliga skrud. Men jag förstod att spöken var fel ord. Det var allvarliga, högresta gestalter och var och en av dem präglades av sin egen individualitet. Musiken spelade ett mjukt, entonigt stycke, men i övrigt var allting tyst. Magikern gick med upplyft trollspö omkring förfädernas ring. När han hade gått sju varv stannade han och återgick till sin plats. Förfäderna försvann. Bara försvann! Brudparet satt helt stilla som i trance och hunden hade inte ens viftat på öronen. Men lika fort ändrades bilden. Magikern gjorde en gest med sitt spö och slog en ljusring omkring paret och hunden. Han vinkade åt någon av åskådarna och tre vackra blomsterkransar bars fram. Han satte kransar på brudparets huvuden och den tredje kransen kring hundens hals. I ett nu var vigseln tydligen färdig.

Hunden reste sig upp och viftade på svansen. Därefter försvann den med en av städarna som antagligen var dess tränare. Nu fanns inte längre något hinder mellan de unga tu, som kysste varandra och började dansa. Magikern försvann och musiken spelade en munter melodi. Mattan togs bort och alla som ville dansade. Jag dansade med Tilla och Maorion med Shala och hej hopp, vad det gick! Det var längesen jag hade bevistat ett bröllop, jag hade nästan glömt hur roligt det var. Vi åt och drack och dansade tills det blev kolmörkt. Då tändes tusen facklor och festen fortsatte. Men vi var trötta och tackade förtjust ja till de bäddar som erbjöds oss i ett av husen kring torget.

13. Inuiterna

"Mina systrar, min mor och mina vänner blir lemlästade medan jag har det så här bra," snyftade Tilla nästa morgon, när vi intog vår frukost före avresan. Vi hade fått en glimt av kulturen sådan den var innan den förflyttades till Söderhavet på jorden, före Hawaii, Tahiti och alla de andra öarna. All denna skönhet, vänlighet och omsorg hade skakat om Tilla.

"Det behövs inte ens ett felsteg för att männen på vår planet ska misshandla eller döda oss, de gör det faktiskt bara på skoj," fortsatte Tilla. "Jag visste inte att det fanns ett gott och kärleksfullt liv även om vi stackars esklamper försöker ge varandra hjälp och ömhet."

"Det måste bli ett slut på detta," sa Maorion i bestämd ton. "Vi kommer att göra allt vi kan för att hjälpa esklamperna. Vi hade ingen aning om hur svårt ni har det. Men nu ska vi resa till en annan plats, även den ett säte för skickliga schamaner."

"Det var så trevligt på Hunera," sa jag lite surt. "Varför så bråttom att lämna den ljuvliga trakten?"

"Vi är inte ute på någon nöjesresa," invände Maorion kallt. "Det här är en studieresa med ett bestämt mål. Nu åker vi till inuiternas första boplats och jag har varma plagg i beredskap åt er. Blunda nu!"

Det där blundandet betydde hopp iväg till en annan planet, så jag lät snällt bli att kika. Förmodligen flög vi, för det kändes lite kyligare och båten gled mjukt utan vågskvalp. Med en duns i stället för plopp, stannade den. Nu fick vi titta.

Överallt snö. Snö så långt ögat räckte. Man blinkade, skakade på huvudet och blinkade igen, för det var vitare än vitt. Shala hade lagt armen om den spensliga Tilla, som darrade i hela kroppen. Antagligen frös hon. Maorion bad oss gå ner i ruffen så skulle vi få kläder. Där fanns varma ylleplagg att ha under och pälsar och pälsmössor och polarglasögon. När vi hade fått på oss allt det där så började vi skratta. Det var svårt att se vem som var vem när alla såg ut som lurviga troll.

När vi kom upp på däck syntes allt lite tydligare. Vi var inte så bländade av snön och vi kunde urskilja konturerna av höga fjäll runt omkring oss. Vi hade tydligen landat på isbelagt vatten, för vi såg land en bit längre bort. En karavan var på väg till oss. När den kom närmare såg jag att det var en massa hundslädar, körda av inuiter som såg ut som vi, som lurviga björnar. Helt omöjliga att särskilja från varandra.

"Nu får ni låtsas att ni är på Grönland!" uppmanade oss Maorion. Vi lufsade ut ur båten, nerför stegen och landade på baken på isen, eftersom halkan var en ny bekantskap på den här resan. Jag hade inte halkat sen vintrarna hemma i Sverige. Tydligen var det här en slags landningsplats, för vägen in till fastlandet var rensopad från snö, och hal. Inuiterna välkomnade oss med varma, vänliga gester och uppmanade oss att ta plats i hundslädarna. De bredde isbjörnsfällar över oss och så bar det iväg.

Det var första gången jag åkte hundsläde, jag hade alltid undrat hur det kändes och kunde nu konstatera att det kändes både spännande och bra. Fort gick det också. Jag undrade vad som skilde de här eskimåerna från dem på Grönland, men det fick jag snart veta.

Igloon hade jag sett på bild många gånger och jag förmodade att inuiterna bodde i sådana. Det var helt fel. Byn som vi kom till var utomordentligt vacker och välordnad, med sina låga hus, byggda av furu. Husen var byggda i cirklar som låg omkring varandra och man såg inte var de började eller slutade. Det fanns en smal gång mellan varje hus.

Fastlandet var inte bart och fullt av snövidder, som på Grönland. Det var ett skogigt landskap, där gran och tall samsades med andra trädarter som jag aldrig sett förut. Byn - eller kanske det var en stad - låg vackert inbäddad i alla dessa träd och med fjällen runt omkring. Om klimatet ute var kyligt, så var det tvärtom när man kom in i ett hus. Vi fördes direkt till ett av husen, som antagligen var någon slags samlingsplats mitt i byn. Eldar sprakade överallt i vackert utsirade öppna spisar. Det fanns ett väldigt långt träbord med bänkar i det första rummet och längs väggarna löpte hyllor med vackra snidade föremål på. Någon elektricitet kunde jag inte se, men det fanns oljelampor överallt.

Många personer befann sig i rummet, sittande vid bordet eller stående utefter väggen. Alla glodde intensivt på oss. Tystnaden kändes lite besvärande, vi hörde bara tunga andetag som antingen kom från gamla trötta personer eller från några av hundarna, som låg lite här och var på golvet, till synes välmående och vid gott hull. En man och en kvinna kom fram till oss och nu hade jag tillfälle att studera dem närmare. Hitintills hade jag tyckt att det var oartigt att glo tillbaka på alla ögon som var riktade mot oss.

"Nu kopplar jag in översättningsavdelningen," viskade Maorion och jag förstod att det var vad han brukade göra när vi kom till ett nytt ställe. Han hade inte behagat upplysa mig om det förut, men han kopplade förstås om några celler i oss med sin magi.

Mannen och kvinnan var ungefär lika stora och bådas volym var ganska rund. Jag kunde se släktskapen med eskimåerna i de runda ansiktena med höga kindknotor, men kvinnans hår var helt blont och mannens ljusbrunt. Deras hy var ljus och väldigt rosig. De var båda klädda i släta skinnkläder, mannen i byxor och tunika, kvinnan i vadlång kjol och tunika. Kläderna var vackert arbetade i skinn och mocka, med olikfärgade mönster. Ett beundrande "ooohh" undslapp Tilla.

"Välkomna till byn Indeluk i landet Fjela!" hälsade oss mannen. "Mitt namn är Akkriluk och min hustru heter Akk. I det här landet tar hustrun första stavelsen i sin makes namn när de ingått äktenskap, oavsett vad hon hette förut. Det är från oss jordens eskimåer härstammar, eller inuiter som de också kallas. De har dock inte fått med sig samma kultur som vår, de lever på en betydligt enklare nivå. Eftersom de förefaller nöjda med sin lott har ingen härifrån försökt att gå ner och ändra på det. Följ oss!"

Akk lade sin hand på makens utsträckta arm och så gick vi genom en dörr på ena sidan av rummet. Vår "publik" därinne i första rummet hade inte sagt ett ord, men när vi lämnade det så började sorlet. Vi kom ut i en korridor eller lång gång. Den var klädd med trä och luktade väldigt gott. Akkriluk öppnade en dörr med den fria armen och vi klev in i ett oväntat vackert tempel. För ett tempel måste det vara, eller någon slags kyrka eller kanske en teater. Där fanns många låga bänkar klädda med sälskinn. En riktig teaterscen var uppbyggd i fonden, även den klädd med sälskinn. Det hängde ridåer vid var sida, av skinn förstås.

"Det här är vår samlingssal," förklarade Akkriluk. "Det första rummet samlas vi i när vi vill äta och dricka tillsammans."

"Jag trodde det var någon slags kyrka här," sa jag utan att tänka mig för. Akkriluk stirrade förvånad på mig. "Ja, där ni ber till Gud," tillade jag upplysande. Maorion tittade strängt på mig och fjelen (så kallades invånarna) Akkriluk steg upp på scenen.

"Vi tillber ingen gud," sa han allvarligt. "Vi är alla gudar. Var och en av oss bär en gud i sitt hjärta. Den Stora Kraften bor långt härifrån, men vi är delar av hans helhet.

Det händer mycket i den här salen, både dans, sång och musik så som vi uppfattar dessa konstarter. Ibland sker uppvisningar av olika konstarter och till dem räknar vi Fångaren och fångsten. I en annan del av det här huset finns skolan."

"Förlåt," stammade Shala, "men vem är Fångaren?"

"Den som undervisar i jakt på isbjörn och säl," svarade Maorion i hans ställe.

"Min hustru Akk är Fångaren i staden," sa Akkriluk stolt. "Hon är vår tids skickligaste jägare och hon lär ut sin kunskap som är parad med magi. Hon är nämligen magiker också. Tro inte att vi dödar djuren för vårt nöjes skull, som jag vet att många jordemänniskor gör. Vi måste ta reda på om vi har rätt att döda ett visst djur och djuret får samtidigt veta att det ska bli till glädje för oss. Djurets val är att dö eller fortsätta att leva i frihet. Om det överlämnar sig åt Fångaren, så är djurets själ alltid redo att hämtas till den plats där djurens själar vistas."

Vid det här laget hade Akk också stigit upp på scenen. Hennes runda ansikte lyste, men samtidigt fanns det en ödmjukhet i hennes min som förvånade mig. Hon sträckte ut händerna mot oss och jag såg att strålar gick ut från hennes fingertoppar.

"Jag ska berätta för er om oss och om vår kultur," sa hon. Hon vinkade åt oss att komma upp och sätta oss på kuddar som låg på golvet. Hennes man satte sig bredvid henne. Det kändes som om vi alla var barn som andäktigt lyssnade till när gammelmor berättade sagor. Häruppe på scenen, såväl som på så många andra ställen, brann en skön brasa i en öppen spis som säkert var murad för hand av oregelbundna stenar. Tre hundar tassade fram och la sig omkring Akk. Så började hon sin sällsamma berättelse.

"Anledningen till att inuiterna på Grönland och Alaska sökt sig till dessa kalla trakter beror på att så länge den här planeten har funnits, har den varit täckt av is och snö under de långa vintrarna. Vi känner inte till något annat klimat än detta och har tagit med oss det inrotade medvetandet till jorden ....," började Akk. Jag avbröt henne:

"Här är inte samma landskap som i de trakter på jorden där inuiterna finns. Här finns ju en yppig växtlighet som saknas där."

"Det kommer sig av att vår planet hade de fröer och anlag till växtlighet som du ser här omkring dig," svarade Akk. "De har utvecklats under miljoner år här. Klimatet på denna planet är lämpat för både kyla och växtlighet.

"Men nu ska jag berätta om vår kultur. Skapelsen kom från ovan enligt de grönländska traditionerna. Det är inte vår uppfattning. Vi tror att en sten, kanske stor som ett berg, lossnade från Mittens planet i Mittens Universum. I Mitten finns den ende guden, det vet vi ju alla. Det var från hans planet den stora stenen lossnade och började snurra i rymden, tills den fann en plats där den ville vara. Den stora stenen hade nämligen ett medvetande och den visste att den var bestämd till att växa sig stor och stark i ett universum. Så hamnade den här, i ett av de sju universumen som omger Mitten. Den visste att den hade kommit rätt, men ännu var den bara ett barn som frigjort sig från sina kärleksfulla föräldrar.

"Så började den växa. Stenen tog näring av de energier som sändes ut från Mitten och den blev större och större. I dess celler fanns ämnen av mångahanda slag: fröer till mineraler, växter, djur och till slut människor - men det kommer vi till. Mineralerna bredde först ut sina härliga beståndsdelar i stenens skrymslen och vrår. De blev till guld och ädelstenar, till alla andra ämnen som ni finner i urberget. All sten lever och den lever fortfarande även om människorna kallar den för död materia.

"Så började växternas fröer att gro. De började som mossor och lavar, men så småningom började de sträva mot himlen som lockade ovanför dem med sina moln, sina skiftningar och sin mystiska skönhet. Vår isigt blå himmel liknar på många sätt jordens, men vi har ingen sol, bara ett centralljus som kommer från Mittenplaneten i Mittens Universum. Skogar sträckte sina beniga, lövprydda armar mot den åtråvärda himlakupolen och i det milda skenet från Mittenplaneten frodades de och utvecklades så småningom till all den växtlighet ni ser omkring er här.

"Det var bara en sak: över hela vår planet bredde ett istäcke ut sig vissa tider under vad ni räknar som ett år. Det regnar inte här, det snöar blöt eller torr snö. Växterna måste alltså anpassa sig efter det här klimatet, där det ända från begynnelsen uppstått ständiga strider mellan värme och köld. Kölden vann för det mesta, värmen tilläts bara breda ut sitt mjuka täcke under en kort tid på året. Ändå trivdes plantor och träd. En del blommor växer rakt igenom snöfällen och prunkar lika strålande färgrikt fastän de tidvis täcks av snö.

"Djuren kom sedan. Vi har många vilda djur som påminner om jordens. Vi har ingen djurhållning som ni, inga djur är fängslade, alla sköter frivilligt de uppgifter de får av oss. Titta bara på våra hundar. En del har själva bett att få bli slädhundar. Fåren finns utanför vår by och de kommer genast om vi behöver deras ull eller, som jag berättade förut, kanske deras kött. Vi har stark mental kontakt med alla djur som finns på planeten, vi kan föra långa samtal med dem om vi så önskar.

"Så växte vår planet till. Människorna kom sist. Den ende guden på Mittenplaneten i Mittens Universum gav oss människor till att befolka vår planet. Han skapade dem och sände hit dem med de fartyg som finns och alltid har funnits för kommunikation planeterna emellan.

"Människan är unik och en skapelse från den ende guden. Människan har inte utvecklats från djurens rike, som man påstår på jorden. Vi vet.

"Era inuiter tror att en människa som dör blir en stjärna på himlen. Det är en vacker tanke men inte riktigt sann. Återfödelse sker på alla planeter. Eftersom en människa är unik så kan hon inte förgås eller förintas. Människosjälen förs till själarnas samlingsplats där hon får välja sättet hon vill fortsätta på. Det finns många valmöjligheter. Det är vår tro.

"Vi behöver inga kyrkor och inga ritualer. Visst har vi fester och församlas ofta för att tänka tillsammans och framför allt glädjas tillsammans. Vi tillber inte den ende guden. Det räcker för oss att han finns och att han är den trygghet vi lutar oss mot. Vi är alla gudar eftersom han är vårt ursprung. Han har gett oss en bit av sig själv när han skapade oss. Så enkelt är det. Vem styr oss? Det gör vi allesammans, men vi har alltid någon som är särskilt skicklig i en viss syssla och som utbildar dem som vill. Vi kallar dem för Fångaren - det är jag - Talaren, Sömmaren, Planteraren, Barnskötaren, Djurskötaren - som kan vara flera olika för olika sorters djur, m.fl. Var och en som finns i vår by har en uppgift, var och en är lika viktig. Så lever vi. Kvinnor och män har samma uppgifter, är lika viktiga och respekterar varandra."

"Är ni två gifta med varandra?" frågade Shala.

"Gifta?" undrade Akk. "Man och hustru blir man när man tycker om varandra och är eniga om att man vill leva tillsammans hela livet. Då sker namnbytet, ingenting annat. Man bor i samma hus och deltar i byns aktiviteter tillsammans."

"Finns det sjukhus och läkare?" frågade jag. Det här liknade idealsamhället kanske lite för mycket, tänkte jag.

"Varje by har minst en schaman och flera magiker," svarade Akk. "Det kan vara en man eller en kvinna. De botar sjukdomar och hjälper till vid födsel och död. Akkriluk är en sådan. Jag arbetar mest med djur."

"Nu ska vi förpläga våra gäster och bjuda dem en bädd för natten innan de stupar av trötthet," smålog Akkriluk.

Vi fick sova i samlingshuset på fällar framför en stor eldstad. Jag låg länge och funderade innan jag somnade. Dessa vitt skilda planeter fanns i samma universum, men det verkade inte som om ondskan hade givits inträde på så många håll. Däremot tycktes många av jordens människor härstamma från detta universum. Om det fanns så mycket i ett enda av de sju universumen, vad kunde då finnas i de övriga? Den frågan beslöt jag mig för att ställa till Maorion på nästa bit av resan. Jag kände mig som en bitteliten smula i en kartong med ströbröd och med så många frågor som kunde rymmas i den yttersta minoritet som var jag. Vad var ändamålet med allt det här? Vi fick smaka på den gudomliga soppan, log min tanke, men med en väldigt liten sked. Och jag var inte säker på att jag ville ha en stor sked. Det skulle bli för mycket.

14. Zuidum och Zuluerna

Hundslädarna förde oss nästa morgon till den plats ute på isen, där vår farkost var förankrad. Jag kände nästan sorg över att lämna detta märkliga land av snö och värme. Det hade snöat under natten och de praktfulla, höga växterna stod i grupper med endast de färgrika blommorna ovanför snötäcket. Det gav en egendomlig känsla av overklighet och verklighet som hade vävts samman till något väldigt fint och samtidigt svårt att förstå. Akkriluk och Akk önskade oss välkomna åter, de hade så mycket mer att visa oss. Till avsked gav de oss var sitt cirkelrunt smycke, tillverkat av guld och utsirat ben. Det föreställde de åtta universumen: en mittpunkt i form av en lysande ädelsten, med sju andra stenar omkring, väldigt skickligt sammansatt. Det måste finnas en Juvelerare också, tänkte jag. Tilla hade aldrig ägt ett smycke och hon hoppade av lycka när Shala fäste det omkring hennes hals.

När vi manövrerade ut båten från ishamnen kom jag ihåg min fråga till Maorion.

"Vi har hållit oss i ett av de sju superuniversumen," sa jag, "men vad kan finnas i de övriga sex? Och vad finns mer i detta? Vart för du oss nu?" Maorion skrattade hjärtligt.

"Du har då frågor," sa han "och jag ska gärna besvara dem. Vi befinner oss i det universum där de äldsta kulturerna finns, de som har varit med nästan ända från början, när Skaparen skapade dem. Vi besöker så många planeter vi hinner med, men det är långt ifrån alla. Vad som finns i de övriga sex universumen kan jag inte svara på, det är förborgad kunskap. Vi kan fråga Vingmakarna när vi kommer dit. Men jag tror inte att de former eller det vara du finner där återspeglar det slags människor du känner. Det är nog främmande former och främmande omgivningar och kanske även i en del fall skrämmande varelser. Nu är vi på väg till nästa kultur, nämligen zuluernas ursprung."

"Oj," utropade jag, "Ska vi hälsa på i riktigt primitiva stammar?" Maorion gav mig en förargad blick.

"Du får väl se hur pass primitiva zuluerna är," svarade han. Det dröjde inte länge innan han tillade: "Blunda!"

När vi vaknade tycktes en het sol ta upp en större plats på

himlen än vi var vana vid. Det dröjde en bra stund innan vi hade vant våra ögon vid den syn som fanns framför oss. Flickorna stod i fören med armarna om varandras axlar och suckade och stönade och utstötte små glittrande skratt. Vi hade tagit av oss våra pälsar innan vi blundade och Maorion, som tycktes ha en jättegarderob därnere i ruffen, hade försett oss med tunna, ljusa plagg. Flickornas kläder var så genomskinliga att man såg varenda linje och varje kurva. Tilla hade lagt på sig flera kilo och den beniga jäntan hade plötsligt en välskapad, mycket kvinnlig kropp.

"Jan!" hördes Maorions varnande röst. "Det är landskapet du ska begrunda, inte damerna!" Och det var i sanning ett ovanligt landskap, helt fritt från berg och med en strand som var kompakt kantad med något som liknade kaveldun. Bortom de höga vipporna syntes ängsmark med högt gräs och ännu längre bort skymtade en by. Det fanns en spricka i den höga vassliknande växtligheten. En smal vattenränna ledde oss in bland bruna och gröna sammetsborstar, ibland långa som två människor ovanpå varandra. En lång stund färdades vi utan utsikt åt någondera hållet, med båten långsamt glidande längs med den trånga kanalremsan. Klimatet kändes varmt och behagligt utan vind och med blankt och mörkt vatten.

Plötsligt blev kanalen bredare och de sammetsmjuka blomklasarna blev lägre och yvigare. Vi angjorde som genom ett trollslag en guldgul stenbrygga och Maorion kunde kasta ankar. Flickorna och jag hoppade snabbt i land, men Maorion hejdade oss.

"Vi får inte skrämma de vänliga människorna som bor däruppe," sa han och pekade över vasstopparna. "Ge dem tid att upptäcka oss först, så att de förstår att vi inte är illasinnade inkräktare."

Vi förstod honom när två mörka huvuden dök fram ur den täta vassen där bryggan försvann. Två mycket mörkhyade män med bara överkroppar och färggranna höftkläden stod framför oss. Den ene hade ett spjut i en rem över axeln, den andre hade ett runt föremål, antagligen ett vapen, fastgjort på samma sätt. Då fick de syn på Maorion, som kom iland efter oss. Båda två gav till ett tjut - säkert ett glädjetjut eftersom de kastade sig om halsen på honom och överhöljde honom med kramar och kyssar. Han pekade på oss och strax var det vår tur att bli kärleksfullt överfallna. De drog Maorion mellan sig och vinkade åt oss att följa efter.

Inom kort var det slut på vassarna. Det öppna, gräsbevuxna

fältet var fyllt av betande djur av ett slag som jag inte kände till, men som närmast liknade nötkreatur.

Djuren betade ända in mellan husen, som alla var runda och hade tak av de olika vassorterna. De låg mycket oregelbundet utströdda över fältet. På något sätt verkade det inte primitivt, husen var välbyggda och vackert dekorerade och taken var riktiga konstverk. Det fanns både dörrar och fönster utan glas. Männens blanka, mörka hud glänste och gav ifrån sig härliga väldofter. När de stannade med oss framför ett av husen sa Maorion:

"Mina vänner här heter Beli och Chram. Det här är en av de mest välordnade byar jag vet och jag har många vänner här. Vi är bjudna på zuluernas festmat och nu har jag ställt om er till att förstå och tala deras språk."

Hur det där med språket fungerade har jag aldrig lyckats lista ut, men Maorion var som en sådan där dator som kan alla befintliga språk, det är bara att trycka på en knapp. Han gjorde någon slags överföring på oss. Nu var det bara att kliva in i huset. Därinne kom en zulukvinna emot oss med stora famnen. Hon var i mitt tycke alldeles för yppig, men man kunde inte ta miste på hennes glädje över att se oss. Hon slöt först flickorna, sedan mig i sin blanka, mörka, mjuka famn, även den sällsynt väldoftande. Maorion förklarade senare att zuluerna använde speciella oljor, som både luktade väldigt gott och var välgörande för hela kroppen. Sjukdom var ett okänt begrepp även på den här planetbiten. Invånarna kallade sig inte zuluer, utan zuider och deras by hette Zuidum.

"Jag heter Tarrara och är Belis hustru," sa den kraftiga damen. "Välkomna till Zuidum." Hon ledde oss in i ett rum som var utsökt vackert utsmyckat. Det hade jag verkligen inte väntat mig! Rummet var halvmåneformat och försett med skulpturer och andra prydnadssaker, skurna i ben av något slag. Möblerna var dels gjorda av skulpterat trä, dels av vassen som vajade nedanför byn. De hade arbetat samman vassen och förmodligen pressat den på något sätt så att den bildade en hård massa som antog ett säreget mönster när den formades till bord och stolar och skåp.

En härlig måltid var framdukad och min mage kurrade som vanligt när människoblodet började rinna i ådrorna igen. Maten var inte bara vackert upplagd, den visade sig vara helt vegetarisk, gjord av växter och rötter som var främmande för mig, men som smakade vidunderligt gott. Zuiderna vördade djuren och trodde på det naturliga urvalet som hade funnits i deras land så länge de kunde minnas. De visste att människorna som härstammade från dem och som bosatt sig på jorden hade döpt om sig till zuluer, och att dessa hade helt andra föreställningar om livet och ursprunget än zuiderna. Så var det ju oftast, tänkte jag. När ursprungsfolken släppte ifrån sig några bröder eller systrar till vår gamla jord, så förde de med sig en skatt av kunskap och visdom. Tyvärr skedde ofta missförstånd, människorna på jorden kom med nya idéer och förslag. Därför uppstod helt nya tankar och vanor hos de nybildade folken.

Chram hade hämtat sin hustru och sina barn och det stora rummet vimlade snart av folk som skulle omfamna oss och smaka på delikatesserna. Barnen kröp och sprang omkring, men de verkade väldigt lydiga. Så fort någon vuxen sa till dem om något så lydde de. Efter maten gick vi ut på den runda verandan som löpte runt halva huset. Den bestod av flätade växter och var övervuxen av en klängväxt med frukter i klasar som påminde om vindruvor, fast de var pyttesmå, mindre än ärter. Det som vi drack var tydligen tillverkat av dessa frukter och det smakade gudomligt. Jag tror det var den bästa måltid jag fått sen vi började den här märkvärdiga resan.

"Ni vill säkert veta lite om våra traditioner," sa Tarrara. Hon reste sig upp och hennes stora kropp började dansa och medan hon dansade sjöng hon. Sången flöt in i våra öron och den berättade om zuiderna. Jag skulle minnas vartenda ord länge.

"I vattnet uppstod en virvlande rök," sjöng hon.
"I röken formades pärlor som glittrade och blänkte.
Varje pärla var en gåva från Skaparen,
han som bor ensam i den förtrollade världen
av skapande gnistor och kraft som yr
över planeternas frusna ytor,
över de skimrande löften till liv
som finns i varje skrymsle av den torra hud
som förser planetens mark med höljen.

Varje pärla var ett frö till en människa,
som själv måste hitta sin själ.
Själen följde med fågelns vingar
och med sländans glittrande vingspel.
Pärlorna måste vara snabba, måste hinna fånga
det som flög förbi, ty det bar med sig själar,

många nya friska själar att plantera i diset
av röken från den glittrande spiralen i vattnet ...

Så var cirkeln sluten och varje pärla fick en själ
som växte samman med en människa,
som växte samtidigt med ett träd eller en gren
eller ett blad eller en fågelvinge eller en
vild antilops krumsprång av lycka att vara till.
Så blev själen i pärlan en bit av en spiral
i en omfamnande enhet av sjudande liv
och kraft från urkraftens mäktiga sång
i hennes lyssnande snäcköron.

Det kallas Livet.
Livet som vi lever.
Livet som vi älskar.
Livet som vi vördar
och som vi vårdar.
Skaparens liv är vårt liv. "

Jag satt alldeles förstummad. Tårarna sköljde runt inuti min hals och jag såg på den stora mörka blanka kroppen som dansade på ett vis jag aldrig förr skådat. Hennes volym sträckte sig fram och tillbaka, böljande och smekande och hennes ögon var som källor av kraft och skönhet. Det svarta håret stod som en lockig sky omkring hennes huvud. Den ljusgula klänningen hon bar skylde inte kroppen, den utmanade den yttersta känslans spiror. Det var bland det vackraste jag sett och jag lovade mig själv att aldrig mer tänka på Tarrara som den tjocka damen. Doften som hon utsöndrade var en hyllning till dansen, den var inte kvävande utan lekfullt lätt och blommig.

Hela rummet var förtrollat. När Tarrara slutade sjunga kom en kör av röster med en entonig sång, som från början var ett dovt mummel men som växte till en tonernas mäktiga crescendo som gjorde att taket skakade - och det gjorde vi också. Alla sjöng. I mitten av gästerna stod Tarrara djupt försjunken i sig själv. En mäktigare sång har jag aldrig hört eller upplevt. Den var inte ljus, men inte mörk heller. Den var en enda ton i tjugo strupar. En levande ton, en ton som kröp in i oss främlingar, som letade sig fram i våra kroppar och våra sinnen och som ljöd som en triumf, som en galaktisk tribut till sfärernas musik.

Det var svårt att komma tillbaka till det normala igen. Om nu något här var normalt. Jag vill inte kalla stämningen för exalterad, men bra nära. Shala och Tilla smög sig in i det mörka myllret av människor och uppslukades av famnen. Alltsammans var en famn, en trygg, stor och kärleksfull famn.

Jag tittade på Maorion och han tittade tillbaka och nickade. Han kände säkert likadant som jag, han var ju människa till skillnad från mig - eller? Jag skymtade de två ljusa flickorna när de smet ut ur rummet och jag följde efter. De satt på marken utanför och grät hejdlöst.

"Tänk," snyftade Shala, "att man kan gråta så här av bara pur glädje! Jag är så glad och så förvirrad och så tacksam!"

"Tänk," snyftade Tilla, "att något sådant här existerar. Jag vill aldrig resa härifrån. Jag har aldrig förr känt mig så ett med några som med de här ljuvliga människorna. Får jag stanna här, Jan, snälla?"

"Ja," lovade jag, "om du först reser med oss till Mittens planet och vi ordnar för dina medsystrar därborta hos hettiterna, så får du återvända hit om du är välkommen här. Det är förstås en förutsättning." Tilla kastade sig om halsen på mig och det var svårt att milt skjuta henne ifrån mig, men det gjorde jag.

"Vi får stanna här så länge vi vill," berättade Maorion. Han hade följt efter mig för att han var orolig för oss. "Zuiderna är oerhört gästfria och ondska är ett begrepp som är okänt här. Vi får disponera ett eget hus, där de vill att vi känner oss hemma. I morgon kommer de att visa oss runt och då får vi veta lite mer om det nuvarande Zuidum."

Vårt eget hus visade sig vara en dröm av bekvämlighet. Vi fick var sitt rum, men flickorna föredrog att sova tillsammans eftersom de hade så mycket att prata om. Jag låg länge och funderade. Varje nytt folk - eller urgammalt folk kanske låter riktigare - hade sin enorma särprägel och en egen utveckling på sin planet. Vi talar om jordens ursprung och urgamla utveckling utan att egentligen veta vad vi talar om, eftersom vi inte ser längre än näsan räcker. Här befann vi oss i en främmande kultur som var överraskande genom sin ålderdomlighet och sin modernitet. Zuidum var unikt.

Det var kyligt på natten och jag drog det vackra täcket, tillverkat av växtfibrer, upp över huvudet. Här skulle jag vilja återfödas - om jag någon gång fick tillåtelse till det.

Vi hade lärt oss att det faktiskt finns ondska på vissa planeter i detta främmande universum, men att de är ytterst få i jämförelse med de goda. Hur kunde det komma sig? Hur uppstår ondskan? När de utsända själarna, en del högutbildade och med en enastående kultur bakom sig, återföds på gamla Terra och blir allt sämre utrustade där, för att till slut försvinna eller förvanska sin ursprungliga kultur - vad ställer man då automatiskt för fråga? Jo, den här: Varför har jorden dåligt inflytande över människan? Var hämtar hon de destruktiva tankarna? Vad är det som åstadkommer krig, hat, våld, missämja, maktmissbruk och förstörelse av naturen?

Har vi några okända gener som ligger och pyr inuti oss för att en dag hoppa upp som "guben i lådan" och skrika: Här är jag, lyssna på mig för att jag är din onda gen och en del av dig som allt annat.

Jag har upptäckt flera paradis i detta nya universum. Varför kan inget av dem vara tänkbart på jorden? Vad skulle hända om zuiderna kom dit och etablerade sin kultur någonstans i t.ex. Afrika? Efter några år skulle de må väldigt dåligt. Det skulle sättas käppar i hjulen för deras vidare utveckling, de skulle råka ut för avund och förtal. Någon myndighetsperson skulle komma med förbud som måste efterlevas, fler förbud än tillåtelser. Missnöjet skulle slå rot och med det avundsjuka och maktbegär. Så måste det ha gått till med sumererna, inkas och mayafolken m.fl. Rätten att leva i sitt eget inre, sin individuella övertygelse, är mycket begränsad på jorden. Det finns alltid s.k. ledare som tvingar eller påverkar folk att tro det ena eller det andra. De svaga följer med. Och de starka? De håller sig undan och inväntar sin tid.

Jag somnade.

De Slumrandes Stad

Maorion hade sagt att vi skulle stanna hos zuiderna nästa dag, men sedan måste vi vidare. Med en suck av förväntan inför den kommande dagen steg jag upp ur min sköna säng och njöt av att få vara i fysisk gestalt igen. Bredvid sängen låg ett par ljusa byxor och en violett skjorta. Jag var väldigt glad över att det inte var ett blommigt höftkläde, det hade nog inte klätt mig så bra. Jag har alltid tyckt om god mat även om den aldrig fastnade länge på min magra lekamen, och nu längtade jag efter den säkerligen utsökta frukost som skulle serveras oss. Jag blev inte besviken.

Måltiderna intogs i Belis och Tarraras hus. Maorion var förstås där, även han i nya ljusa byxor och en rosafärgad skjorta. Men det dröjde en stund innan flickorna visade sig. De var oerhört förtjusta i de nya klänningar som Tarrara hade förärat dem. Shala hade fått en klänning så blå att den såg ut som en tropisk lagun. Tilla hade fått en ljusgrön klänning som kom mig att tänka på ett mystiskt skogsrå. Tygerna påminde om batik, men färgnyanserna skimrade, glänste och rörde sig som om de förde ett eget liv och samtidigt var de genomskinliga.

Det serverades ett te med utsökt smak och till det fanns olika sorters bröd och sovel i form av sylter och marmelader. Det fanns sallader och såser i riklig mängd. Tarrara förklarade att sallader och såser var standard på zuidernas bord. Det serverades till alla måltider. Det fanns också flera slags frukter som vi inte kände igen. De små vindruvorna var läckra, men det är svårt att beskriva de ovanliga frukterna eftersom vi alltid måste jämföra med det jordiska. Faten som vi åt på var som halva kokosnötter och de var väldigt vackert målade, liksom de bägare vi drack ur. Som bestick tjänade urgröpta pinnar av en okänd växt. De såg ut som långa skedar och var lätta att handskas med. Jag berättar dessa detaljer därför att jag var så imponerad av detta folk, som lyckats göra bruks- och konstföremål av mycket enkla material. De tillverkade lyx av enkelhet på ett förnämligt vis.

Så var det dags för utflykt. Beli och Chram var våra ciceroner och dessutom var Belis yngste son med. Han hette Tjai och var ovanligt lång för att vara zuid. Det var en vacker mörkhyad pojke och jag lade märke till att han mycket gärna höll sig vid sidan av vårt lilla skogsrå Tilla. I mitt stilla sinne förstod jag att hon måste tillbaka hit. De blickar hon kastade på Tjai i smyg sa allt. Det gällde verkligen att få med henne till Mitten, tänkte jag och jag såg att Shala tänkte detsamma. Hon till och med höll handen för munnen för att hejda sitt fnitter.

Det var inte lönt att gå till fots, eftersom djuren betade överallt, mellan husen, framför husen, bakom husen, nästan inne i husen. Det var hemtrevligt, men en aning besvärligt. Tjai hade en tunn gren som han schasade bort djuren med. De var så tama att de gärna ville nosa på oss. Skrattet utbröt när ett hornbeprytt jättedjur buffade till under Shalas arm och slickade henne på kinden. Men nu hade vi kommit till en laduliknande byggnad i utkanten av byn, där vagnarna förvarades. Detta "primitiva" folk hade faktiskt två sorters vagnar: små lätta och större lastvagnar. Den lilla vagn vi fick sätta oss i två och två kan bäst liknas vid en trilla. Den var förspänd med ett medelstort hästliknande djur. Jag skulle ha sagt häst om djuret inte hade varit randigt som en zebra. Det visade sig dock vara ett starkt och snabbt dragdjur. Färgen liknade inte zebrans, det här djuret var ljusbrunt och vitt. Tjai tecknade åt Tilla att åka med honom, Shala åkte med mig och Chram i en tresitsig vagn med soffa och kuskbock, och Beli och Maorion tog förstås täten.

Det blev en förunderlig färd. Landskapet var först väldigt enahanda: stora grässlätter med betande djur. Väg fanns inte, vi åkte på en upptrampad stig. Men plötsligt tog slätten slut och vi befann oss i en dal mellan bergen. Det var inte så höga berg, faktiskt ganska låga, men de löpte i ett enhetligt block på båda sidor om oss. Det kändes som om vi åkte i en korridor. Bergen var kala som klippor, men här och där fanns små fläckar av mörk mossa. Chram vände sig om och skrek:

"Vi är på väg till de Slumrandes Stad, där vi begraver våra döda och besöker vår Levande Kraft. Liv och död hör ihop för oss, förstår ni!" Han vände sig åter mot dragdjuret och jag kunde inte fråga, fastän frågorna rullade upp och ner i mitt arma huvud. Gårdagens dansuppvisning hade jag trott var en uppvisning av deras religion, men det fanns tydligen mera.

Det fanns mycket mer och vi ställdes inför bilder som för alltid skulle präglas in i våra medvetanden. En ljusare och renare religion har jag aldrig upplevt. Att zuluerna på jorden skulle härstamma från detta folk var mycket märkligt. Hur kunde man undgå att föra med sig något så säreget och samtidigt så storslaget?

De Slumrandes Stad visade sig likt en hägring för våra ögon när bergskorridoren tog slut. Den vilade i ett milt och klart ljus. Det var som att stiga in i en annan verklighet - men det var jag ju van vid. Byggnaderna var ljusa och utförda på samma sätt som i den by vi lämnat. By eller stad, det kunde kvitta. Man måste koppla bort alla nedärvda föreställningar när man är på en sådan här resa.

Dessa hus låg i rader efter varandra, kanske tio-tolv stycken i varje rad. Mellan dem och nästa grupp av hus i rader fanns en sjö. Det var en ganska liten sjö, den täckte precis platsen mellan de två stadsdelarna. Den var så starkt blågrön att jag inte kunde jämföra den med något annat än Blå grottan på Capri. Den var nämligen lika klar och genomskinlig som denna, vilket vi upptäckte senare. Våra kalescher stannade och vi hoppade ur.

"På den här sidan slumrar de som gått över alla gränser," sa

Beli och slog ut med armen åt vänster. "Mitt över sjön finns den Levande Kraften." Han pekade åt höger. "Det finns en bro, för att de slumrande och de levande ska kunna besöka varandra." När vi tittade närmare såg vi en hängbro som i mitt tycke verkade väl fragil. Men jag har aldrig gillat hängbroar. Mitt på bron fanns något som såg ut som ett hus - eller kanske ett tempel.

"Följ mig, så besöker vi först de Slumrandes Stad," sa Chram och ledde oss in bland husen. Tilla såg lite rädd ut, men Belis son tog henne artigt under armen och viskade något till henne så att hon blev blossande röd och sen började skratta. Shala tittade - lite avundsjukt? - på dem.

"Tilla är kär," konstaterade hon kort. "Det kan änglar inte bli." Hon tog min arm och marscherade med uppsträckt huvud in i de dödas stad. Och hur ska jag kunna beskriva den? Det finns inga moderna uttryck för vad vi såg. Det fanns heller inget hemskt eller otäckt över staden, den var så vacker att man tappade andan och hade fullt schå att ta upp den igen! Blommor prunkade överallt. Varje hus var tydligen en boplats för den slumrande kroppen, eftersom Beli förklarade att själen hade evigt liv. Det visste jag ju, men det var trevligt att höra det på begravningsplatsen. Vi gick inte in i husen, de visade sig vara öppna, så att man såg in i dem. Där fanns gravar i form av blomsterklädda upphöjningar på golvet. Överallt var det vackert dekorerat med samma sorts material och utförande som vi sett hemma hos våra vänner. Dessutom hördes hela tiden en svag men fullt tydlig musik. Beli såg vår förvåning och smålog.

"De slumrande tycker om musik," sa han. "Det ger dem vackra drömmar."

Vi vandrade bland de öppna husen en lång stund. Det var så stämningsfullt och allt vi såg gav en uppfattning om den inre skönhet som måste finnas hos de människor som byggt upp allt detta.

"Nu ska vi gå över bron till andra sidan," ropade Beli efter en stund. "I templet på brons mitt bor Väktaren. Honom måste ni träffa."

Jag ville inte låtsas om hur rädd jag var för hängbroar, nu när jag var i fysisk gestalt. Shala anade oråd när hon såg min uppsyn och stack sin hand i min.

"Gå bara efter mig och titta rakt fram," viskade hon. Jag bet ihop tänderna och följde lydigt i hennes mjuka kölvatten. Det lilla templet låg stadigt förankrat mitt på bron och det liknade mer en hydda än ett tempel. Det rymde inte fler människor på en gång, så vi måste passera det en och en. Därinne satt en zuid med ett underbart leende. Det var en enorm kontrast mellan det svarta skinnet och de vita tänderna. Han var klädd i ett vitt pärlbesatt höftkläde och hade en vit mantel över axlarna. När det blev min tur glömde jag helt min rädsla, släppte Shalas hand och knäböjde framför honom. Han reste leende upp mig och jag kände plötsligt hur bron gungade. Förmodligen var jag lika grön i ansiktet som han var svart.

"Ta hand om din rädsla, käre vän," sa han. "Jag finns här mellan det slumrande och det levande, och jag tycker inte om rädsla."

"Är du zuidernas gud?" frågade jag.

"Jag är ingen gud, bara en väktare," svarade han och såg mig djupt i ögonen. "Det finns bara en gud, en Skapare, och alla zuider vet att han vistas i Mittens Universum. Därför har vi byggt väktartemplet mitt på bron. Sången och musiken är Skaparens sändebud, det ska ni strax få erfara. Gå i frid in till den Levande Kraftens stad. Lämna de slumrande i kärlek."

Det var en predikande väktare, tänkte jag och kilade efter Shala. All min rädsla för gungande broar var emellertid bortblåst och vi kom mycket snabbt över på den andra stranden. Det var samma typ av hus som hos de slumrande, men de var inte öppna, utan "riktiga" hus. Varje hus var ett litet konstverk precis som hemma hos Beli. Det fanns en annan skillnad också: varje hus stod i en trädgård. Dessutom fanns det fullt av invånare som vinkade glatt till oss. Visst var det fint här, men varför kallades staden för den Levande Kraftens stad?

Beli och Chram gick först och sist kom Tilla och Tjai. Vi vindlade in bland husen och kom efter en stund fram till en byggnad som inte liknade de andra. Den var rund, hög och med ett toppigt flätat tak. Vi gick in.

"Här bor den Levande Kraften," berättade Beli. "Vi har samlat upp all kraft som Skaparen har sänt till oss och byggt det här tornet omkring den. Det är en Kraft som lever, vänta så får ni se!"

Vi kom in i ett mycket sällsamt rum. Det var en känsla därinne, som gjorde att vi alla sju stannade och föll på knä. Luften var full av någonting som inte syntes men kändes desto mer. En ljuvlig doft omsvepte oss. Kanske kunde man ana en svag turbulens i luften, som ett ljus som rörde sig hela tiden. Men det märkligaste av allt var Tonen. Var den vacker? Var den stark? Var det en melodi eller en enstaka ton? Jag kan inte svara på någon av de frågorna fastän jag var där. Tonen trängde in i mitt medvetande som en lyckokänsla så stark att den kändes förbjuden. En sådan lyckokänsla får bara inte existera, man borde inte ens få ana den, tänkte jag när jag som de andra böjde mitt huvud och tog emot denna Levande Kraft. Jag vet inte hur länge vi stannade därinne. Jag tror inte att någon fysisk människa orkar med att vistas i den innersta kunskapens kraft någon längre stund. Samtidigt, som på kommando, lämnade vi det ljusa, sköna rummet i detta annorlunda torn. Väl utanför föll vi i varandras armar. Vi var utmattade och samtidigt så oerhört stimulerade av besöket därinne, att vi mer tumlade än gick den korta biten till våra hästar och trillor. Små barn sprang omkring oss och kastade blommor på oss. Människor skrattade och vinkade och sjöng. Det var så mycket glädje att vi också ville sjunga och det gjorde redan Beli, Chram och Tjai.

"Nu orkar ni väl inte mer?" frågade Beli leende. Vi skakade på huvudet och han fortsatte: "Vi åker hem nu och äter middag."

Det var en ganska lång åktur tillbaka genom bergskorridoren och sedan ändlösa fält med betande kreatur. Tarrara väntade oss med ett bord som dignade av härliga maträtter. Efter middagen undrade jag om jag fick ställa några frågor om zuidernas kultur.

"När vi angjorde er brygga och först såg er," sa jag, "så var Beli och Chram beväpnade. Betyder det att fientliga fartyg dyker upp ibland? Har ni fiender och kan ni försvara er vid anfall?"

"De kosmiska rummen som kallas universum innehåller inte bara fredligt folk," svarade Beli. "Det kan ibland komma oväntade besök från något annat universum, från en annan galax. Vi kan försvara oss men tycker inte om krig, vi vill inte strida, inte använda sådana vapen som du antyder. De vapen du såg var av ett annorlunda slag. De är magiska. De motar bort ondsinta främlingar med en slags osynlighetsteknik. Därför är det viktigt att vi möter besökarna direkt vid deras ankomst. Helst ska de avisera den, då kan vi förbereda oss. Denna teknik förde inte zuluerna med sig till jorden. Vi ansåg att det var för tidigt att använda den där. Det anser vi fortfarande. För övrigt är det så att när själar och ibland färdiga människor sänds ner från något av våra sju universum, så får de med sig en del av kulturerna de härstammar ifrån, men inte allt. De måste själva arbeta fram sina miljöer och utveckla sina ideologier så som deras förnuft och drömmar leder dem. Jorden är en slags skola även för dem."

"Leds invånarna från en ursprungskultur av sin källa?" frågade jag.

"Ibland," svarade Chram. "Den fria viljan har ställt till det för många, precis som kroppens signaler som ofta överröstar själen. Jag tror inte att många av de kulturer som ännu finns kvar på jorden lyssnar på källan. Den har för längesen sinat i deras minnen."

"Det skulle behövas en återupplivning av dessa minnen," anmärkte Maorion och tittade på mig. "Det är din uppgift, Jan. Du har fortfarande kontakt med jorden via ditt medium. Du ska berätta om kulturerna för dem som förstår att det negativa inte kan fortsätta i den takt det nu gör."

Vi satt på den trivsamma verandan och pratade. Jag kände att jag hade en kolossal uppgift inför de människor, vars fysiska liv jag lämnat. Att sorglöst njuta av nuet i de härliga omgivningar jag befann mig skulle inte vara rätt i längden. Jag tror faktiskt inte att en person från zuluernas stam i Afrika skulle tro på mig om jag berättade vad jag upplevde i hans hemkultur. Antingen skulle jag bli utskrattad eller betraktad som farlig och då bli oskadliggjord.

Den lätta skymning som vi förstått var nattens förebud, sänkte sig över oss och några ljus tändes på verandan. När jag tittade ut såg jag en svärm av eldflugor, och när jag förvånad tittade på Beli så nickade han.

"Vi har eldflugor här," sa han. "De kanske inte exakt liknar jordens, men de är helt ofarliga och mycket vackra." Han sträckte sig ut och infångade ett av krypen. Den såg ut som en liten fjäril med lysande vingar. Den satt alldeles stilla i Belis öppna hand och såg på mig med sina glänsande svarta ögon. Det var ett förunderligt möte! Jag sträckte ut min hand och strax flög den lilla varelsen över till mig. Den var så liten och lätt, men ändå hade den en enorm utstrålning och en värme som nästan brände i handen.

"Det anses för lycka när en eldfluga sätter sig på någon," smålog Tarrara. "Den är liten, men den har faktiskt också en slags religiös betydelse hos oss. Vi tror att den bär på ett stoft från Mittens Universum och att den har med sig en hälsning från Skaparen. När många eldflugor dansar i skymningen som nu, så är det ett gott förebud."

Jag förundrades mer och mer över detta märkliga folk. Just då blev vi avbrutna av Tilla, som satte sig hos oss tillsammans med Tjai. De höll varandras händer och det var Tjai som förde deras talan.

"Jag har friat till Tilla och fått ja," förkunnade han. Hans vackra, öppna ansikte strålade. "Hon har berättat för mig om esklamperna och den fasa de lever i och jag låter henne aldrig återvända dit."

"Om Tarrara är glad åt er kärlek så är jag det också," sa Beli. Tarrara omfamnade de båda unga.

"Jag ser mycket gärna att Tilla gifter sig med Tjai," förklarade Maorion. "Men först måste hon följa med oss till Mitten. Esklamperna måste få hjälp och vi har beslutat oss för att tala om dem på högsta ort och be om hjälp. Hon måste vara med, det är bara hon som kan beskriva hur tillståndet är hos hettiterna. När hon har gjort det så ska jag se till att hon återvänder hit. Då kan bröllopet stå!"

"Då är ni alla tre bjudna att närvara," inbjöd Tarrara. "Lova mig det!"

Vem lovar inte med förtjusning att få närvara vid ett bröllop i ett så intressant och givande rike som Zuidum. En skön natts sömn inledde nästa dags spännande fortsättning på resan.

15. Etruskerna

Det var ett hjärtslitande avskedstagande mellan våra unga förälskade människor. I själ och hjärta var jag glad över att båda var högst fysiska personer, särskilt när jag hörde Shala muttra: "Det blir nog vackra barn av de där två ..." Jag tror att Shala var mycket förtjust i Tjai, hon också.

Vi satt alla tysta i båten. Jag tror inte att någon av oss egentligen ville lämna Zuidums ljuvliga nejd, och vemodet låg som en grå väv över oss alla fyra. Till slut, när vi var ute på det blå vattnet och inte såg land någonstans, sa Maorion det efterlängtade ordet "Blunda!" Och vi blundade.

Att alltid komma in i en hamn var ganska roligt, tyckte jag. Hamnarna var ju så olika. Den hamn vi siktade när vi fick slå upp ögonen var mycket elegant och välbyggd, och båtarna som låg förtöjda där var alldeles makalöst vackra. Vi förstod att vi hade kommit till ett sjöfararfolk. Det var inte bara småbåtar, det fanns stora, granna skepp som gungade majestätiskt i den lätta brisen. Det var liv och rörelse på kajen och vad mera var: det kunde ha varit en modern hamn, så välordnad var den. Visserligen fanns inga ångbåtar eller motorbåtar, men för övrigt såg jag ingen större skillnad. Hamnen med sin breda kaj och sina många pirar låg tydligen i staden. Höga hus reste sig hela vägen. En del av kajen var mycket bred och där var det marknad. Husen såg förstås inte moderna ut, men även de var välbyggda och utsmyckade med målningar och fresker.

"Etruskerna kallar sig enisier och den här hamnstaden heter Enisium," berättade Maorion. "Här är jag inte känd, eftersom jag bara har varit här en gång förut. Enisierna är liksom etruskerna mycket stolta, mycket eleganta och förekommande mot gäster. De rika lever en lyxtillvaro, medan folket ute i bygden har det ganska fattigt. De har framgångsrika härförare och köpmän på folkets bekostnad, eftersom de ofta krigar med andra folk och det är hårt att arbeta både i guldgruvorna och med att finna ädelstenar. Här föredrar jag att vara okänd och smälta in i mängden. Därför har jag försett oss alla med kläder som följer modet. Modet är nämligen oerhört viktigt här. Etruskerna på jorden var nog de som tog med sig mest från källan och som försökte förvalta arvet ända in i det sista."

Det var bara att lyda kapten! Mycket eleganta kläder var framlagda därnere i stora kajutan. Det fanns också peruker med mycket invecklade frisyrer till flickorna. Vi undrade varifrån Maorion fick alla prylar, men jag beslöt mig för att inte fråga. Det bara fanns där, färdigt för oss. Punkt och slut. Snart kom vi upp i vår nya stass och började kajpromenaden.

Det verkade inte som om folk observerade oss, så vi smälte förmodligen in i mängden. När vi promenerat omkring en stund och beundrat de vackra husen kom vi till något som Maorion påstod var kyrkogården. Vi hade svårt att tro honom. Det var den flottaste kyrkogård jag har sett, precis som en liten stad för sig i utkanten av den levande. Vackra hus och skulpturer som förmodligen föreställde de avlidna fanns överallt. Plötsligt kom en liten gosse springande mot oss. Han var vacker som en kerub med lockigt brunt hår och stora violblå ögon. Men han var ganska smutsig. Han kunde vara 7-8 år. Han ställde sig framför Maorion och mig och bromsade oss med handen.

"Vilka är ni?" frågade han. "Ni är främmande här. Varifrån kommer ni?"

"Vi är bara på besök här en dag," svarade Maorion leende. Jag satte mig på huk framför grabben och såg in i hans stora ögon. Då såg jag att hans kläder var trasiga och han var barfota. Han var alldeles för mager också.

"Vem är du och varför är du ensam?" frågade jag vänligt. "Ska du inte gå hem till dina föräldrar? Hur visste du att vi är främlingar?"

Pojken började gråta. Han grät tyst, tårarna rann ymnigt innan han svarade:

"Mina föräldrar är döda. Jag bor i deras gravhus. Ingen bryr sig om mig. Kom, så får ni se." Han tog min hand med sin lilla smutsiga näve och började dra mig mot en av de märkliga gravarna. Maorion sa ingenting, följde bara tyst med, precis som flickorna. Pojken förde oss till ett mycket elegant gravhus. Det kunde bara ha byggts av en rik man. Det framgick också mycket riktigt av inskriptionen, som Maorion genast kunde tyda. Någonting i stil med: Här vilar den store Calmu och hans sköna hustru Bia. Havet tog deras hjärtan.

"Mina föräldrar drunknade i havet," berättade pojken. "Jag heter Bico. Jag är sju år. Min far ägde båtvarvet, men efter hans död flyttade min farbror in i vårt hus med hela sin familj. De körde ut mig. Jag är inte rädd för att bo hos de döda. Här känner jag mig trygg."

"Hm. Tydligen finns det ondska här, åtminstone i form av girighet," sa Maorion. "Du behöver tvätta dig, lille vän. Om du vill kan du följa med oss, vi ska bo på ett värdshus i natt, sedan reser vi vidare i morgon."

"Min farbror har öppnat ett vinhus därhemma," berättade pojken när han gick med en hand i min och en i Maorions. Han verkade lite rädd för flickorna. "Han var fattig och bad alltid far om pengar, men nu har han ju fått våra."

Det verkade som om pojken tyckte det var skönt att få pladdra på, men så sa han något som kom både Maorion och mig att stanna till.

"Jag visste me'samma att ni var snälla," försäkrade pojken. "Jag har en vän i huvet som jag pratar med och hon talar om saker i förväg. Hon sa att ni skulle se till så att jag fick mitt hus tillbaka. Men det vill jag inte. Jag vill hellre följa med er. Hon sa att jag kanske får det."

"Vad heter din vän i huvet?" frågade jag.

"Bara Si," svarade pojken. "Ibland ser jag Si gå bredvid mig och ibland drömmer jag om henne. Hon är ett barn som jag. Tänker ni hälsa på hos min farbror? Kan ni hämta Monja åt mig? Hon tror nog att jag är död, men jag längtar efter Monja."

"Först ska vi tvätta dig och ge dig rena kläder," sa Maorion. Pojken föreföll belåten och sa ingenting förrän vi klev in i ett värdshus. När värden fick syn på honom slog han ihop händerna i förvåning.

"Men har ni hittat lille Bico?" utropade han. "Hans släktingar sa att han var död och ingen har sett honom sedan föräldrarna omkom i en båtolycka." Han kallade på sin fru, som också kände igen barnet. Hon fick genast i uppdrag att bada honom och Maorion tingade två rum och fem bäddar åt oss. Sedan gav han värden i uppdrag att skaffa pojken nya kläder.

När vi själva snyggat till oss gick vi ner i värdshusets matrum. Det var dags att fylla de fysiska magarna. Efter en stund kom Bico springande till oss och satte sig förtroendefullt i mitt knä. Han doftade friskt och rent, håret var ännu ett rufs av blöta lockar och han hade rena, snygga kläder. Han fick mat och sedan somnade han mycket fort med huvudet mot min axel. Jag vågade inte röra mig och jag blev väldigt rörd. Jag mindes plötsligt när mina jordiska barn kom till mig och ville sitta i knät. Det föreföll väldigt långt borta, men jag återupplevde doften och de djupa, lugna andetagen från ett sovande barn. Flickorna var bara åskådare den här gången.

"Han är nog synsk," sa Shala till slut och smekte lätt barnets hår. "Ska vi gå till hans farbror?"

"Naturligtvis," svarade Maorion. "Vi går dit i morgon bitti. Det här barnet ska inte sova i en grav och söka mat ibland avfallet. Det måste väl finnas rättvisa i den här stan."

Jag fick lära mig att inte alla planeter hade rättvisa, goda invånare. Denna utsökta stad med sina livliga, eleganta medborgare, ruvade på många hemligheter. Maorion pratade en lång stund med värdshusvärden innan vi gick till sängs och jag förstod att han tog reda på fakta om Bico. Det fanns tre sängar i vårt rum och jag bäddade ner den lille pojken. Han sov så djupt att jag förstod att sömnen nog blivit störd många gånger på kyrkogården.

Den lille pojken förvånade oss verkligen. Han var lillgammal, men det var inte det enda. Han läste våra tankar och visste vart vi var på väg, vilket han berättade på sitt barnsligt ivriga sätt. Han var sprittande glad nästa morgon och tycktes ha fått ett speciellt tycke för mig.

"Du är så lik min pappa," sa han och klappade mig på kinden. "Vill du vara min pappa nu?" Jag nickade, eftersom det var svårt att besvara den frågan. Han behövde trygghet. Men vi lämnade honom i flickornas vård, eftersom vi inte visste hur hans farbror skulle reagera om han fick se sin brorson livs levande efter att ha spridit ut att han var död.

En tjänsteflicka öppnade dörren till det magnifika huset. Detta var alltså Bicos rättmätiga hem. Jag kände vreden stiga upp i mig och hoppades att jag skulle kunna behärska den. Maorions ansiktsveck låg i fullständig ordning när han sa att vi ville tala med farbrodern och att det gällde affärer. Flickan tittade på oss nerifrån och opp, slängde sedan igen porten. Vi stod kvar, beredda att ta till strid om det behövdes.

Men efter ett par minuter kom husets herre. Han verkade en aning osäker på benen, vilket jag tyckte var för tidigt på morgonen. Han bad oss inte stiga in men kom ut på gårdsplanen - eller vad man ska kalla den gröna, blomsterklädda plätten framför dörren.

"Jag känner er inte," sa han högdraget. Han tittade forskande på oss, men eftersom vi var lika elegant klädda som han själv, så fortsatte han. "Ni ville tala affärer med mig? Har ni något att sälja?"

"Nej, sa Maorion, "men vi kände er bror. Han efterlämnade en son som heter Bico." Farbrodern bleknade men fann sig snabbt.

"De är döda allihop," sa han, "min bror, hans maka och sonen som var det enda barnet."

"Ni bor i hans hus?" fortsatte Maorion och tonen blev strängare. "Har ni ärvt det?"

"Naturligtvis," svarade mannen högdraget. "Vad har ni med det att göra?"

"Det är er brorson som är bröstarvinge," sa Maorion. "Det är hans hus. Han lever. Han försvann när ni tog hans hem ifrån honom och jagade ut honom på gatan."

"Nej, nu får det vara nog, Utana, kom!" Det sista ropade han in till huset och en kvinna, som tydligen funnits i närheten, kom springande. Hon hade säkert sett bra ut, men hennes ansikte var elakt, ja ondskefullt. Mannen förklarade för henne att vi var främlingar som påstod att Bico levde. Hon fnyste och satte händerna i sidorna.

"Ni talar säkert om en bedragare. Bico är död, det vet jag. Vi har ärvt min svågers rikedomar och vi vill inte att någon blandar sig i det."

"Det finns ett rättsväsen här och vi har tagit hand om Bico, som är väl känd av många. Pojken har levat i föräldrarnas gravhus och nu kräver han tillbaka sitt hem. Vi ska se till att han får det." Maorions ansikte var mycket strängt.

Flera tjänare hade lockats ut ur huset och lyssnade ivrigt trots den ilskna Utanas försök att jaga bort dem. En kraftig medelålders kvinna trängde sig fram till mig.

"Låt mig få följa med er," sa hon. "Jag är pojkens amma och jag har skött honom ända tills för ett par månader sen, när han försvann. Hon där jagade bort honom med en käpp. Sedan hotade hon oss tjänare och sa att hon skulle döda oss om vi sa ett ord mer om Bico i detta hus. Hon är en häxa!" Amman pekade på Utana som fräste och snäste och skrek att vi inte skulle tro på ett tjänstehjon. Vi lämnade tillsammans med amman raskt den hemska kvinnan och hennes otrevlige man.

Vi skyndade oss tillbaka till värdshuset. Bico satt i trädgården och spelade någon slags läggspel med våra flickor. När han fick syn på amman gav han till ett tjut och kastade sig i hennes famn. Det var verkligen ett rörande återseende och ingen kunde tvivla på att Bico var den rätte Bico. Amman, som hette Monja, hade varit vittne till när Utana jagade bort honom. Hon hade sökt honom överallt och pratat med alla hon kände, men pojken förblev försvunnen. Ingen anade att han gömde sig i föräldrarnas gravhus och att hans rädsla för fastern och farbrorn var så stor att han inte vågade sig ut därifrån. Inte att undra på att han var rädd för fruntimmer, tänkte jag. Vi fick en hel del värdefulla upplysningar av Monja.

"Bico fick vara ifred i de dödas stad," sa hon. "Dit går man inte annat än när man har ett ärende. Hans föräldrars gravhus innehåller många rum och är lätt att gömma sig i. Till att börja med fanns det mat som seden är att de döda ska ha med sig, men den räckte väl inte så länge. Många har frågat efter Bico, och hans farbror har svarat att han är död och visat skriftligt på att han äger huset. Det skriftliga är förfalskat, för jag såg när farbrodern och hans elaka hustru lät skriva det. Hon är hatad, hon behandlar oss tjänare som pesten. Kan jag få ta hand om min lille pojke åt er?"

"Pojken är synsk," påstod Maorion. "Vi vill gärna ta med honom på en resa först, men det vore bra om du följde med. Under tiden sätter jag igång lagen i den här staden. Bico ska ha tillbaka sitt hus och den rikedom som är kvar. Det finns fler vittnen till att Bico lever, t.ex. värdshusvärden som kände hans far."

"Jag är lite förvånad," sa jag lite senare när jag var ensam med Maorion. "I det här landet går det tydligen till som det gör på jorden, åtminstone gjorde det så när jag lämnade den. Folk luras och bedrar varandra, och hat är lika vanligt som kärlek. Varför ville du visa oss detta?"

"För att källorna inte alltid har rent vatten," svarade han kryptiskt. "En hel del själar från etruskerna återvände hit efter sitt jordeliv. De har fortsatt att skapa det som de höll på med på jorden. Men det är som väl är långt ifrån alla. Lille Bico är ett tydligt bevis på vilka möjligheter som finns här. Han är en liten själ som har fått utomordentliga gåvor med sig i bagaget. Det gäller bara att utveckla dem rätt och det ska vi se till. Det var meningen med vårt besök här. Jag visste det inte från början, jag bara visste att vi måste hit. Bico kommer att styra enisierna en vacker dag och därför är det viktigt att han får rätt grund att stå på."

"Varför ska han följa med oss ända till Mitten, efter vad jag förstår?" undrade jag.

"Därför att han säkert blir igenkänd där," svarade Maorion. "därför att han behöver få veta en del som inte jag kan förmedla till honom. Det tar nog lite tid att få bort den onde farbrodern från Bicos hus, men jag har talat med värdshusvärden som kommer att hjälpa oss. Han känner fler inom rättsväsendet här. Nu får vi två passagerare till på båten. Vi får väl förpassa dem till ruffen när det är dags att blunda!"

16. Taoismen - Den Kinesiska Urkulturen

Bico flög omkring som en liten humla på båten. Allt skulle han undersöka och fråga om. Han hade äntligen förstått att Shala och Tilla var alldeles oförargliga och att de kanske kunde bli bra lekkamrater. Han var väldigt liten till växten men stor i tänkandet. Innan vi lämnade enisierna skickade Maorion amman att inhandla kläder till dem båda. Matförsörjningen späddes också på, nu när vi hade en liten hungrig krabat att mätta. Amman åtog sig all matlagning och med en suck av lättnad överlämnade Maorion den sysslan åt henne. Jag vet inte om hon hade förstått vad vi var för ena och att fartyget var en annorlunda värld, där det fysiska och det ofysiska gick sida vid sida. Tilla var visserligen fysisk, men hon hade förut själv fått laga den mat hon behövde. Nu fanns det tre fysiska magar ombord. Om jag ska säga sanningen, så vet jag inte hur pass fysisk Maorion var. Han åt i alla fall bara när vi var i land, precis som Shala och jag.

"Vi ska besöka två olika kulturer nu," meddelade Maorion. "Den ena är en urgammal kinesisk lära som kallas för tao. Den andra är lika gammal fastän den är japansk och kallas för shinto. Det finns så många likheter mellan dem att man undrar varför vi skiljer på kineser och japaner. Det gjordes inte här, i deras källa. Men när de flyttade till jorden uppstod en schism och de blev två olika folkgrupper."

Jag berättade sagor för Bico. Det gillade han verkligen och han ville bara ha mer och mer. Samtidigt kom han med väldigt kloka påpekanden om allt jag berättade. Hans och Greta tyckte han inte om. När barnen förpassade den elaka häxan in i ugnen uppgav Bico ett ilsket skrik.

"Dumma ungar!" skrek han. "De dödade ju häxan. Även om hon var elak så skulle inte barnen döda henne. Hon skulle väl dömas i en domstol som alla andra elakingar. Vi har en domstol i vår stad och domarna fick döma henne till döden om de ville. Barn ska inte hålla på med sådant."

Jag teg och tänkte att han nog skulle bli en bra ledare för sitt folk en dag i framtiden. Vi befann oss ju i framtiden nu, men den framtiden hade väl också en framtid. Det där med tid snurrade runt i min hjärna. Tiden var en gäckande skugga som gick framåt eller bakåt precis som den ville på de här breddgraderna. Jag frågade Bico hur han uppfattade tiden.

"Den finns," nickade han, "men den finns nu. I morgon är den också nu och det var den i går. Si brukar berätta för mig att tiden har luckor som man kan resa igenom."

"Det gör vi nu," sa jag. Och så berättade jag vad jag visste om det jordiska Kina och Japan. Han lyssnade mycket uppmärksamt, men då kom Maorion. Det var dags att blunda och Bico fick blunda nere i sin hytt tillsammans med amman.

Den här gången ankrade vi i en vacker lagun. Jag såg inga andra båtar, så vi måste nog använda vår jolle. Växtligheten kring denna härliga plats var yppig, träden böjde sina grenar ända ner i vattnet och längre intill stranden växte stora djuprosa lotusblommor. Vår lilla jolle måste plöja sin väg genom de mäktiga, saftigt gröna lotusbladen. Vi åkte tre åt gången, och först strandsattes Maorion, Shala och jag. Därefter hämtade Tilla de andra. Den flickan visade sig vara en riktigt prima kraft när det gällde att förtöja båten, ro jollen och sådana jobb. Hon hade ju varit en bra kusk också, därborta hos hettiterna.

"Inte en själ," konstaterade jag när vi alla stod församlade på stranden. Bico skuttade runt som en hare och det var bara Monja som fick honom att lugna sig. Han lydde henne.

"Jag undrar om inte detta är en bit av en trädgård," sa Maorion. "Om vi går den där lilla stigen kommer vi säkert fram till ett palats."

Maorion hade rätt. Vi behövde inte gå långt förrän ett sagans slott låg framför våra häpna ögon. Egentligen var det inte en sammanhängande byggnad, utan flera pagodliknande hus, varifrån en blomsterklädd valvbåge ledde ut till trädgården där vi stod och gapade. Den som satte iväg först, det var förstås Bico. Monja ropade på honom, men den här gången var han förskräckligt olydig. Maorion skakade på huvudet, men jag såg att han log i mjugg. Jag sprang efter pojken, som nu hade hunnit igenom valvbågen och skuttade rakt in genom porten på mittenpagoden.

När jag flåsande i mitt svettiga människokött hade hunnit fram till samma port, hade invånarna i huset redan hunnit ut med Bico i spetsen.

"Heja, här är jättefint!" skrek han. "Vi får komma in allihopa."

Ungefär tio personer stod och bugade framför mig. Det var små människor och det gick inte att ta miste på att de var kineser. De var klädda i pastellfärgade kostymer och det var både män och kvinnor. När Maorion närmade sig föll de på knä och hyllade honom. Jag tyckte förstås att de kunde ha gjort det för mig också, men min fula nuna och ansenliga längd kanske avskräckte dem. Vi blev alla visade in i pagoden. I hallen tog vi av oss våra skor och fick tofflor i stället, vilket åstadkom problem för min del. Det fanns inga tofflor för så stora bla'n som mina. Jag log och försäkrade dem att jag kunde gå in i strumplästen, men det passade tydligen inte. Två små kvinnor rusade fram till mig med var sitt vackert tygstycke som de band om mina fötter. Shala och Tilla fnissade i kapp med Bico.

Den stora sal vi kom in i liknade nästan en kyrka, förutom att där inte fanns några helgonbilder. Den glänste i alla fall av guld och glitter. Sju personer satt i ring på en matta mitt i salen. Även de var både män och kvinnor. De var alla klädda i vitt. En av männen reste sig och föll på knä framför Maorion - igen!

"Välkommen store Mästare!" sa han. Eftersom jag begrep hans ord så hade väl "översättningsmaskinen" satts igång i oss igen. Maorion var tydligen känd på det här bygget. De sju makade på sig och tecknade åt oss att sitta ner på mattan. Vi satte oss med korslagda ben, vilket gick bra för alla utom för Monja. Hon var ju ganska rundnätt och hade vissa svårigheter att lägga benen rätt. Till slut drog Bico dem skrattande åt vardera hållet medan amman kvävde ett rop av smärta.

"Ni har kommit till tao-utövare," förklarade kinesen som först rest sig upp. "Vet ni något om oss? Vi är naturdyrkare."

Bico rusade upp och började undersöka salen. Monja försökte hindra honom, men hon hade svårt att komma upp från sin ofrivilliga lotusställning.

"Förlåt pojken," utropade hon. "Han har bott i en grav, så han har inte lärt sig vett och pli ännu." Den vitklädde mannen smålog vänligt.

"Det är ingenting att förlåta," svarade han. "Vi skiljer inte på rätt eller fel. Ett barn som drivs av sin egen spontana livskraft står närmare guden och livets sanna mening än vi andra som dömer och förändrar. Vi strävar efter odödlighet och försöker ständigt att komma ett steg närmare himlen."

Han gjorde ett tecken till de andra sex och som på kommando steg de sju kineserna i sittande ställning flera meter rätt upp i luften.

"Taoisterna är specialister på levitation," viskade Maorion. Till och med lille Bico hade blivit tyst och såg med förundrade ögon på figurerna som steg mot taket. Deras vita kläder verkade genomlysta och de befann sig i ett sken av overklighet. Det varade några minuter, sedan sänkte de sig lika sakta ner. Några minuter satt de alldeles stilla med slutna ögon och ett leende på läpparna. De föreföll helt saliga. Jag kände mig ganska upprörd över dessa världsfrånvarande människor, och det här var dessutom något som de tog med sig till jorden. Vi befann oss verkligen i taos källa.

"Den store poeten T'ao Ch'ien har på sin mänskliga vandring i vad ni kallar framtiden sagt följande," fortsatte den vitklädde mannen:

"Underkasta dig tingens kretslopp,
hänge dig åt den stora förändringens vågor,
varken lycklig eller rädd,
och när det är tid att gå, gå då, utan onödigt bråk."

Det här blev lite för mycket för mig. Jag reste mig upp och utropade:
"Är vi i forntid, nutid eller framtid? Har ni förlorat all uppfattning om tid? Poeten du citerar har inte fötts ännu på jorden, om vi är där jag tror att vi är ..."
"Vi är där vi just nu vill vara," svarade denne kryptiske man med en sällsam glans i ögonen. "Tao är den fullkomliga allomfattande helheten, principen i universum ..."
"Jag är hungrig!" Bicos tjut och utrop avbröt den högtidliga recitationen. Det märkliga var att de tre kvinnorna i den kosmiska ringen snabbt kom på fötter och försvann. Det dröjde bara ett par minuter så kom de tillbaka. De rullade låga bord framför sig, som dignade av mat. Med ett humoristiskt leende - som jag inte hade trott honom om - tecknade den vitklädde åt oss att hugga in på läckerheterna. Den högtidliga stämningen förbyttes i en smackande, förnöjsam samling människor som åt och åt.
Varje måltid var en njutning för mig. Första gången jag kunde äta igen vågade jag knappast njuta, nu njöt jag desto mer. Ingen som inte avstått länge från mat, kan förstå det härliga i att begrava sina tänder i ett saftigt äpple eller päron, eller att låta goda nötter knastra mellan tänderna, en himmelsk sås eller soppa rinna ner i den välkomnande magen.
Efter måltiden visade de sju inga tecken på att fortsätta sina

meditationer, utan tog oss med ut i den magnifika trädgården som dignade av både frukter, bär och blommor.

"Taoismen existerar fortfarande på jorden," viskade Maorion till mig när vi beundrade några rabatter. "Det var därför så viktigt att möta dess ursprung. Folket här är mycket lyckligt. De vördar och älskar naturen, och du ser vilken prakt de har åstadkommit. Det finns en hel del magi här, men det erkänner de inte. Deras strävan efter att bli odödliga visar sig i deras förmåga att levitera och åstadkomma andra konstigheter, som jag inte tänker låta er närvara vid. Vi lämnar den här platsen redan i kväll för att bege oss till shintodyrkarna, ursprungets japaner. Ibland möts tao och shinto för att diskutera sina upplevelser inom de två olika kulturtraditionerna. Det finns ett starkt brodersband dem emellan, men när de kom till jorden blev det förändrat. Inte brutet, men mycket förändrat."

De sju taoisterna återvände till sin meditation efter att ha tagit farväl av oss. De tio små kineserna, som tydligen var några slags tjänare, följde oss till lagunen, lastade med knyten som innehöll gåvor till oss.

"Så där kan det väl inte vara i hela landet?" undrade jag på väg till båten. Jag kånkade på den sovande Bico som hade hållit sig ganska lugn under Monjas överinseende. "Då får de ju inget ur händerna."

"Det märkliga är att det är på det viset," svarade Maorion. "De får saker och ting gjorda fastän de sitter där och leviterar. De har ju sina hjälpare förstås, alla de här tjänarna. Det är inte vad vi kallar tjänare, det är snarare elever till de sju, som hoppas kunna bilda egna meditationsgrupper så småningom. Hela detta land är anlagt på mästarna och deras lärjungar. Den scenen ser du överallt, så det räckte med att ni såg den här. Nu far vi vidare!"

Med en viss lättnad, tänkte jag. Besöket hos taoisterna var intressant, men det passade inte min mentalitet. Jag är inte den typen som försjunker i drömtänkande och inte han heller, grabben som hänger över min axel. Han behöver lära sig att hantera aktiviteten på rätt sätt för den uppgift som väntar honom. Jag tog årorna i jollen och rodde oss till vårt eget älskade fartyg, som beställsamt vippade i strandvattnet i det tilltagande mörkret över den fagra lagunen.

17. Shinto - Den Japanska Urkulturen

Vi hade aldrig åkt iväg på kvällen förut. Nu lyste stjärnorna, men det var andra stjärnor än de jag kände. Två månar kämpade om utrymmet på natthimlen och de gav ett spöklikt, spännande dubbelstråk på vattnet när vi lämnade lagunen. Jag förstod att vi skulle sova ombord den här natten och vår kapten bekräftade den oställda frågan.

"Vi får dela upp natten mellan Janne och mig," sa han när vi satt oss tillrätta i båten. Du kan ta första skiftet, Jan, så kojar jag en stund. Det är inga problem med riktningen, vi ska gå rakt fram hela tiden. Gör ingen avvikelse bara, det tycker inte fartyget om!" Han skrattade och överlämnade rodret i mina händer. Jag är som jag sagt förut ingen vittberest sjöman och använder kanske fel båttermer. Var god och överse med en förvirrad ängels brist på båtvett!

Jag hade väl suttit någon timme och kontemplerat de två månarnas strid om herraväldet på himlavalvet, när Bico kom tassande på bara fötter.

"Monja sover och hon snarkar så jag inte kan sova," förklarade han. "Får jag vara hos dig en stund?"

Det kunde jag inte neka honom och han började en systematisk undersökning av aktern. Den pojken var ett under av nyfikenhet, men det var bra, för han artade sig till att bli en god elev. När han lagt näsan i blöt i vartenda skrymsle kom han till mig och bad om att få styra båten.

"En kort stund," nickade jag, "medan jag tittar på. Du får inte röra rodret en enda hårsmån från inställningen den har nu." Pojken grep förtjust tag i rodret och jag beslöt att övervaka honom varenda sekund. Så blev det inte. Jag hade glömt hur sömnig jag var och när jag satte mig på en utfällbar pall bredvid honom, somnade jag omedelbart. Men Bico höll inte sitt löfte.

Jag vaknade av en förskräcklig smäll och ett smattrande ljud. Fartyget krängde till och så bröt ovädret löst. Storm och regn piskade mot rutorna och jag såg hur sjöarna tilltog i rasande styrka och vågorna slog över däck och hotade knäcka masterna. Bico låg medvetslös. I samma ögonblick kom Maorion upp, yrvaken och arg som ett bi.

"Kan du inte hålla i ett roder, fördömda ängel!" skrek han. I det ögonblicket förstod jag att han var mer människa än andeväsen. "Jag somnade visst till," ropade jag förfärad över vad Bico hade åstadkommit. "Pojken tog rodret ett ögonblick och han måste ha vridit på det."

Maorion svarade inte utan tog tag i rodret med nästan övermänsklig ansträngning, eftersom det var påverkat av ovädret och väldigt trögt. Innan han hann skrika något mer ovettigt åt mig fångade jag in Bico i famnen och drog mig skyndsamt ner till hytterna. Jag lade honom i min koj och gick sedan upp till kaptenen igen. Det var bäst för mig att utstå en rejäl utskällning, det var jag värd. Skeppet låg stilla på vågorna igen. Ovädret var borta och de två månarna sken blekt på vågorna. Stjärnorna blixtrade som diamanter och luften var klar och ren. Jag smög mig upp på kommandobryggan och sa:

"Skäll ut mig bara, kapten, det har jag förtjänat."

Till min stora häpnad vände Maorion sig om och gav mig ett strålande leende.

"Ja, verkligen!", sa han. "Men det tänker jag inte göra. Nu är vi på lugnt vatten med rätt kurs och allt är bra. Förmodligen hade jag också låtit pilten få styra en stund om han hade frågat mig. Nu vet du i alla fall vad som lurar på sidan om vår kurs. Hade pysen styrt åt andra hållet så hade det blivit ännu värre. Vi befinner oss i ett Ingenmansland mellan världarna och där kan vad som helst hända. Gå och lägg dig, Janne, du är vit som en hönsfjäder i ansiktet."

Jag pysslade om Bico, som hade en rejäl bula i pannan och sedan lade jag mig vid sidan av honom och somnade direkt. Jag vaknade inte förrän Monja förskräckt knackade på nästa morgon och undrade var barnet hade blivit av. Bico vaknade och verkade pigg igen, eftersom han sa att han var hungrig så fort han såg sin sköterska.

Våra mänskliga medresenärer hann precis äta frukost innan båten anlöpte nästa hamn - hos det japanska ursprungsfolket den här gången.

Här fanns det en brygga, men den såg mycket osäker ut. Det verkade som om den var gjord av flätad bambu. Den satt fast i stranden och sedan i två pålar som var nerstuckna i vattnet. Där emellan fanns en gungande hängmatta till brygga, som jag såg på med en rysning. Rädslan höll på att komma, men så besinnade jag mig. Vad hade den gamle väktaren på bron hos zulufolket sagt? Nu fick jag skärpa mig. Flera båtar låg där och det verkade som om de satt fast ordentligt. Båtarna var mindre än vår och byggda av ett lätt material som inte såg särskilt hållbart ut - men det var det förmodligen.

Små japaner i färggranna kläder sprang fram och tillbaka. Först tyckte jag att deras ansikten var helt lika kinesernas, men vid närmare påseende måste jag ändra mig. De rusade fram till vår båt och slog ut med armarna och log soliga leenden. Vi var säkert välkomna här också. Till min förvåning kom Shala och Tilla upp på däck och såg ut som små geishor. Tja, inte så små förstås. Varifrån fick Maorion alla kläder? Jag frågade honom.

"Från det kosmiska förrådet, käre Jan," svarade han med ett underfundigt leende.

"Jag precipiterar - och du vet säkert vad det är."

Ja då, det hade jag till och med lärt mig och en gång missbrukat. Jag log i mjugg åt minnet. Men jag var inte så skicklig på att plocka saker från luften, åtminstone inte när jag pendlade mellan ängel och människa på det här viset. Upp på däck kom Monja och Bico, båda i japansk mundering. Maorion, som hade vit utanpåskjorta försedd med konstiga tecken, och vita byxor, nickade åt mig att gå ner i hytten. Där låg kläder framlagda, som jag genast tog på mig. Vit skjorta med tecken på för mig också och vita byxor och sandaler som såg väldigt bekväma ut.

Maorion steg först iland och det verkade som om en välkomstkommitté mötte oss även här. Förmodligen hade djungeltrumman gått, tänkte jag, ifrån Kina till Japan. Det fanns hus överallt och jag tyckte att de såg ut som om de var gjorda av papper. Jag fick senare lära mig att det fanns en slags träd här som gav ett segt och stadigt byggmaterial med luftigt utseende.

Vi fick sätta oss i små vagnar, dragna av åsnor (vita och brunspräckliga) som påminde oss om vagnarna hos hettiterna, men de såg inte likadana ut. Dessa vagnar var visserligen också tvåsitsiga, men de hade säten i form av blommor, så att man satte sig i en kalk. En del var plisserade, styva och raka och liknade fjärilsvingar eller solfjädrar. Det var ingen ände på hur fantasin kunde utsmycka vagnar i det här riket.

Färden gick genom en oändlig stad av "pappershus" med små utsökta trädgårdar omkring. Vi åkte i säkert en timme på de smala gatorna eller snarare vägarna. Klimatet var behagligt och alla människor log och vinkade. Så kom vi plötsligt fram till en större trädgård, men den liknade inte den som vi hade kommit till i tao-Kina. Där fanns små sjöar med välvda broar och i sjöarna glittrade det av sällsynta fiskar. Varje sjö, berättade Maorion för mig, hade en speciell form som betydde något, t.ex. själ eller hjärta. Träden och buskarna föreföll växa vilt, men de var planterade efter ett visst mönster och på ett sådant sätt att solen och skuggan samsades om att ordna de mest förtjusande meditationsplatser.

Vi kom ut på en bredare väg och plötsligt åkte vi genom den ena vackra porten efter den andra. Portarna var röda och dekorerade med guld, drakar och andra märkliga bilder. Till sist kom vi fram till ett tempel. Jag såg tydligt likheten mellan nutidens Japan och detta - åtminstone inom byggnadskonsten. Den var något som de verkligen hade tagit med sig till jorden och utvecklat där. Här stannade våra vagnar.

Vi steg ur och befann oss åter bland en massa glada, bugande japaner. Jag kände mig som Eiffeltornet och även Maorions gestalt föreföll högrest i sällskapet. Flickorna liknade två humlestörar på utflykt, och till och med Monja vaggade som ett slagskepp med sin skyddsling hårt i handen. Det var bara lille Bico som smälte in.

Den leende hopen viftade in oss i templet. Någon ringde i en gong-gong. Därinne var det svalt och mörkt, fastän små oljelampor brann överallt. Tempelsalen var full av statyer med bilder av gudar och gudinnor. Den skulptur som mest av allt tilldrog sig vår uppmärksamhet var en gigantisk kvinna, förmodligen byggd av sten. Den var målad i starka färger, men starkast var glorian av strålar som hon bar på sitt huvud. Den glittrade och sken så att man fick ont i ögonen, den föreföll nästan levande. Det var, fick jag veta senare, en staty av solgudinnan.

En gammal man som tydligen var präst kom fram till oss och bugade sig. Han önskade oss alla välkomna och särskilt "den ärorike". Han menade till min förvåning Bico. Han tog pojken i famn och kysste honom på pannan. Bico lät sig kyssas, men sen stack han iväg föga ärorikt och försvann i den stora mängden av tempelbesökare.

"Mitt namn är Kokijo och jag ska föra er till berget Shimara i morgon. Till dess ber jag er komma och inta en blygsam måltid i mitt enkla hem, och jag hoppas ni håller tillgodo med de bäddar som min hustru har gjort i ordning."

Han bugade så att jag trodde att han skulle gå av på mitten. Vi var hungriga, så vi följde med den gamle prästen, efter att ha sett oss omkring i templet. Prästen, som var överstepräst och tydligen hade en mycket aktad ställning i staden, förde oss till ett hus en bit därifrån. Det var mycket välbyggt av ett okänt träslag som liknade rotting och stagades av tättstående kraftiga pinnar. Huset var mycket tilltalande inuti. Det var tapetserat med siden i olika färger och mönster, som gjorde ett hemtrevligt och konstnärligt intryck. Fru Kokijo var en baddare på att laga mat, för hon hade dukat upp en delikat måltid på ett lågt bord med kuddar runt omkring. Men Monja var orolig, för Bico saknades. Hon ville ut och söka efter honom, men översteprästen lugnade henne.

"Alla känner igen den ärorike," sa han. "Solgudinnan har berättat för oss om honom. Han ska snart vara här. Jag har sagt åt mina vänner att söka efter honom."

Det dröjde inte länge innan Bico kom, eller snarare bars in i triumf. Herr Kokijo tog på sig "vad var det jag sa-minen" och jag tyckte att han verkade självbelåten. Maorion satt inbegripen i ett långt samtal med honom, så jag ägnade mig åt Bico, som hade satt sig stel och rak mellan flickorna. Han såg stirrig ut på något sätt. Jag såg att Monja kastade oroliga blickar på honom. Han var sig inte lik. Han brukade fnissa och ränna runt och skoja med oss, men nu stirrade han bara rakt framför sig. Flickorna verkade också bekymrade. När Shala tog hans hand och böjde sig fram för att säga något till honom, ryckte han till sig handen och gav henne en dask på kinden. Hon stirrade häpen på vår lille grabb, som hitintills varit en källa till glädje - och bus - för oss. Sedan tittade hon på mig och jag såg hur ledsen hon var.

"Jan," ropade Maorion, "Vill du veta något om shinto?" Jag nickade och satte mig bredvid honom.

"Shinto har tagits ner till jorden av några utvalda, säger Kokijo. Den ursprungliga shinto som ärar solgudinnan finns inte där längre, men här är hon en förgrundsfigur. Det här är också en kultur som dyrkar naturens andar mer än förfäderna. Det finns flera gudar, men hon är störst. Det finns gudomliga varelser i träden, i bergen, i vattnet, ja överallt i naturen. Det finns också illasinnade varelser om man inte aktar sig ..."

"Stopp där!" utropade jag. "Var finns de illasinnade och hur vet man vilka de är?"

Maorion stirrade förvånad på mig. "Du tänker väl inte umgås med dem?" frågade han med ett litet skratt.

"Nej, men jag vet någon som kanske har gjort det," svarade jag och nickade åt Bicos håll. Pojken satt fortfarande och stirrade rakt fram. Han hade inte rört maten. Han verkade hypnotiserad.

"Bico," sa jag och lutade mig över pojken, "pratar du med Si?" Han svarade inte, tittade bara rakt fram.

"Grabben är hypnotiserad," skrek jag till Maorion, som i sin tur tittade på Kokijo. Denne smålog lite generat.

"Det kan hända," sa han. "Vårt orakel, solgudinnan, har talat om för oss att den ärevördige ska uppenbara sig här i form av en liten pojke. Förmodligen tog några av mina präster pojken till trollkarlen vid bron. Här är inte alltid så lugnt som det verkar. Kineserna har under många hundra år stridit med oss om ett landområde som ligger mellan våra riken. Ingen har hittills vunnit, så det har förblivit ett ingenmansland. Det finns en bro över till taoisterna, men den är ständigt bevakad. På vardera sidan bor en trollkarl som är brovakt. Vår trollkarl är en skicklig hypnotisör och han fann det säkert nödvändigt att hypnotisera den ärevördige, så att han stannar hos oss. Vi släpper honom inte ifrån oss, Maorion."

Det ska vi nog bli två om, tänkte jag. Det verkade som om Maorion förhöll sig lugn och jag undrade vad han tänkte göra åt saken. Vår lille vän var helt enkelt fånge hos shintoisterna. Men om jag kände Maorion rätt så var han redan i färd med en plan.

"Vi åker till Shimara i morgon bitti," smålog den oberörde Kokijo. "Den ärevördige följer med mig i min vagn och i natt sover han i himlakammaren. Vi har ett rum iordningställt till honom här i huset. Jag ställer en vakt utanför."

Monja reste sig upp och hytte med handen åt gubben.

"Jag är den enda mor han har numera," ropade hon, "och pojken min ska sova med oss andra. Han är ingen ärevördig, ni tar fel på honom och någon annan." Hon gick helt resolut fram och tog tag i barnet, men Bico slog undan henne med sådan kraft att hon höll på att ramla. Då ingrep Maorion. Han lyfte upp Bico i armarna och klev helt sonika iväg med barnet.

"Nåväl," suckade Kokijo. "Jag vill inte stöta mig med en så förnäm gäst. Vi återser varandra tidigt i morgon bitti." Han smålog och bugade sig. Vi skulle alla sova i samma rum. Maorion hade burit dit Bico, som föreföll sova djupt.

"Vi flyr härifrån i morgon," viskade Maorion till mig. "Vi följer med till Shimara och därifrån är det nära till båthamnen. Det är ett ganska högt berg, men jag ska tänka ut en nödutväg. Jag kan väl också trolla litegrann!"

För mig blev det en orolig natt. Jag fick veta att shintofolket hade liknande traditioner som de buddhistiska. De fick i meditation veta om sin ledare, som alltid var ett barn och som kallades den ärevördige. När landets ledare uppnått en viss ålder började sökandet efter den nye ledaren. Det var vad som pågick här. Men man behövde inte söka den här gången, eftersom Bico dök upp så lämpligt.

Nästa morgon sjöng fram sin gryning med en isblå ton. Vi huttrade lite när vi väcktes i ottan av en tjänare. Jag hade bara sovit ett par timmar och kände mig ganska risig. Förmodligen hade Maorion en plan för Bico och för oss, men han hade inte avslöjat den för mig, vilket gjorde mig lite förargad. Flickorna var inte sina vanliga muntra jag och Monja huttrade i sin mörka kappa. Maorion verkade oberörd och åt sin frukost med god aptit. Kokijo syntes inte till, men hans fru sa att han snart skulle hämta oss. Det gjorde han också.

Bico var lika frånvarande som dagen innan, men inte fullt så stel. Han lät sig lyftas upp i vagnen, som var gjord i form av en duva. Han till och med vinkade åt Maorion och mig när vi satte oss i vår vagn. Flickorna klämde in sig med Monja i en vagn. Så bar det iväg.

"Shimara är japanernas heliga berg," berättade Maorion. "Där bor många av de naturväsen de dyrkar. Vi kommer att gå uppför berget och följa en stig ända till toppen. Jag vet en annan stig och när jag tar den måste ni följa med mig. Det gäller bara att få med Bico, för Kokijo vaktar som en hök på honom."

"Vi blir genast förföljda," invände jag. "Är det verkligen en bra plan?"

"Jag har vissa färdigheter," svarade Maorion och blinkade till mig. "Det ska säkert gå bra, men det blir bråttom. Tror du att du kan ta hand om barnet? Jag måste ha händerna fria."

Jag försökte tro att det skulle gå bra. Vi satt tysta resten av vägen och jag var så djupt försjunken i mina tankar att jag hoppade högt när vagnen stannade med ett ryck. Kokijo stod framför oss och höll Bico i handen. Nu hade pojken ett annat uttryck. Han verkade ängslig och försökte göra sig fri från gubbens hårda grepp.

"Jag har arbetat med pojken hela tiden," viskade Maorion. "Han börjar bli löst från hypnosen nu, men det måste göras försiktigt. Jag överför rymningstankarna till honom och förbereder honom på vad han ska göra."

Vi började vandra uppför berget. Främst gick Kokijo med

Bico, sedan följde vår lilla grupp med mig och Maorion sist. Efter oss kom alla de små tjänarna kånkande på korgar med frukter och annat gott. Antagligen skulle vi äta däruppe eller också skulle naturandarna blidkas med gåvor. Det var ganska brant och mycket stenar, men jag kunde inte låta bli att beundra utsikten. Vårt berg var ett i raden som kringgärdade en vacker sjö, en del av topparna var snöklädda. Det var otroligt grönt och fräscht omkring oss. Hemma talar vi om trädgränsen, men någon sådan tycktes inte finnas här.

Bico vände sig plötsligt om och blinkade till Maorion. En lättnadens suck undföll mig. Grabben begrep och han var inte längre hypnotiserad. Nu gällde det bara att få med honom. Men han tillgrep en list som är gammal som gatan. När Maorion gav oss det överenskomna tecknet för att avvika från stigen, sa Bico att han var kissnödig. Kokijo blev tvungen att låta honom gå åt sidan och han gick åt rätt sida. Jag rusade fram och tog honom vid handen och så sprang vi allesammans den stig på höger hand som Maorion visade oss. Vår kapten tog Bico i sin skyddande mantel men sen är det svårt att redogöra för vad som hände. Kokijo skrek åt tjänarna att följa efter oss, men de hade ingen chans. Maorion hade lagt en skyddande dimmur bakom oss och vi sprang väldigt fort.

Jag tänker lägga en glömskans slöja över hur vi kom till båten. Skulle jag berätta sanningen så skulle ni tro att det här är en barnbok med påhittat trolleri - vilket den absolut inte är. Ni får nöja er med att vi plötsligt befann oss ombord och fartyget seglade ut ur hamnen, med en fart som jag inte tror att de små japanska nötskalen till båtar skulle kunna prestera.

18. Ett hopp till Cirkassierna

Bico stod hårt tryckt i min famn. Jag vågade inte släppa honom men blev tvungen, eftersom jag inte var så fast i hullet ombord på den här skutan. Bico var människa men det var inte jag, inte nu i alla fall. Monja kom i ilfart och tog hand om pojken. Vad kunde Maorion ha för planer nu? Jag frågade honom.

"Just nu håller vi på med att försöka bli av med förföljarna," smålog han och jag tittade akterut. En hel flotta av de små japanska båtarna flög snabbt som vinden efter oss, och om det inte hände ett underverk skulle de snart vara ikapp oss. Jag tittade frågande på Maorion.

"Blunda och håll i dig! Snabba på och säg det till de andra," ropade han och jag fick bokstavligen eld i baken. Nere i kajutan skrek jag åt Monja, Bico, Shala och Tilla att blunda och hålla i sig. Knappt hade jag skrikit mitt budskap så verkade det som om hela fartyget gick runt. Det måste ha gjort en helomvändning och flugit upp i luften och det krängde förskräckligt, som om det var utsatt för en tornado. Vi blev rädda. Jag tror att vi tuppade av, åtminstone tillfälligt.

Jag minns inget mer förrän Maorion ropade att vi kunde komma upp på däck. Där seglade vi i allsköns ro mitt ute på ett ljuvligt blått hav i lagom bris. Inga förföljare någonstans.

"Hur bar du dig åt och vart är vi på väg?" frågade jag.

"Till den här planetens Kaukasus," svarade han glatt. "Varför tror du att ni har fått mig till kapten på den här resan? Jag är väl förfaren i magi, min unge vän. Den använde jag mig av, annars hade vi råkat illa ut. Nu ska vi besöka de gamla cirkassierna, en fantastisk kultur från Kaukasusområdet. Les extremes se touchent!" (Ytterligheterna berör varandra)

"Ja sannerligen," suckade jag. "Men det ska bli skönt med den majestätiska natur jag förmodar finns där. Det var vackert hos japanerna, men samtidigt skrämmande."

"Du har mer rätt än du anar," nickade Maorion, medan land började skönjas vid horisonten. Ju närmare vi kom, desto mer bergig föreföll kusten. Det dröjde inte länge innan vi gled in mellan två höga berg och fortsatte resan mellan berg hela tiden, samtidigt som vattnet var det klaraste och blåaste jag någonsin skådat. Det fanns ingen annan utsikt än bergväggar och ändå kändes det inte enformigt. Bergväggarna glänste fuktiga i olika nyanser av brunt, gult, rostfärg, dimblått och grönt. Kanalen var bara ca sex meter bred och krökte sig mjukt så att det var omöjligt att se långt framöver. Men någon gång måste den ta slut, tänkte jag högt. Bico hängde över relingen och Monja höll honom ängsligt i skjortan. Han vände sig om och skrattade.

"Vilket bra sätt att skydda sig för främlingar," anmärkte han och jag förundrades åter över hur smart grabben var. Den här kanalen var en enastående försvarsanläggning. Ingen kunde vara särskilt sugen på att äntra de kala, våta klipporna. Men någonstans måste de ju ta slut.

Lika plötsligt som vi seglat in i kanalen, lika plötsligt öppnade den sig mot en hamn. Hamnen var också omgärdad av höga klippor och det fanns visserligen en lång stenbrygga men också en lång, låg mur, som löpte från berg till berg. Kom man inte in genom den så kunde man säga adjö till den här visiten. Det liknade ingen hamn vi förut sett. Vi förtöjde båten och klev upp på bryggan. Fem vuxna och ett barn tågade sakta mot den låga muren. Jag kände hur jag fylldes med mänsklighet, eller vad jag ska kalla det. Varje gång vi landsteg blev Shala och jag så att säga mer "köttsliga". Hur det var med Maorion vet jag inte, jag blev inte klok på den karln fastän han var underbar. Det är något oförutsägbart förtrollande med trollkarlar.

En man kom ut genom en port mitt i muren. Han ställde sig bredbent med händerna i kors över bröstet och tittade på oss. Han var klädd i en lång ljus kappa och en hög skinnmössa, en sådan som kosackerna har. Han var ljus i hyn och svarthårig, med klara blå ögon. Maorion smålog och bugade sig för honom. Mannen bugade sig tillbaka, men gjorde ingen min av att stiga åt sidan. Till slut frågade han Maorion något - kanske vilka vi var och vad vi ville. Maorions svar på hans eget språk tycktes förvåna honom. Han bugade sig en gång till och steg åt sidan så att hela vårt sällskap kunde stiga in genom porten. Där öppnade sig ett annat landskap.

Bergen hade klivit åt sidan och blottade en dal. Det var en vacker dal, en blomstrande grön dal, där en å klöv grönskan på ett betagande sätt. På båda sidor om ån fanns det hus, och gammaldags broar av murade stenar ledde över ån här och där. Husen var uppförda av avbarkade trädstammar, sammanfogade med lera och flätverk och varje hus hade en stor veranda. På verandorna satt människor, de var tydligen mötesplatser för invånarna, för det var mycket sång och prat och musik i luften. Vi såg vackra människor, alla ljushyllta och med mörkt hår. Kvinnorna hade mycket vackra kläder, mest långärmade klänningar med broderier som glänste av pärlor och stenar. En del bar höga huvudbonader med schalar över. De flesta såg välbärgade ut. Alla män bar de långa kapporna i olika dova färger, men inte alla hade huvudbonad. De flesta hade skägg.

En man kom emot oss. Han hade en vinröd kappa, översållad med guldbroderier. Och i handen hade han en stav, som vid närmare granskning var en slags lång sabel. Det märkliga var att han bar små orgelpipor i ett bälte över bröstet - men vid närmare granskning var det patroner. Skjutvapen fanns alltså i den här byn. Han hade en lång, gammaldags pistol fastgjord vid bältet. Han såg mina blickar och smålog. Munnen, som var dold i mängder av svart skägg precis som ansiktet, blottade en rad små jämna vita tänder. Han hälsade på oss genom att räcka upp händerna i luften, därefter göra en kort bugning och till sist tog han Maorion i famn. Därefter var det min tur. Damerna tittade han inte ens på. Ännu en kvinnoföraktare, tänkte jag argt. Några kvinnor som gått bakom honom omslöt vår kvinnor- och barnavdelning och förde bort dem.

"Det finns skjutvapen här," sa jag högt och mannens leende blev ännu bredare.

"Det är något som vi förde med till jorden," svarade han på ett språk som jag som vanligt förstod utan att kunna det. "Ni är välkomna till mitt hus. Det står till ert förfogande."

Artig var han i alla fall. Han ledde oss till ett av timmerhusen och Maorion hann viska till mig:

"Det är cirkassiernas härskare. Det är ett gästvänligt folk och vi får säkert träffa våra damer snart. Var inte orolig för dem. Härskaren önskar oss välkomna till sin by och erbjuder oss mat och husrum till i morgon. Jag uttalade lite rekommendationer som han gillade, därför inbjöd han oss."

Vi hade förut på vår resa sett husen placerade i cirkel och det var likadant här. Jag tror att i de gamla kulturerna ansågs det som en trygghet att bygga husen i cirklar. Dels kom människorna varandra närmare, dels kunde man innesluta sina gudar på ett bättre sätt. På det här stället inneslöt man sina kreatur i stället, både hästar och kor. Nästan hela dalen försvann i den jättestora cirkeln. Runt alltihop hade man byggt en mur av flätverk och lera och den muren gick ända ner till stranden.

Härskaren bjöd oss att stiga in i huset. Det var något större än de andra och hade en vimpel på taket. En massa människor rörde sig fram och tillbaka därinne. Härskaren, som hette Ahrmud, intog högsätet vid det långa bord som sträckte sig längs hela rummet. Hans stol var rikt skulpterad och hela ryggen var stoppad med vinröd sammet som var flätad på ett konstfärdigt sätt. Tydligen var detta folk skickligt på att göra flätningar och snoddar, för sådana förekom överallt. Det hängde märkliga målningar på väggarna, inramade i flätor av silke eller tjockt ylle, beroende på tavlans storlek och utförande. Ahrmud såg att jag betraktade konstverken med stort intresse.

"Målningarna är från vår forntid som likaledes är vår framtid," upplyste han mig med ett artigt smil. "Våra konstnärer har en förmåga att uppleva både baklänges och framlänges på ett ganska intensivt sätt."

Hur kan man göra det? tänkte jag, men vågade inte fråga. Det kunde säkert Maorion berätta om senare. Jag fick annat att tänka på när maten bars in. Den var så konstnärligt utformad att varje fat var en tavla. Det fanns både vegetariskt och fisk och fågel, men kraftigare kötträtter såg jag inte till. När jag tänkte efter så hade vi haft tur när det gällde maten överallt där vi hade varit. Lukulliskt sett var det en förnämlig resa!

När våra flickor äntligen kom in i rummet och placerades vid andra ändan av bordet, kände jag mig ganska belåten. De hade blivit omklädda och Tilla och Shala var som vanligt förtjusande i sina broderade klänningar. Till och med den runda Monja var till sin fördel och jag såg att några av herrarna intresserat beskådade nykomlingarna. Också Bico hade fått en långrock, något som han inte verkade uppskatta. Han spatserade fram till oss och drog och nöp i rocken. Den var naturligtvis obekväm för ett barn. Maorion gav honom en sträng blick och satte honom mellan oss, så att vi skulle kunna vakta på honom. Han var alltför ofta upplagd för bus.

"Den spillra av oss som finns kvar på jorden är åtskilligt utspädd," berättade Ahrmud. "Men när cirkassierna upplevde sina första jordevandringar så var det ett ädelt folk. De hade fått med sig många av våra sedvänjor härifrån. Jag är en pschi, en hög aristokrat, och några av oss besökte jorden för att upprätthålla vårt samfund. Jag var där i några år och byggde upp systemet. Jorden är ganska lik vår egen planet och det finns få planeter i våra universum som har en sådan natur som där. Vi fann snart de rätta trakterna för oss att vistas

i. Vi har en vasalladel, usden, som härskar över en lägre adel. Det finns flera olika dalar här runt omkring, där de som har lägre börd bor och arbetar. Den lägsta adeln heter tschofokotl och under dem finns de fria bönderna, tokav. Detta är vårt system här, men på jorden höll det inte i längden. Vi splittrades och delades upp i klaner och det uppstod stora skillnader mellan de olika blodssläkterna. Det förekom blodshämnd och allehanda stridigheter som vi inte har här. Familjefäderna på jorden sålde sina döttrar till höga priser. Här sätter vi kvinnan högt och lyssnar på hennes råd. Men hon är också begåvad med anlag som männen inte har. Dem har vi tagit vara på."

"Så krutet är uppfunnet här?" frågade jag och pekade på hans pistol. Han nickade.

"Många uppfinningar som ni tror att ni är ensamma om på jorden är redan omoderna på planeterna i detta universum. Många nya uppfinningar finns också, men ofta tycker vi bättre om de gamla sätten att arbeta på. Djuren måste få uppgifter, annars blir det alltför mycket villebråd och det är inte bra. Intelligenta djur ska stimuleras, inte hållas tillbaka. Naturen behöver djuren men på jorden används de numera i mycket liten utsträckning, i varje fall jämfört med hos oss. Nu ska vi ha roligt!"

Han klappade i händerna och genast hördes musik. Det var musik från diverse stränginstrument och det klingade mycket annorlunda mot den himmelska musik jag numera vant mitt öra vid, men också vackert, mycket vackert. En lång rad med unga kvinnor, insvepta i slöjor, tågade in i salen. De började dansa. Det var en utsökt dans, där slöjorna fördes i rörelser som bildade olika mönster. Det var oerhört vackert och stämningsfullt. Jag började gilla cirkassierna. Vacker musik, god mat och sköna, dansande kvinnor! Vi drack dessutom ett utmärkt gott vin.

Jag märkte inte att Maorion iakttog mig med en min av blandad oro och skratt. Jag märkte inte heller att jag blev allt livligare och gladare. Jag tog Bico i handen, steg upp från bordet och började dansa mitt bland dansöserna. Jag måste erkänna att jag blev väldigt exalterad av alla de vackra formerna bakom slöjorna. Musiken ljöd sinnligt inbjudande så att min mänskliga kropp blev ... mänsklig! Jag sträckte ut händerna för att få tag i någon frestande utskjutande del, men dansöserna höll sig skickligt undan mina ganska klumpiga fingrar. Maorion och härskaren utbytte en blick av samförstånd. Tilla och Shala fnittrade hysteriskt, men Monja tittade ogillande på sin skyddsling, som genast fattade galoppen och dansade runt i yr, trotsig glädje. Skillnaden mellan honom och mig var dock ganska stor: han dansade i spontan barnslighet, jag dansade i fyllan och villan! Slöjdansöserna omkring oss stördes förstås av detta oväntade utbrott och de försökte dämpa mig med sina slöjor. Jag snärjdes i luftiga tygveck och det dröjde inte länge förrän jag låg och sprattlade på golvet.

Sedan minns jag bara att jag låg i en säng och Monja förde bort en vilt sparkande Bico. Jag somnade så fort att jag var totalt ovetande om den uppståndelse mitt tilltag vållat. Som väl var hade Ahrmud humor. Han vinkade åt Maorion att sätta sig på en hög dyna vid elden och bjöd honom att röka vattenpipa. Att röka vattenpipa tillsammans med härskaren var en stor ynnest. Därefter berättade Maorion för honom om mig och om vårt uppdrag. Härskaren erkände att jag hade fått extra starkt vin, för han ville se hur det verkade på mig. Om jag ska vara ärlig så tror jag att han ville undersöka hur en ängel reagerade på vinet - vilket inte var särskilt snällt av honom.

När jag vaknade nästa morgon hade jag väldigt ont i huvudet. En tjänare bjöd mig på härskarens befallning en dryck som var en kraftig återställare och jag fördes till ett bad som fanns i byn. Det var en varm källa som sprungit upp ur jorden, och det var därför byn byggdes just här. Både människor och djur badade i den källan och ändå var vattnet gnistrande klart. Maorion och härskaren klev just upp ur vattnet när jag vinglade ner i det med huvudet före. Kvinnor och män badade olika tider. Jag simmade en lång stund under vattnet och hoppades att de två herrarna hade gått när jag dök upp. Jag skämdes så.

Vid kanten av källan var stolar uppställda för härskaren och hans sällskap. Maorion vinkade åt mig att sätta mig bredvid dem. Insvept i en varm handduk och med det våta håret rinnande i ögonen knäböjde jag för härskaren och bad om förlåtelse för mitt uppförande kvällen innan. Det besvarades med ett hjärtligt skratt. Ahrmud reste upp mig och det var ingenting annat att göra än att sätta sig bredvid honom.

"Jag ska be dig om förlåtelse," sa Ahrmud och såg mig in i ögonen. Hans ögon var bruna och skiftade lite i grönt. "Vinet var starkt och jag hade beordrat det. Jag gillar utmaningar och jag anser att en ängel som dricker av det vinet är en sådan."

"Vi är två änglar," anmärkte jag torrt. "Shala är lika mycket ängel som jag och ännu mer. Då förlåter vi varandra, Ahrmud, så är det hela utagerat. Vi ska åka vidare i dag och får tacka för oss."

"Inte riktigt än, Jan," avbröt Maorion. "Jag har lovat att vi ska se på sportuppvisningar om en liten stund. Cirkassierna är fantastiska ryttare och de har mycket ädla turneringar med olika vapen. De påminner om riddarnas, men de är inte så ensidiga."

En kopp starkt kaffe hade suttit bra, men den ädla drycken var inte känd i dessa delar av universum. I stället fick jag en annan dryck och några brödliknande frukter som gjorde mig helt återställd. Tillsammans med härskaren och vår kapten fördes jag därefter till något som påminde om en arena. På ena sidan satt männen och på den andra kvinnorna.

"Vi högaktar kvinnorna och hade gärna sett att de satt tillsammans med oss," anförtrodde oss Ahrmud. "Tyvärr har de själva valt damsidan, men vid huvudmåltiden kommer vi att sitta tillsammans i storsalen."

"Har du ingen hustru?" frågade jag.

"Jo, en riktig argbigga!" svarade Ahrmud skrattande. "Hon är intelligent som få och duktig med det mesta, men hon gör precis som hon vill. Hon kommer att presentera sig för er när hon själv vill. I mångt och mycket regerar kvinnorna här, vi män har andra uppgifter."

Kanske därför de har pistoler, tänkte jag. Men jag fick annat att tänka på. Ett makalöst skådespel utspelade sig på arenan. Män i färggranna dräkter på hästar som dekorerats med magnifika schabrak red in. En del av dem satt stolta i sadeln, andra stod på sadlarna, några utförde akrobatiska rörelser på hästryggarna. Det var som på cirkus, tänkte jag, och jag har alltid gillat cirkus. Men snart övergick det till fäktning. Ja faktiskt: två och två fäktade männen med lansar och svärd, stående på hästryggarna. Det har jag aldrig sett förut och det var faktiskt riktigt nervpirrande. Det gällde förstås att få motparten att tappa balansen så att han ramlade i marken. Det dröjde emellertid en bra stund innan en av männen ramlade av. Han måste lämna scenen med sin häst. De skulle fortsätta tills bara en var kvar, förklarade Ahrmud. Jag tänkte att det skulle bli långdragna tornerspel, och det blev det också. Det var ingen paus för de agerande, men vi blev bjudna på förfriskningar, vin och andra drycker och läckra bakverk. Jag drack inget vin. Småskrattande bjöd härskaren på en dryck som smakade som bärsaft, men mycket godare.

"Mina herrar, det är dags att hälsa på varandra. Jag hoppas att ni trivs med underhållningen."

Rösten kom bakifrån mig och när jag vände mig om stod en kvinna där, som var utomordentligt fager under ögonen. Hon var högrest och smärt, iklädd en mörkröd broderad klänning. Hennes ögon var isande blå och håret korpsvart. På huvudet hade hon en hög mössa med en glittrande slöja på. Bakom henne stod Shala och Tilla, som vanligt småfnittrande.

"Jag är härskarinnan Borina," fortsatte den stiliga damen. "När ni är trötta på det här spektaklet är ni välkomna tillbaka till vårt hus. Där serveras middag. Vi kan talas vid efter middagen."

Det var en befallning, inte en inbjudan. Jag tittade på Ahrmud, som nickade menande och uppgav en suck. Jag tror inte att kvinnorna styrde landet, jag tror att de delade på den bördan med männen, men kvinnan hade en mycket stark ställning hos cirkassierna. Vi tittade en stund till på de modiga, duktiga ryttarna. De avbröts då och då av slöjdans men fortsatte sedan lika vilt och hämningslöst. Endast tre män var kvar av tjugo när vi lämnade arenan.

"Jag har funderat på en sak," sa jag efter middagen, när vi satt bekvämt tillbakalutade framför den sprakande elden i den öppna spisen. "Vi har sett och hört mycket om cirkassierna, men har ni någon religion? Vad tror ni på?"

Det var Borina som tog till orda:

"Vi har en urgammal naturreligion. Vi har fester i speciella lundar här runtomkring för våra gudar, Schible, Tieps och Scosseros. En sådan fest ska vi ha i afton. Vill ni vara med?"

Jag såg på Maorion. Med tanke på vad som hände kvällen innan hade jag ingen större lust att deltaga i några religiösa orgier. Till min förvåning tackade Maorion ja.

Någon timme senare satt vi bänkade i en vacker lund, tillsammans med härskarinnan, flickorna och Monja med Bico. Det var mörkt men inte kallt. Lunden var upplyst av facklor och himlen var, bara den, ett praktfullt skådespel av miljarder stjärnor.

I mitten fanns ett altare av sten och en liten trappa ledde dit upp. Samma musik som vi hörde dagen före spelade nu mycket stilla och vackert. Mycket folk var församlade, både män och kvinnor tillsammans.

"Det här påminner mig om de gamla druiderna," sa jag och härskaren nickade.

"Det finns mycket gemensamt med dem," svarade han. "Vet

du varifrån de kom eller deras härstamning?"

"Någonstans i Frankrike," svarade jag. "Vid kusten, tror jag."

"Ser du något samband?" frågade härskaren vidare.

"Skulle cirkassiernas religion ha med druiderna att göra?" frågade jag. "Kaukasus ligger en bra bit ifrån både Frankrike och England."

"Jan, det här var mycket tidigare än den tid du tänker på," inflikade Maorion. "Vi talar hela tiden om ursprung, eller hur? Många gamla religioner har ursprung som är förknippade med varandra sen urminnes tider. Sedan har de av olika anledningar, förmodligen beroende på människors tänkande, skilt sig från varandra och bildat eget. Ofta har dock delar av den gamla kulturen och visdomen till en del funnits kvar."

"Menar du att druiderna är en sådan delkultur?" undrade jag förvånad.

"Folken vandrar," svarade härskaren. "Druidernas härstamning är höljd i dunkel. Nu får du skåda en delkultur av dem - eller vad tror du?"

"Håll i dig, Janne!" smålog Maorion. "Det finns ett etablerat samband mellan cirkassierna och druiderna som binds ihop av skyterna!"

"Nej," skrek jag, "det kan inte vara sant! Berätta!"

"Det ska jag göra," svarade Borina med en glimt i ögonen. "Kvinnorna har bättre reda på religionen än karlarna. Det som på jorden kallades för druidernas religion började här och ingen annanstans än här. Formen var inte likadan som den blev senare, med inflytande från så många andra folk, som skyterna, fransoserna och kelterna. Men det var och är en naturdyrkan från begynnelsen och den sker i eklundar. Här har vi inte likadana ekar som på jorden men som du ser är vi omringade av stora, vackra träd med löv som påminner om ekens.

Ni får snart uppleva en ritual som har funnits här i alla tider. Det var den som min make förde ner till jorden och som sedan förändrades där när den kom i händerna på olika kulturer. Druiderna, som här kallas drojder, var de sista att använda sig av den.

Jag berättade förut om våra tre gudar. De är de förnämsta fastän vi har många fler. Vi indelar dem inte efter årstider som druiderna gjorde. Vi tillber en i början på året, Schible, mitt på året kommer Tieps och mot slutet av året Scosseros. Den aktuella guden i dag är Tieps, eftersom här är sommar.

Våra tre högsta gudar hjälper vår stam att växa och utvecklas, var och en på sitt sätt. Schible ger oss kraft inför det kommande året. Han skänker liv åt sådden och grödan. Tieps ger oss värme och möjlighet att själva skapa det som är omöjligt när kylan kommer i Scosseros gestalt. Men även han bär på hemligheter, eftersom han är den magiske guden. Kraft, skapande och magi är riktlinjerna i vårt samhälle. Kraft och skapande överlåter vi åt kvinnorna, magin är männens avdelning."

"Årstiderna här överensstämmer alltså med jordens?" frågade jag. Kvällen var ljum men ändå ganska sval och jag såg att flickorna svepte om sig stora schalar, medan Bico somnat i Monjas knä.

"Nej," svarade härskaren. "Vi har bara tre årstider: början, mitten och slutet. Och det är kraft, skapande och magi ni ska få se här i kväll."

Han slutade lite abrupt, ty nu spelade musiken upp någon slags marschlåt. Från de bortersta träden kom ett långt tåg av vitklädda människor marscherande. I spetsen gick en liten ful gubbe. Alla utom gubben bar facklor. Hans vita kåpa släpade i marken, han var krokig och det bistra ansiktet hade tusen och åter tusen rynkor. Huvudet var runt och lite vitt hår hängde i glesa tovor över axlarna. Men när han kom närmare såg jag hans ögon. De var skarpa som hökens, klara och djupa. Och de utstrålade magi.

En tankeväckande ceremoni

"Hos druiderna kallas han för ärkedruid," viskade härskaren. "Hos oss heter han arkaion och är den högste andlige ledaren hos cirkassierna. Arkaionen leder alla våra religiösa ceremonier och han har magisk makt. Han är en riktig trollkarl, som ni strax får erfara."

Jag såg ett litet leende spela på Maorions läppar, men härskaren visste nog inte att vår kapten var en trollkarl. Arkaionen steg långsamt upp på det lilla podiet där altaret stod. Där ställde han sig, bugade sig lätt för oss och sträckte upp sin stav i luften. Två unga kvinnor, också de klädda i vitt, bar fram en bricka med frukter och en annan med blommor, som de placerade på altaret. Jag drog en lättnadens suck, för jag hade fruktat människooffer. Den vitklädda processionen hade ställt sig nedanför altaret.

Arkaionen ställde de båda brickorna på var sin sida av altaret. En ung, ljushårig flicka i processionen slängde av sig sin vita mantel och steg uppför trappan och fram till arkaionen. Han höjde sin stav och flickan hoppade - eller flög hon? - upp på altaret och ställde sig mellan frukten och blommorna. Hon var alldeles naken. Hennes ansikte var uppåtvänt och jag tyckte att hon verkade hypnotiserad. Arkaionen knäböjde framför altaret och ropade med en förvånansvärt stark röst för att komma från en så liten person:

"Hör du mig, store Tieps?" Flickan svarade i sjungande ton:

"Ja, vördade, jag hör dig. Jag är redo för offret."

Nu började jag rysa. Skulle den vackra flickan dödas framför mina ögon? Det tänkte jag inte gå med på. Ridderligheten svällde i bröstet och jag kände mig som en ung stridshingst. Jag tog tag i stolens armstöd för att resa mig, men Maorion hindrade mig.

"Ta det lugnt, Janne!" viskade han. "Flickan ska inte dö. Det här är symboliskt."

"Så ger jag ditt hjärta till Tieps!" ropade arkaionen med tordönsröst. Han bröt en röd blomma från brickan och satte den på hennes bröst. (Jag funderade på hur den kunde sitta fast.) Flickan sjöng:

"Jag skänker mitt hjärta till Tieps!"

Därefter ropade arkaionen ut de olika chakrana, där han på samma sätt fäste olika blommor. Han avslutade med en grann lilafärgad blomma, som påminde om en orkidé, uppe på hennes hjässa. Jag slutade oroa mig för att de skulle trilla av, de verkade fastklistrade på flickan. Sedan var det frukternas tur. Han gav henne ett äpple som hon bet i.

"Jag ger den bästa födan till dig, Tieps," gormade arkaionen så luften dallrade.

"Jag sväljer den bästa födan från det himmelska förrådet," sjöng flickan. Därefter följde en hel del frukter, flera av dem okända för oss. Varje frukt representerade olika inälvor. Hon bet en bit i dem och kastade sedan återstoden bakom sig. Där fångades den upp och åts ivrigt av deltagarna i processionen. Tydligen fanns det nötter på brickorna, knäckta nötter och mandlar. De representerade olika delar av skelettet. Sedan gick det likadant med dryckerna. En kvinna bar fram små bägare, stora som fotlösa nubbeglas. Flickan på podiet svalde dem en efter en. Varje gång sjöng hon innan hon tömde glaset. En bägare var för blodet, en annan för andra vätskor i kroppen och den sista var för det livgivande vattnet.

Fast vatten var det nog inte i någon av bägarna, tänkte jag när jag såg hur flickan plötsligt började röra sig på ett mystiskt sätt. Kroppen ormade sig i otroliga ställningar, det gyllene håret stod som en sky omkring henne och hon uppvisade ett gymnastiskt register som en ormmänniska skulle avundas henne. När flickan gjorde saltomortaler, som fick henne att sväva långa stunder i luften, förstod jag att det var mycket magi med i spelet. Arkaionen följde uppvisningen med stor koncentration. Ibland höjde han staven, särskilt när flickan svävade.

"För länge sedan var detta en mycket grym ceremoni," sa Borina. "Kvinnorna tog itu med det, eftersom inga mödrar med glädje vill se sina döttrar sönderskurna och slaktade som boskap. Vår dåvarande arkaion byttes ut mot en mindre blodtörstig herre och så småningom utformades den här ceremonin. Vi har bytt ut mord mot magi. Det händer, vid mindre ceremonier, att djur "offras". Det går till på liknande sätt sedan vi infört en lag mot ceremoniellt dödande. Vi är en mycket fredlig stam och våld och dödande får endast ske om stammen är illa hotad."

Den unga flickan var nu färdig med sina ormrörelser. Hon steg ner från podiet, medan man kastade ett gult pulver på hennes svettglänsande kropp. Pulvret var guldsand! När flickan till slut kom fram till oss och knäböjde inför Borina och härskaren, såg hon ut som en gyllene staty.

Efter detta följde ett trolleriprogram där arkaionen visade prov på en magi som översteg allt jag sett förut. Det skulle ta flera sidor att beskriva för läsaren vad vi såg, men det hinner vi inte. Vår lille man Bico vaknade och såg med stora förundrade ögon på den otroliga magiska föreställningen. För en gångs skull var han tyst och stilla. Doften av rökelse och den härliga musiken fyllde nattens rena luft. Tusentals facklor brann och bärarna svävade omkring och bildade olika mönster. Det var en förtrollad afton.

När nästa morgon slog upp sina klara ögon och en svag bris lekte i trädens toppar var vi redo att ta avsked från denna trolska stam. Aldrig skulle jag glömma den kvällen hos cirkassierna och jag tänkte länge på att stränghet och ordning inte behövde betyda tristess eller ofrihet. Det var faktiskt svårt att ta farväl av både Borina och Ahrmud och vi måste lova dem att komma tillbaka - någon gång. Tillbaka på båten gled vi stilla iväg i den smala passagen mellan bergväggarna. Båten hade lastats med härliga grönsaker, frukter och vintunnor medan vi var i land. Och nu var vi på väg till den sista kulturen innan vi begav oss till målet för vår resa: Vingmakarna i Centrala Universum.

19. Baskerna

"Ska vi verkligen till baskerna?" frågade jag när Maorion upplyst oss om nästa mål för resan. "Jag använde basker på huvudet väldigt mycket på jorden. Det är det enda jag vet om baskerna och det kan väl inte ha med gammal kultur att göra."

"Det är inte baskern vi ska härleda," smålog vår kapten. "Baskerna härstammar från Atlantis på jorden och från ett liknande land på den här planeten. Du ska få se."

Det dröjde ett tag innan jag fick se. Vi plöjde havets vågor i ett par timmar innan vi blev ombedda att blunda. Jag skulle bra gärna ha vilja vetat vad Maorion hade för sig när vi blundade, men kanske det bara var en dimbank vi körde in i och kom ut på andra sidan i en annan tid. När man har lärt sig att kontrollera tidens olika kanaler och känner till de otaliga veck som finns i den, så är tidsresor kanske inte så konstigt som det låter. Jag somnade till som vanligt och vaknade av att lille Bico drog och slet i min ena hand.

"Kom Jan, så får du se!" skrek han upphetsat. "Vi är framme nånstans och det är ett väldigt fint nånstans ..."

Den här gången gick vi in i en mycket stor och vacker hamn. Det låg ett soldis över den och allting gnistrade och blänkte. När vår båt skulle angöras vid den långa bryggan, kom ett tiotal ljusklädda pojkar och ville hjälpa till. Alla log soliga leenden och blottade vita tänder i de ljusbruna ansiktena. Alla bar baskrar på huvudet: små, vita baskrar! Vi hoppade iland och vänliga händer sträcktes fram och en pojke tog tag i hela Bico och satte försiktigt ner honom på bryggan och gav honom en klapp på kinden. Dessutom tog pojken av sig sin vita basker och satte den på Bicos huvud. Vår lille grabb strålade. Det var ett vänligt mottagande!

Pojksvärmen omringade oss och visade med gester och rop att vi skulle följa dem. Vi kom iland och framför oss låg en jättehög klippa. En bred trappa ledde upp till klippans topp och massor med människor sprang upp och ner. Alla verkade glada och målmedvetna och hälsade på oss med vänliga gester. Trappan var så hög att det säkert skulle ta lång tid att komma ända upp, men pojkarna ledde oss till sidan om trappan. Ingen tror mig väl om jag säger att där fanns en hiss? Hissen påminde mig om de hissar man har på moderna byggen: alltså en bred platta med väggar på tre sidor, som man fick ställa sig på och som hissades upp ganska långsamt. Jag kan inte säga om den hissades med handkraft eller någon slags maskin, men upp kom den.

Däruppe låg staden. Vi var numera vana vid låga hus av ett primitivare slag. Dessa byggnader var knappast primitiva. Det var höga hus i många färger, byggda av en marmorliknande sten. Det var en tilltalande syn, inte minst därför att det fanns breda gator och parkanläggningar överallt. Vi fördes uppför en aveny, kantad av hus, gröna träd och springbrunnar mellan träden. Vi kom fram till en rund, moskéliknande byggnad och där ville pojkarna att vi skulle gå in. Den var omgiven av flera rader pelare och vi följde pojkarna mellan pelarna och genom en mosaikinlagd port i underbara färger.

"Ditt budskap har nått oss, käre Maorion!" sa mannen som tog emot oss. Det var en äldre man, klädd i en lång ljusgul kappa som var stel och styv av ornament och broderier. Han hade en lika stel, hög mössa och det enda man såg av honom själv var ett vänligt, rynkigt ansikte med grå ögon och ett par ivrigt gestikulerande smala händer. Mössan såg ut att vara en basker baktill med en hög broderad skärm framtill.

"Ni är välkomna till Atlantis vagga, ursprungskulturen som sedan blev moder till så många olika kulturer bland de jordiska. Ni har kommit till den del av vår planet som baskerna härstammar ifrån. Vi hoppas att ni får en angenäm vistelse här."

Han omfamnade Maorion först och sedan mig och det kändes väldigt stelt och bylsigt när den styva klädnaden trycktes mot min ljusa, lätta mantel. Därefter omfamnade han flickorna och Monja och lyfte upp Bico i luften och gav barnet en kyss på pannan. Jag kände mig en aning förvirrad av alla olika attityder vi mötte när vi gick i land i dessa enormt skilda världar. Samtidigt var det väldigt spännande att få erfara kulturernas skiftande ursprung. I det här fallet försökte jag sätta ett likhetstecken mellan baskerna här och i Spanien - men det var svårt. Hitintills var baskrarna det enda.

Mannen hette Euphem. Han styrde baskernas rike, som här hette Baskien och som var en del av en stor kontinent. Det tycktes vara ett välordnat och välbärgat land, som så många andra vi träffat på under vår resa. Ändå kändes det inte på samma sätt som t.ex. hos eskimåerna eller cirkassierna eller egyptierna, eller de andra fina platserna vi hade besökt. Jag vet inte vad det var - kanske saknades det magi.

Euphem hade ingen hustru men en dotterdotter, som han presenterade för oss. Hon hette Jaina och hon tog hand om Shala och Tilla. Jaina var en söt flicka med cendréfärgat hår. Hennes morfar var tydligen mycket förtjust i barn, eftersom han ville att Bico skulle vara med oss hela tiden. Monja fick vänta på sitt skötebarn i tjänarnas hus. Jag tror inte alls att hon uppskattade det.

Jag tänker inte berätta om mat och härbärge den här gången, eftersom det var bra på alla sätt. Det är svårt att jämföra den här staden med de andra vi sett. Även om min beskrivning av städerna kan förefalla likartad så är olikheterna väldigt stora. Jag kan likna dem vid skillnaden mellan en stor, hög laxpudding (med skirat smör som solsken, mmm!) och en rabarberpaj (med vaniljsås som blekt månsken). Så olika är faktiskt alla dessa städer.

Vi hade anlänt till baskernas rike mitt på dagen och klimatet var ljust och varmt. Berg hörde tydligen till deras kultur, eftersom vi såg berg åt vilket håll ögat än skådade. Det fanns många sjöar och havet låg därborta, där hamnen med alla båtar var. Det fanns ängar, men det var dåligt med skogar. Hästar travade omkring i den här kulturen också, så hästen är verkligen en gammal vän till människan. Djuren hade förstås olika utseende i de olika kulturerna, men det var inte stora saker som skilde dem från den nutida hästen. Baskiska hästar, mestadels svarta eller mörkbruna och stadiga, försedda med kraftiga sadlar med uppstående rygg, väntade oss nedanför staden. Vi åkte nämligen ner i en hiss på andra sidan berget. Där fanns också flickorna, Euphems dotterdotter Jaina och Bico, som sattes upp i sadeln framför Maorion. Monja hade tydligen stannat hemma. Innan jag hann fråga vart vi skulle, så bar det iväg med den gamle baskiske folkledaren Euphem i spetsen. Han kallade sig nämligen själv för folkledare.

Jag beslöt mig för att bara låta mig ledas. Eftersom vi alla var tillsammans så antog jag att vi skulle färdas till någon sevärdhet. Jag njöt av ritten över de granna gröna fälten och sedan ut på en väg, som ledde genom ett antal odlingar. De människor vi såg tycktes arbeta mycket hårt, ungefär som slavar, tänkte jag. Vänligheten och glädjen vi hade mött i staden märktes ingenting av på landet. Där hade man inte ens tid att hälsa på oss. Jag frågade Euphem varför det var på det viset. Han verkade lite besvärad av frågan.

"Här tycker människor om att arbeta," svarade han med rynkad panna. "Den som arbetar för att köpa marken som han brukar vill lyckas med det så fort som möjligt. Det är böndernas enda strävan, ändå är inte många av dem självständiga ännu. Kanske några tusen i hela landet. Jag brukar låta dem köpa mark efter fem års arbete. Då har jag sett vad de går för. En del håller på tio år utan att komma någon vart. De förblir tjänare."

Jag teg och tänkte på demokrati. Det var kanske inte värt att ta upp den frågan, det fanns ju många sätt att leda ett folk. Euphem verkade inte vara en tyrann i alla fall.

Vi hade kanske ridit en halv timme nu. Av vad jag mindes mig ha lärt om baskerna, så var en del av dem bergsfolk, en del fiskare. Men det var på jorden förstås. Något magiskt hade vi inte stött på - än. Det sa jag till Maorion.

"Magi finns inte överallt," svarade han. Leendet lekte i hans ögon, jag hade lärt mig tolka dem under den här tiden tillsammans. "Det här är ett jordnära folk, precis som baskerna på jorden. Men det är också ett frihetsälskande folk, människor som inte finner sig i alltför strama tyglar."

"Hur går det ihop med slavarbetarna på fälten?" undrade jag lite spetsigt.

"De är inga slavar," svarade han. "Du såg bara att de vände oss ryggen därför att de hade händerna fulla av arbete. De kryper inte för någon, de har goda löner och blir väl behandlade. Tro ingenting annat."

Landskapet förändrades. Vi red fortfarande på en väg, men det blev bergigare. Efter ett tag kom vi till en plats, där jag måste kväva ett vilt skri av häpnad och förtjusning. Vi kom fram till ett vattenfall som kunde vara Niagaras moder. Det var enormt. Vattnet föreföll störta rakt ner från himlen. Man såg bara en strimma himmel däruppe, där vattnet virvlade upp stora tunga skyar av mångfärgade vattenpärlor. Maorion förklarade att de underbara färgerna hade att göra med vattnets höjd i förhållande till himlens spegel. Jag begrep inte ett dugg, men tydligen fungerade den lilla himlastrimman som ett prisma. Vackert var det i alla fall. Vi steg av hästarna och gick fram till fallet. Det fanns räcken hela vägen på den branta stig som ledde högt upp mot de dansande vattenmassorna. Trots att detta var ett verk av naturen själv, stod vi alla i stum häpnad inför denna oerhörda skönhet.

Jag tänkte just fråga Euphem om denna plats var vårt mål, när den gamle folkledaren leende vände sig om och sa:

"Ni har säkert sett vattenfall förut, även om detta hör till de största i kosmos. Men det är inte bara ett vattenfall, det är också en

tummelplats för våra genmästare. Titta nu!"
Han pekade på en smärt man som stod lite högre upp. Han höll ett silverglänsande nystan i handen. Med en elegant rörelse hävde han sig upp på tå som en balettdansör och kastade nystanet rakt över fallet. Vi såg den lilla glittrande punkten snabbt och smidigt fara rakt över vattenmassorna och ta fäste i ett klipputsprång på andra sidan - så långt bort att vi bara såg en liten glittrande punkt, inte större än en pingpongboll. Vad som sedan hände var ännu mer häpnadsväckande.
Genmästaren svingade sig ut över fallet. Han höll i den trådtunna silverlänken och halade sig bort genom de sprutande kaskaderna med en fart på säkert 220 km i timmen! Vi hann inte blinka förrän han stod på andra sidan och tog upp det lilla nystanet, som såg ut som en pärla i hans hand. Han vinkade till oss och svingade sig åter ut över fallet. Manövern upprepades tillbaka till de få meterna ovanför oss. Han bugade sig djupt för oss när han stod på fast mark. Jag drog en djup suck av lättnad.
"Tomu har övat sig på detta sedan han var barn," förklarade Euphem. "Nu ska ni få se hans tvillingsyster i ett annat vattennummer. De båda syskonen är våra förnämsta akrobater och jag är mycket fäst vid dem."
Tomu lutade sig baklänges över räcket och vinkade till någon som kom farande högt däruppe vid himlakanten. Först såg man bara ett mörkt huvud. Mitt i vattenfallet, på översta "hyllan" stod den unga kvinnan med utbredda armar. När Tomu vinkade åt henne så störtade hon sig handlöst ner. Ut och in i det väsande skummet hoppade hon och hjärtat stod still i halsen på mig. Flickebarnet skulle strax omkomma, det kunde inte gå på annat sätt. Men titta, där hoppade hon upp som en delfin i en vid saltomortal som visade en tättsittande silverfärgad baddräkt med långa ben. Hon flög över vattnet och störtade ner i nästa del av vattenfallet. Återigen kom huvudet upp och det långa svarta håret flöt omkring hennes silvriga axlar. Ännu var hon för högt upp för att vi skulle kunna urskilja hennes ansikte. Tomu kastade en röd boll till henne. Den fångade hon skickligt upp, och tack vare den kunde vi hela tiden följa hennes rörelser. Bollen flöt runt i spiral och vi förstod att flickans händer var med. Det gick fort nu, spiralen skruvade sig utför mitten av fallet.
"Det här är otroligt," mumlade jag medan Shala och Tilla hängde över räcket som ett par hösäckar och Jaina stod bakom dem och storskrattade. Jag tyckte verkligen inte att detta var något att skratta åt, flickan därute svävade ju hela tiden i livsfara.

Nu hade hon nått botten och nu sällade jag mig till hösäckarna. Den röda bollen hoppade upp och ner som en guttaperka, men jag såg inte det svarta håret längre. De våldsamma vågor som uppstod när vattenpelaren nådde botten måste kunna skada flickebarnet till döds. Jag tog tag i både Tilla och Shala som om jag behövde tröst. En sådan fånig situation: ängeln Janne bestört och ängslig för en vilt främmande akrobatflickas skull!

Under tiden vi stod där och kikade efter huvudet med det mörka håret, mörknade det. Det blev mycket hastigt korpsvart i det här landet. Och nu kom nästa skådespel. Den röda bollen var självlysande och nu såg vi den igen och det mörka flickhuvudet som en skugga intill den. Jag andades ut. Men nu hade något annat hänt. Facklor var tända hela vägen både på vår sida om fallet och på den andra sidan. Med ungefär en meters mellanrum flammade facklorna. Skepnader i mörka kläder höll i dem, säkert hundratals fackelbärare. Till vår häpnad såg vi också facklor mitt i fallet, facklor i en lång rad. Inga människohänder höll dem, de var fastgjorda vid en jättelång repstege av något flytbart material. Den röda bollen lyste i flickans uppsträckta händer när hon på lätta fötter dök upp på repstegen och sprang uppåt snabbare än en hind. Förmodligen måste springandet ske så fort att inte stegpinnarna sjönk under hennes fötter. Det såg ut som om hon var gjord av luft. Vi såg henne knappast mer än som en silverstrimma som snabbt steg uppåt, mot fallets högsta punkt, där himlen avslöjade sitt tunna streck med en riklig mängd stjärnor.

Högst upp och mitt i fallet stod nu Tomus syster med en lysande röd boll i vardera handen. Tomu tog fram sitt silvernystan och slängde det till henne. På något mystiskt sätt gjordes det fast så att en tråd blev spänd mellan platsen där vi stod och flickan. Hon började gå på silvertråden. Med båda armarna utsträckta och fortfarande med de röda bollarna i händerna, gick hon som en lindanserska raka vägen fram till den plats där hennes bror stod. Hur hon hade lyckats gå på den tunna tråden var fullkomligt omöjligt att begripa, men det hade hon. Och nu stod hon leende framför oss i silverkostymen.

"Jag heter Tomasine," sa hon. "Välkomna till Baskien."

Ovanlig forskning

Det var svårt att slita sig från vattenfallet, facklorna och de viga tvillingarna. Euphem började återfärden i sakta mak, för vi vände oss om hela tiden när vi följde vägen utefter vattenfallet. Vi passerade fackelbärarna som stod tätt och den fackelförsedda repstegen mitt i fallet låg fortfarande kvar. Tvillingarna var försvunna. Bico, som gick mellan mig och Maorion, babblade hela tiden på. Han ville ha praktiska förklaringar till akrobaternas uppträdande, vilket var svårt att åstadkomma. Var det någon slags synvilla som Euphem hade åstadkommit? Nej, Maorion försäkrade oss att det var riktigt.

Naturligtvis hade tvillingarna använt sig av schamanska kunskaper och väldigt avancerade sådana, tänkte jag. I de här världarna skulle man nog inte fundera alltför mycket över de mirakel man upplevde. Jordemänniskan är egentligen väldigt enkelt funtad och ovillig att utveckla de möjligheter som vi alla har inom oss. Det var något som alla mina lärare hade inpräntat i mig. Men Euphem hade kallat Tomu för genmästare. Det ordet hade jag aldrig hört förr. När vi efter en utsökt måltid satt och pratade i den ljumma nattluften, passade jag på att fråga om genmästarna.

"Det är ett intressant ämne," nickade Euphem. "Du vet kanske att det går att manipulera generna både hos växter, djur och människor? Man kan få t.ex. en grönsak att bli större och saftigare. Det är det vanligaste sättet att påverka generna. Vi har ett forskningslaboratorium här på planeten, närmare bestämt på det ursprungliga Atlantis. De förmedlar sina forskningsresultat till alla stammar eller folkslag som bor här. De håller på med genmanipulering..."

"Det var väl en av de saker som blev Atlantis undergång på jorden?" avbröt jag. Han nickade.

"Men så är det inte här. Våra forskare ställer inte till med de problem ni har haft och kommer att få på jorden. Vi löper linan rakt ut och undersöker vilka följder vår forskning kan få både i de enskilda fallen och när det gäller mångfalden. Vi har kommit ganska långt. Naturligtvis har misstag förekommit, men inte värre än att de har gått att rätta till.

Det finns en avdelning på laboratoriet som enbart sysselsätter sig med barn. Tvillingarnas mor var min brorsdotter och nära vän till min dotter, Jainas mamma. Min dotter arbetar på just detta laboratorium, som befinner sig på en annan del av planeten. På den tiden levde också min djupt saknade hustru. Tvillingarnas mor var mycket sjuk när hon födde dem. Barnen var underviktiga och vi trodde inte att de skulle överleva. Vi har särskilda regeneratorer för sådana barn och det är apparater som verkligen räddar liv. Tvillingarnas liv räddades i en sådan. Men vad vi inte var medvetna om, det var att i just den regeneratorn hade det uppstått ett fel. Det var inte påvisbart, inte synligt och egentligen inte farligt. De båda barnen fick genom den maskinen dels livet tillbaka, dels en uppsättning gener som inte är vanligt förekommande hos människor. Det är en genmolekyl som påverkar dels balanssinnet, dels förmågan att använda musklerna i kroppen på ovanliga sätt. Vi upptäckte inte detta på en gång, barnen hann bli ungefär året när vi märkte att de betedde sig konstigt. De böjde sina kroppar i omöjliga vinklar och de balanserade på smala utskjutande lister överallt där sådana fanns.

Vi förhörde oss med sjukhuset. Det fel som apparaten hade uppvisat hade lagats och man ville inte skrämma oss med att tvillingarnas gener kanske kunde ha påverkats. Min hustru var mycket upprörd, för att inte tala om min brorsdotter. Men så småningom visade det sig att de främmande generna var till glädje. De hjälpte dessa två påhittiga och äventyrliga barn att överleva alla halsbrytande lekar och upptåg. Men det är också en annan sida av den här genleken. Barnen måste få lov att ge sig ut i äventyren. Generna påverkar dem så starkt att om de inte får utlopp för sin energi så dör de. Det är nackdelen. De har alltså med tiden blivit våra alldeles egna akrobater och det är därför jag kallar dem genmästare."

"Tänk att det finns sådana konstiga grejer!" utropade Tilla. "Jag önskar att jag hade varit ett sådant barn, då kanske jag sluppit bli esklamp."

"Då hade inte vi träffats," påpekade Shala förnuftigt. "Jag tror att allting sker som ska ske. Samtidigt tror jag att vi har möjlighet att påverka våra liv om vi bara vill. Det har du gjort, Tilla. Det går bara om ingen rädsla finns. Rädslan är vår fiende nummer ett".

Bico hade nog inte förstått så mycket av Euphems berättelse, för han hade som vanligt somnat i Monjas knä. Jag funderade ett tag, sedan frågade jag:

"Kan man få titta på det där forskningslaboratoriet?"

"I morgon," svarade Euphem. "Ni kommer nog att tycka att det är eoner ifrån kunskapen hos de basker som finns på jorden.

Deras jordiska ursprung räknar sig från grottfolken. Det kunde ni väl inte ana? Om ni tänker er tillbaka till istidens slut, så fanns det flera grottor i baskerlandet och där vet man att det fanns en kultur som kallas den franko-kantabriska. Jordens vetenskapsmän har kommit fram till att denna märkliga grottkultur var baskernas föregångare. Dessutom har man upptäckt att det var intelligenta människor som bodde där. De hade ett eget språk och de både skrev och tecknade på grottväggarna. Vi vet här att detta är rätt. Vi sände ner själar härifrån till jorden och hoppades att de skulle återuppbygga något av den kultur som finns här. Så blev det inte. Minnet av ursprunget var förstås näst intill utplånat hos dem och de måste börja från början. Återstoden av den kunskap som fanns kan man se på grottväggarna."

"Kan du berätta något om deras religion på jorden?" bad jag.

"De flesta baskerna bodde, sedan de hittat ut ur grottorna, i isolerade bergssamhällen. De hade många gudar: Andere, Neskato, Gizon, Leherenn och Baigorrix. Vi vet inte här varifrån dessa märkliga namn härledde sig. De vördade elden och det gör de fortfarande både här och på jorden. På något sätt hade traditionen om den renande elden fått fotfäste i deras själar. Vid dödsfall tände de en renande eld vid dödshusets närmaste korsväg. När ett barn tappar en tand kastar man än i dag tanden på elden för att barnet ska få en ny tand. Men nu tror jag att det är dags för oss att dra oss tillbaka. Vi startar tidigt i morgon."

Och nästa morgon kom, med gråväder och regndis i luften. Efter frukosten, som vi serverades på våra rum, samlades vi i stora hallen. Euphem och Jaina visade oss en nedåtgående trappa som fanns mitt i hallen.

"Ska vi inte rida i dag?" frågade Shala som tyckte väldigt mycket om att rida. Jaina skakade på huvudet.

"Det är för långt," svarade hon. "Vi måste ta tunnelflyget. Följ mig."

Jag gnäggade förtjust inom mig. Tunnelbanan i Stockholm kände jag bra, men att åka tunnelflyg var en ny upplevelse. Tydligen hade man kommit ett steg längre än på jorden i det här märkliga landet. Vi gick ner för den långa trappan och kom fram till något som i varje fall liknade en tunnelbana. Men det fanns ingen räls nersänkt i perrongen. Det fanns flera plattformar som låg bredvid varandra och på dem stod skyltar med Tunnelflyget 1, 2, 3 osv. Farkosterna var ovala skepp, som små zeppelinare, med plats för ett tiotal passagerare. Vi fyllde ett sådant skepp som Jaina förde oss till.

Jag kunde inte låta bli att undra hur vi skulle kunna flyga utan att befinna oss i luftrummet. Det fick jag strax erfara.

Vårt skepp lyfte rakt upp i luften inne i tunnelhallen. Vi hann inte mer än se att vi kom upp några meter och hade några meter kvar till taket, så sa det squisshh och skeppet satte iväg med blixtens hastighet. Det dröjde ungefär en halv timme så landade det, som det föreföll, i samma tunnelhall. Det kunde det förstås inte vara. Vi gick uppför en trappa och befann oss på en stor öppen plats. Jag hojtade till. Tro mig eller inte, men så långt ögat kunde skåda fanns det skyskrapor. Euphem såg min häpnad och hörde mitt utrop. Han lade sin hand på min arm.

"Det här är också skyskrapornas världsdel," smålog han. "Det finns sådana här och var i universum, men de fanns inte på jordens Atlantis. Folket som bor här har saknat berg, som vi har gott om på vår sida av planeten. De började bygga höga våningshus i stället, som sedan växte till skyskrapor. Det blev en tävlan bland det här landets byggherrar. Men när dessa enorma byggnader var färdiga visade det sig att de var ganska praktiska. Forskningen fick äntligen plats. Här finns skickliga forskare och konstruktörer från hela planeten. Nu går vi direkt till genavdelningen för barn."

Vi dök in i en av skyskraporna och tog plats i en hiss, som faktiskt var en riktig hiss. Hur den hissades upp och ner vet jag inte, men den besegrade tydligen tyngdkraften trots att den inte hade några vajrar. Jag räknade till tjugo våningar innan vi stannade.

Vi kom in i ett stort rum med en massa folk i arbete. Alla var klädda i hellånga pastellfärgade skjortor och vi måste också ta på oss en sådan. En lång mager kvinna guidade oss runt. Det är svårt att förklara vad vi såg, eftersom forskningen på jorden inte har kommit så långt och det finns inga ord som jag kan använda för alla de försök och undersökningar vi skådade. Jag fick se regenerationsapparaterna för missbildade och för tidigt födda barn och dessutom följa en baby som var ynkligt liten och i dåligt skick. Den lilla flickan stoppades in i apparaten. Sedan gick vi runt ett tag och kom tillbaka. Då togs flickan ut ur apparaten och nu såg hon helt annorlunda ut. Hon andades normalt, öppnade ett par strålande klarblå ögon och den lilla munnen log mot oss. Hon var fortfarande väldigt mager, men vår guide sa att hon skulle repa sig helt på en vecka.

Det fanns apparater som användes till att bota olika sjukdomar och andra som endast påverkade hjärnan. När jag frågade hur de fungerade fick jag inget annat svar än "på olika sätt". En del apparater var stora metalliska eller glasliknande åbäken med dörrar, andra var cisterner med vätska, men dem fick vi inte se närmare på. Jag var glad över att Bico hade stannat hemma med Monja. Han skulle ha frågat för mycket.

"Generna behandlas på olika sätt i genmaskiner," berättade Euphem. "Det sker i ett särskilt laboratorium. Det är ett tålamodsprövande och ansvarsfullt arbete."

Jag bad att få titta på det labbet. Vår magra guide verkade inte särskilt road, men tydligen övertalades hon av Euphem. Tveksamt öppnade hon en tjock dörr med många lås. Innanför den fanns långa rader av bord och apparater. De mest skilda människor eller varelser satt vid borden, det var rena science fiction-samlingen. Jag trodde inte mina ögon.

På en stol i fonden satt en ung pojke. Han höll huvudet nerböjt och det verkade som om han sov. En kvinna gav honom något att dricka. Från hans kropp löpte en massa sladdar till en apparat bredvid.

"Vad är detta?" frågade jag, men vår guide förde oss snabbt bort därifrån. Hon viskade några ilskna ord till Euphem och ledde oss in i ett annat rum, som tydligen var en slags restaurang. Vi placerades vid ett bord. Tilla såg ut som om hon tänkte kräkas och Shala tittade oroligt på mig. Till och med Jaina verkade illa berörd. Vi serverades en söt dryck och ett sött bröd.

"Jag är ledsen," sa Euphem, "men det var meningen att ni bara skulle se forskarna som satt vid sina bord. Det var en olycklig tillfällighet att de hade pojken där. Det visste inte heller vår guide."

"Menar du att de tänkte döda pojken?" utropade Maorion.

"Nej", svarade Euphem. "De dödar inte om det inte sker en olyckshändelse. De införde andra gener i kroppen på pojken som skulle förändra honom helt. Det var det enda jag fick veta. En sådan behandling är hemlig och vår guide var rädd att hon skulle bli strängt tillrättavisad för att hon tagit dit oss. Det är bäst att vi lämnar det här stället."

Vi åkte ner i hissen under tystnad. Vi hade sett en bra sak - den lilla babyflickan - och en dålig. Är det alltså likadant på de här planeterna som på jorden? Finns det onda syften här och arbetar forskarna under täckmanteln "för framtidens bästa" med vilka fula knep som helst? Jag frågade.

"Nej," svarade Euphem. "Till en del har du rätt, eftersom

maktlystnaden inte är bortrensad i den här stora staden. Alla vill hinna först och bli berömda. Men det görs inget avsiktligt våld på den mänskliga naturen. Pojken ni såg var förståndshandikappad. Sådana barn är det tillåtet att experimentera med."

"Så hemskt!" avbröt Shala. "De borde få hjälp i stället."

"Men det är just vad de får," invände Euphem. "Genom att byta en del gener på pojken kan han få en normal intelligens. Naturligtvis kan experimentet misslyckas."

"Och patienten dör," tillfogade jag ilsket. Euphem ryckte på axlarna.

"Det kanske inte var så lyckat att visa er den här stan!" kommenterade han. "Nu åker vi tillbaka hem till våra sköna berg."

När vi kom hem var det mörkt och dags för middag. Efter middagen, när vi satt tillsammans i det vackra rummet hos Euphem, frågade jag:

"Tillverkar ni människor också i den där genskrapan?"

"Det kan förekomma, men det är ytterst sällan," svarade Euphem långsamt. "Problemet är att det går att skapa mänskliga kroppar men inte att ge dem själar. Själen inträder i barnet i modern, ibland strax efter födseln, men aldrig i tillverkade människor."

"Jag vet var samma problem finns," sa Maorion. "I Lucifers värld, en värld långt borta där den fallne ängeln härskar. Han har lyckats skapa människor, men själarna fattas. Lucifers namn betyder Ljusbäraren. Han leder en hel värld av mer eller mindre mekaniska varelser, som skapats efter mänsklig förebild. Men det får ni säkert veta mer om på nästa ställe, dit vi reser i morgon."

"Sa du inte att detta är den sista kulturen?" undrade Shala.

"Jo," svarade Maorion. "Nu färdas vi tillbaka till Mitten. Där binds hela resan ihop."

"Jag har alltid drömt om att få fara till Mitten," suckade Jaina längtansfullt. "Morfar har sagt att bara vissa personer tillåts komma dit. Jag avundas er!"

"Det finns plats för en till på min skuta!" skrattade Maorion. "Får du för din morfar så är du välkommen att åka med oss."

Innan jag somnade summerade jag ihop vistelsen här hos baskerna med vår övriga resa. I mångt och mycket var baskerna en bra kultur. Jag vet inte riktigt vad jag tyckte om Atlantis. Visst var det bra med de livräddande maskinerna. Barnen blev reparerade i en unik tomteverkstad, där allting kunde hända. I min enkelspåriga skalle uppstod emellertid en annan fråga: Vad är meningen från början? Om ett barn föds med grava fel och dessutom är döende, ska livet då räddas? Vad händer med själen? Vad hade själen bestämt från början innan den gick ner i kroppen? Hade den bestämt sig för att födas och genast dö? Hade det med karman att göra? Hur skulle modern reagera om barnet tilläts dö på ett naturligt sätt?

Dessa frågor dansade runt i mitt huvud en god stund innan jag äntligen domnade bort i en orolig sömn. Jag drömde att jag massakrerades i en stor maskin och att min skräckslagna själ hoppade iväg till en annan maskin, som lappade ihop mig igen. Det pågick en fruktansvärd handel med människor i rummet med maskinerna. Alla ville betala höga summor för att bli botade. Det fanns döda människor och lemlästade. människor och människor som inte var människor... Med ett skrik vaknade jag. Som människa kunde man fortfarande ha mardrömmar, tänkte jag. Nu längtade jag tillbaka till båten, till min änglakropp. Den trivdes jag bättre med.

20. Tillbaka till Centrala Rasen

Maorion granskade mig noga nästa morgon. Han frågade om jag hade haft mardrömmar? Det visade sig att både han själv och flickorna hade drömt hemska saker med anknytning till vad vi sett i laboratoriet. Om någon skulle inbilla sig att änglar inte har känslor, så är det fullkomligt fel. I stället fördjupas känslorna och omvandlas mestadels till djup empati och kärlek till allt levande. När vi nu - åtminstone Shala och jag - tillfälligt fått bo i människokroppar, fick vi ta de ofrivilliga obehagen på köpet. Kanske det var ett sätt av våra vänner bland Mästarna att få oss tacksamma för änglarollen. Vad eller vem Maorion egentligen var bekymrade mig inte längre. Han var en fin och omtänksam vän och guide, det var det viktigaste. Om han också kunde drömma mardrömmar så var han mänsklig, åtminstone på den här breddgraden.

Bico mönstrade på vårt fartyg som en riktig liten sjöman. När Maorion frågade honom om han hade sovit gott, svarade han "Aj aj, kapten!" och gjorde honnör. Medan vi var i laboratorierna på Atlantis hade han och Monja vandrat omkring i hamnen och tittat på alla vackra båtar. De blev bjudna ombord på ett härligt litet skepp, där kaptenen, en man i femtiårsåldern, hade blivit förtjust i dem båda och velat ha med dem på en resa. Bico berättade förtjust att Monjas ansikte hade blivit rött som ett plommon, när "kaptensgubben" bjöd dem på allt möjligt gott och dessutom talade om hur söt hon var. Han trodde att hon gärna ville komma tillbaka till baskerna. Hennes beundrare kom till kajen när vi skulle resa. Det var en stor kraftig sjöman med svart skägg. Han hade ett snällt trollansikte och jag hoppades i mitt stilla sinne att Monja kunde komma tillbaka hit när Bico var placerad.

Jaina kom också ombord. Egentligen förstod jag inte varför Maorion tog med baskerflickan till Mittens Universum. Visst var hon söt och rar, men jag tyckte att det räckte med Shala och Tilla. Så småningom förstod jag att det var bra, eftersom Jaina och Tilla tycktes gå bra ihop, medan Shala ju var en ängel med ett uppdrag. Shalas och min mission var att redogöra för vår resa inför Mästarna i vår verklighet, men också att lära oss av den. Jag förstod också att Tilla behövde Jainas stöd inför den sista delen av vår resa. Vi måste få ett råd om hur man skulle kunna rädda esklamperna, och det rådet skulle vi be om i Mitten. Tilla hade sin mission och sedan skulle hon resa tillbaka till sitt eget bröllop. Jag förstod verkligen att hon längtade efter den dagen. Jag lade märke till hennes hemliga suckar och trånande ögon. Samtidigt led hennes medsystrar under hettiternas grymma ok.

Jag hoppades att resan till Mitten skulle gå fort. Fånigt att jag skulle tänka i tid igen! Jag hade ju ingen aning om hur länge vi blundade när Maorion förflyttade oss. Vi reste ifrån Baskien strax efter frukost, när solen stod högt på himlen. Euphem verkade uppriktigt ledsen över att vi reste så snart, men han tillät Jaina att följa med oss, hon behövde nya intryck. Hon var dessutom våldsamt intresserad av hur det såg ut i andra universum. Hon ställde så många frågor till honom som han inte kunde besvara. Jag kände att han inte var riktigt belåten med trippen till Atlantis, eftersom han hela tiden lovordade sitt Baskien.

"Det finns ett hemligt sällskap hos de nuvarande baskerna på jorden, närmare bestämt i Pyrenéerna," berättade han strax före vår avfärd. "De vet allt om vårt ursprung och de håller delar av vårt gamla språk levande. De hyllar också vår gamla religion, den urgamla som fortlever här. I den delen av Atlantis som ni besökte har den gamla religionen inte satt sina spår på grund av den moderna vetenskapliga utvecklingen. Men den finns ändå i hjärtat på varje sann baskier."

Jag hade börjat tycka mer och mer om den gamle mannen. Han önskade att vi kom tillbaka på besök på hemresan och Maorion sa inte nej, han sa "kanske". Tyvärr blev det inte så. Det sista jag såg av Baskien var Euphem som vinkade till oss med en flik av sin vita mantel. Och nu satt jag ombord på båten och väntade på kommandot "Blunda!"

Jag dåsade till och hoppade högt när Bico på ungars vis gallskrek i mitt öra: "Janne vakna! Vi är framme, alldeles framme!"

Det var vi. Vi befann oss vid den privata brygga där Maorion förvarade sin båt när han inte använde den. Jag kunde inte förstå annat än att vi kommit tillbaka till hans egen kultur, till maorierna. Som vanligt frågade jag om det förhöll sig så.

"Det stämmer," svarade Maorion leende. "Här måste vi tyvärr lämna båten och ta ett annat färdmedel till Mitten. Ni är för många, jag kan inte ta er i min mantel, så jag har beställt en slags helikopter som vi använder här när vi ska åka på en längre resa. Följ mig!"

Vi var en lång rad nu, som vandrade på stigen från båtbryggan. Vad Maorion kallat för helikopter liknade faktiskt en sådan, fast den var mer strömlinjeformad och smidig till utformningen. Den stod på en äng strax intill, så det var bara att ömsa fordon igen. När det bar iväg hördes inget hårt motorljud, bara ett släpigt, svischande ljud. Dessutom steg farkosten rakt upp i luften, som en månraket. Vi såg ingen förare och Maorion förklarade att den var fjärrstyrd från målet, dit vi skulle. När Bico frågade vad målet hette, smålog Maorion och skakade på huvudet. Det är mycket hysch och pysch med den Centrala Rasen, tänkte jag.

Shala hade satt sig bredvid mig. Hon hade sträckt på sig och var inte längre den fnissiga jäntan. Nu började allvaret, det visste hon, och nu måste vi två hålla ihop. Vi var två små instrument i den stora, skapande symfonin.

Att vi landade på en flygplats gjorde mig inte förvånad. Visserligen fanns där en del flygplan, som inte såg ut som flygplan, och helikoptrar, som inte liknade helikoptrar, och ballonger, som inte liknade ballonger ... men en slags flygets landningsplats var det i alla fall. Lätt och smidigt landade vår farkost och fällde ut stegen till oss. En välkomstpatrull stod redan nedanför stegen och hälsade oss med glada tillrop. Det var människor i långa färgglada klädesplagg, sådana som vi hade sett vid vårt första snabba besök här. Ett par unga män lyfte upp Bico och bar honom på sina axlar, vilket han högt och tydligt förklarade var kanonkul (ett uttryck som jag i min enfald hade lärt honom).

Vi föstes kärleksfullt in i ett flygande tefat. Ja, vad ska jag kalla det? Det var runt men såg inte ut som ett tefat precis. Det liknade undre delen av en boll, där passagerarna satt på bänkar utmed väggarna. Den övre delen av bollen var genomskinlig, kanske av glas. Jag vågar inte tänka i jordiska termer när jag ska beskriva ojordiska material. Bollen svävade iväg till Bicos våldsamma förtjusning. Han kunde inte hålla sig stilla, kutade omkring över fötter och knän och kikade ut i alla riktningar. Till slut måste Monja säga åt honom på skarpen. Han satte sig bredvid mig och sög på sitt högra pekfinger. Det gjorde han alltid när han kände sig uppspelt och full av aktivitet men måste sitta still. Jag blinkade till honom och han blinkade tillbaka. Det var vårt hemliga tecken på samförstånd och att allt var bra.

Förmodligen motsvarade detta färdmedel en taxibil. Det kanske till och med var deras Rolls Royce till vår ära. Jag viskade denna tanke till Shala, men eftersom hon inte visste vad en Rolls Royce var, smålog hon bara lite osäkert. Vi svävade inte länge, kanske tio minuter i jordetid. Staden vi åkte igenom hade vi sett lite av i början av vår resa, men nu hade jag något att jämföra den med. Den var obestridligen supervacker. En arkitektur som sublimerats under årtusenden kunde inte vara annat, tänkte jag när vi steg in genom den ljusa, glittrande port som tydligen förde oss till vårt mål. Och därinne väntade en gammal bekant: Melchizedek. Han omfamnade oss alla lika varmt och hjärtligt och vi satte oss ner i de vita sammetssofforna (eller vad det var) i detta smakfullt möblerade rum. Jag suckade av lättnad. Det kändes som att komma hem, även om det var väldigt avlägset.

"I dag får ni vila och jag lyssnar gärna på vad ni har att berätta," sa Melchizedek.

"Det tar lång tid, käre Mästare," svarade jag och såg på de andra.

"Jan, du får inte kalla mig Mästare," tillrättavisade han mig. "Här är jag en annan. I Mitten finns inga Mästare, vi hör ihop i en gudomlig enhet utan titlar. Det där med Mästare, Ärkeänglar osv. är tillämpningar som mänskligheten fört över på oss. Vi delas inte upp i några klasser och ingen här är bättre eller sämre än den andre. En fullkomlig, global enhet råder här, men naturligtvis är vi alla individer i enheten. Den indelning som finns i din första bok, Jan, gäller inte här. Den gäller däremot fortfarande hos dem som ännu inte trätt igenom den Stora Porten. Det har alla som finns här. Men nu måste ni berätta!"

Jag började berätta, men eftersom vi satt i en atmosfär av så höga energier frös orden i min mun och jag kunde bara stamma.

Melchizedek skrattade och klappade mig på axeln.

"Seså Jan, gamle gosse, ta det inte så högtidligt. Var dig själv. Ingen är emot att du är du, så berätta nu bara!"

Vi berättade, omväxlande Maorion och jag och ibland Shala. Mjuka, vänliga händer bar in mat och dryck till oss, även om jag inte var säker på om vi var människor eller änglar längre. Bico var med all säkerhet en vanlig liten grabb. Han visades till ett lekrum där det fanns andra barn, som såg ut som "vanliga" barn. Utanför rummet fanns en lekträdgård, så vi kunde med gott samvete lämna honom åt kamraterna och Monja. Inga beslut skulle tas i dag, vi fick bara vara.

Oförglömligt vara

Den natten sov vi som stockar. Om det var den vackra omgivningen eller luftombytet vet jag inte - jag vet inte ens riktigt var vi befann oss. Att det var hos den Centrala Rasen vet jag, men jag kan inte peka ut platsen på kartan. Och varför skulle det behövas? Det räckte helt och fullt med att vara. Det var dock en fråga jag inte kunde låta bli att ställa till Melchizedek:

"Shala och jag är ju änglar. Men vad är egentligen du?"

"Änglar är en jordisk uppfinning," smålog Melchizedek. "Ordet 'änglar' betyder egentligen sändebud och är ett människopåfund. Det omfattar alla slags goda andeväsen människans sinnen kan föreställa sig. Här finns inga änglar eller mästare. Alla är människor, som jag berättade i går. Människornas utveckling varierar här också, men de har kommit mycket längre än ni har på jorden. Eftersom den Centrala Rasen är föredömet för människorna om 700-800 år, så vore det bedrövligt om de stod och stampade på samma fläck som de nuvarande jordemänniskorna."

"Hur kan vi kommunicera med oss själva om 700 år?" frågade jag förvirrad. "Är det för att tiden inte finns?" Han nickade.

"Tid finns inte, men ändå sker det en utveckling framåt, om ni så vill. Med er talar jag om i går, i dag och i morgon. Det är för att ni lättare ska förstå, eftersom dessa begrepp är så djupt inpräntade i er. Ord från jorden är som ärr efter ett sår. De finns där, men de gör inte längre ont eller ställer till med förtret. Utveckling och tid är olika saker."

"Kan vi alltså prata med människor som är 8-9 mansåldrar före oss?" Jag brydde mitt arma huvud med denna märkliga fråga. "Så om vi går ut på stan nu så kan jag hälsa på min sonsonsonsonsonsonsonson eller nåt i den stilen?" undrade jag krampaktigt. Melchizedek skrattade.

"Det är precis vad vi ska göra, min vän. Gå ut på stan, alltså!"

"En fråga till," skyndade jag mig att säga. "Bico och hans sköterska och Tilla och Jaina är nu levande människor, även om de bor på andra planeter. Hur reagerar deras kroppar på en sådan här omruskning? Jag minns den underbara boken av James Hilton, som hette *Bortom horisonten*. Några överlevande från en flygkrasch i Himalaya hittade ett sagoland som de kallade Shangrila. En kille blev kär i en tjej där och tog med sig henne tillbaka till civilisationen. När hon kom utanför Shangrila förvandlades hon till en urgammal gumma och dog. Det var jätteläskigt. Något sådant kan väl inte hända här?"

"Shangrila kanske finns," svarade Melchizedek, "men det du berättar stämmer inte. Du pratar ju både med mig och Maorion och de andra. På den här platsen, i detta universum och hos den Centrala Rasen förenas ande och materia på ett sublimt sätt. Hur är ingen idé att berätta, för dina läsare har kanske inte kommit därhän att de förstår att celler och DNA kan samsas på ett helt nytt sätt. Vi har haft lite fuffens för oss medan ni sov, bara för att förstärka de kroppar ni behöver ha här. Jag vill också tala om för dig att människorna felaktigt har placerat mig som en slags Mästare i den av er konstruerade andevärlden. Jag hör hit och jag är en Ljusets Skapare av den Centrala Rasen. Det vill jag att du ska förstå innan vi beger oss ut på upptäcktsfärd."

"Äter och dricker man här?" hördes en försynt fråga. Det var Shala.

"Det gör man som man vill," skrattade Melchizedek och gav henne en kram. "Känner du dig hungrig så finns det mat och dryck. En del äter, andra inte. En del sover, andra inte. Vi var angelägna om att ni skulle sova eftersom vi måste göra vissa förändringar i era kroppar. Därför förmodar jag att ni sov väldigt tungt."

Nu var det min tur att skratta. Jag mindes att jag lade mig på en mjuk och behaglig bädd i ett vackert rum och sen visste jag inget mer förrän jag vaknade. Men det är ju ganska klart att man inte kan fara omkring som vi har gjort den senaste tiden (eller ska vi kalla det perioden?) utan att förändra kroppens struktur åtminstone i de inre delarna. Det hade ju förresten Maorion ordnat varje gång vi steg iland på vår färd. Det var kanske inte så konstigt som det lät. På några få år har ju datorerna med sitt komplexa innehåll blivit en nödvändighetsartikel för jordemänniskorna. Inte kunde vi sådant när jag levde på jorden. Var det konstigare att trolla lite med DNA och cellstrukturer? Nej, verkligen inte.

"Vi har flera ärenden här," sa Maorion när vi samlades i hallen för att ta en titt på staden. "Vi måste ordna det för Bico, vi måste få en lösning på esklampernas slaveri och Jan ska förmedla ett bestämt budskap till sin medarbetare på jorden. Själv vill jag gärna gå hem till min villa. Jag misstänker att Semeta väntar på mig där, så jag lämnar er ett tag, mina vänner."

Oshio, som vi hade mött i början av våra äventyr, mötte oss

när vi kom ut ur byggnaden. Han omfamnade oss hjärtligt allesammans.

"Jag har hört om er fantastiska resa," sa han. "Jag tror att vi börjar med att lösa problemen. Den unge man som följt med er behöver få lite ledning och det är bäst att ni följer med mig."

Han menade förstås Bico. Han tog pojken i handen och Bico var synbarligen mycket imponerad av den blågrönklädde mannen med det långa håret och skägget. Han tittade på Oshio som om det var Jultomten.

"Är du en trollkarl?" frågade Bico. "Du ser ut som en sådan."

"Alla här kan trolla," svarade den gamle mannen leende, "och här är allting förtrollat. Du också!"

Vi gick på den vackra gatan som jag har berättat om i början av boken. Någonstans ifrån kom det musik och den liksom dök in i ens hjärta, den värmde, rörde och älskade. Ja, just älskade! Musik som älskade människor, inte tvärtom. Jag vet inte hur länge eller vart vi gick, jag bodde i musikens ömma famn. Jag vred mig som en mask när Oshio plötsligt stannade utanför en grind. Vi kom in i en trädgård och Oshio stängde grinden mycket noga bakom sig. Doften och färgerna övertog nästa bit av mig. Jag gick vid sidan av mig själv och bara njöt.

Ett långt bord av något genomskinligt material stod mitt inne i trädgården och sju personer satt bänkade vid bordet. Det var fyra män och tre kvinnor, eller ...? Att tre var kvinnor och tre män, det såg jag. En av männen var Melchizedek, som smålog och vinkade till mig. Det var nummer sju som var problemet. Det var varken en kvinna eller en man. Det var en vacker varelse med tre huvuden. Alla de tre huvudena hade vackra mänskliga drag, identiska så när som på minen. Men jag hoppade högt när jag såg halsbandet som den mittersta halsen bar. Det bestod av små benfärgade kulor med hieroglyfliknande tecken på. Var hade jag sett en sådan kula?

Mediet som förmedlar mina tankar och berättelser har en sådan kula om halsen. När jag berättar detta för henne förstår jag att det blir en stark reaktion. Samtidigt fick jag veta av Oshio att denna märkliga, trehövdade person egentligen bara har ett huvud men kan vid behov ta fram de båda andra, som är ett slags hologram. Det mittersta står för det fysiska och de båda andra för det psykiska och det mentala.

"Här är Rådet," förklarade Oshio. "I mitten sitter Tu-Tula Manaki, som har de tre huvudena. Han är vad ni kallar för ordförande. Här heter det Rådsman." Han drog fram två soffor som vi fick sätta oss i. Jag kände mig ganska skakad, men Bico betedde sig som fisken i vattnet. Han gick runt hela bordet och hälsade och tog i hand. När han kom fram till Rådsmannen kastade han sig om halsen på honom. Tu-Tula höll honom ömt tryckt intill sig en stund och Bico utropade:

"Jag är så glad att få träffa dig. Det är du som alltid kommer i mina drömmar och vi har så roligt!"

"Du är en liten Vingmakare, därför är du här," svarade Tu-Tula och tog pojken i knät. Monja såg ut att inte riktigt veta vad hon skulle göra. Oshio hämtade mig och det blev min tur att hälsa på alla. Ingenting kändes högtidligt på fel sätt, det liknade mer en träff med vänliga, glada människor i en vacker trädgård.

"Rådet är församlat här på grund av våra kära gäster," sa Tu-Tula Manaki. "Ni är viktiga personer för oss, viktiga länkar till jorden. Den tid har kommit när det är akut behov av samarbete mellan oss och er. Från den Centrala Rasen, som också kallas för Vingmakarna, har ett samarbete med människorna grundats genom den teknik som står dem till buds. Det är inte bara så att tiden är lämplig för denna form av samarbete, utan det är hög tid. Det har skett så många negativa förändringar på jorden att vi anser oss tvungna att ingripa för att hjälpa jordemänniskorna. Vi vet att vi inte är trodda av mer än kanske 10-20% av människorna, men det kan inte hindra oss. Vi anser att du Jan, med din bakgrund som författare i ett nordiskt land och numera ängel, bör kunna hjälpa oss att sprida kunskap till våra bröder och systrar i jordens svåra situation."

"Är det oss jordingar ni sitter här för att avhandla?" frågade jag förvånad, glömsk av att jag inte var människa längre. Den trehövdade skrattade ett varmt, hjärtligt skratt och de andra instämde. Jag begrep sannerligen inte vad det var för roligt med det.

Oshio kom dragande med en stol och jag placerades bredvid Rådsmannen.

"Vi är alla människor," sa en kvinna som satt på andra sidan om honom. "Vi är av kött och blod, skapade till den Store Fadern/Moderns avbild, precis som du när du levde på jorden. Vår kultur har kommit längre än jordens, därför försöker vi nå och samarbeta med jordemänniskorna. Vi har redan nått vissa resultat".

"Gå inte händelserna i förväg, Gia-La," smålog ordföranden. "Alltsammans måste vara tillräckligt förbryllande för Jan ändå. Jag tycker att Shala ska sätta sig hos oss, och de andra i ditt sällskap kan ta en rundtur i trädgården. Oshio följer med dem."

"Du har säkert hört att det finns sju universum och ytterligare ett i mitten, där du befinner dig nu," fortsatte Rådsmannen. "När den ni kallar för Gud blev en kraft i kosmos, blev han fysisk. Universumen och galaxerna som innesluts i dem är fysiska företeelser. De kunde inte behärskas av en ofysisk kraft. Därför var Gud redan från början fysisk."

"Talar du och jag om samma Gud?" frågade jag. Även hos änglarna upplevde jag Gud eller Fadern som en enorm ofysisk kraft. Kanske vår Gud i andevärlden är en annan. Kanske det finns flera gudar, tänkte jag, men avbröts av Tu-Tula.

"Alldeles säkert," påstod han med bestämdhet. "Eftersom jordingarna har en benägenhet att skaffa sig flera gudar av olika kvalitet och även flera benämningar på dem, så använder vi inte gärna ordet Gud här. Vi säger Helhetens Navigatör eller Urkällan. Han var Begynnelsen, men inte riktigt på samma sätt som den Gud ni talar om i Bibeln."

"Där talas det bara om ett universum," vågade jag inskjuta. "Skulle det finnas sju stycken, jag menar åtta om man räknar med Mitten?"

"Javisst," svarade Tu-Tula med bestämd röst. "När Urkällan hade skapat de sju runt omkring oss, så insåg han att de måste ha var sin navigatör, de också. Så han skapade sju sådana genom en slags delning av sig själv. Det kan jag inte förklara, det ligger på väldigt hög nivå även för oss."

"Så det finns alltså sju gudar," avbröt Shala, "plus den ursprunglige, äkta?"

"Eftersom dessa sju är delar av honom själv," svarade Tu-Tula småleende, "så är de precis lika äkta som han. Dessutom har varje människa av kött och blod ett gudsfragment inom sig. Det är bara frågan om hon tar vara på det."

"Menar du att varje människa har ett Högre Jag?" frågade jag.

"Ja, så kan man också uttrycka det. Medvetandet om detta är däremot mycket varierande. De flesta människor håller på att avlägsna sig från det."

"Även de som går i kyrkan och tror på Gud?" frågade Shala.

"Nu är vi inte inne på densamme Guden," smålog Tu-Tula. "Bibelns eller Koranens eller andra s.k. heliga böckers Gud är inte densamme som Urkällan."

"Då var Jesu inkarnation på jorden alldeles förgäves?" undrade jag. "Han pratade om sin Fader, sin Gud. Vem menade han?"

"Er Jesus tillhör den Centrala Rasen," svarade den vackra unga kvinnan som kallades Gia-La. "Vi funderade länge på om vi skulle sända en man eller en kvinna, ty hos oss är de likvärdiga. Trots hans ansträngningar blev han missförstådd. Han talade hela tiden om Helhetens Navigatör, men det var lättare för människorna att förstå ordet Gud. Sedan blev det ännu lättare att dra ner Gud till profan nivå."

"När vi var här förra gången," sa Shala, "så var vi inne i Guds hjärta. Är Helhetens Navigatör så enormt stor? Om han är fysisk, hur kan man då gå in i honom?"

"Kära lilla vän," svarade Gia-La och strök Shala över kinden. "Vi har ett rum här hos Rådet som vi kallar Guds hjärta. Det var det rummet ni fick besöka, därför att därinne sker det starka medvetandehöjningar. I det rummet möter vi Helhetens Navigatör när han besöker oss fysiskt."

"Hur ser han ut?" kunde jag förstås inte låta bli att fråga. Tu-Tula skrattade sitt varma skratt.

"Han är utstrålning!" svarade han. "Han ser helt mänsklig ut, lång och smärt och vacker. Jag antar att han kan ta olika skepnader, men här är hans hår mycket ljust och hans ögon stora och vackra. De ändrar färg hela tiden. Han är oftast klädd i skimrande vitt. Man tänker inte på hans utseende, eftersom han utstrålar något så oerhört och evigt skönt att det inte går att beskriva. Det är väl det som kallas kärlek, antar jag."

"Blir Gud aldrig arg?" Det var Bico som hade vaknat. Han hade hela tiden suttit i Tu-Tulas knä med huvudet lutat mot hans bröst. Jag kände mig nästan avundsjuk, eftersom Bico ofta brukade sova i mitt knä.

"Det kanske han blir," nickade Tu-Tula till barnet. "Men inte riktigt på samma sätt som du och jag. Man kan bli arg på många sätt, förstår du. Ibland blir man arg-ledsen och då närmar det sig mer vad Gud känner. Man blir besviken och hoppas att den man är besviken på ska bättra sig."

"Som när någon tar den största apelsinen," konstaterade Bico förnöjd. "Då hoppas man han inte gör om det för då får han en snyting."

Alla skrattade. Den högtidliga stämningen när Urkällans fysiska uppenbarelse diskuterades hade blåst bort, men ändå var vi inte färdiga med ämnet.

"Vilka är ni egentligen, den Centrala Rasen?" frågade Shala.

"Vi skapades av Urkällan sedan de sju universumen hade fått sina sju ledare," svarade Tu-Tula. "Man kan säga att den Centrala Rasen är den äldsta, skapade människorasen överhuvudtaget. Vi har också genomgått en liknande utveckling som skett på jorden. Vi har varit mycket ofullständiga och haft stora svårigheter att anpassa oss till varandra och till våra ledare. Därför säger vi nu att ni jordemänniskor är där vi själva var för ca 700 år sedan. När 700 år har gått och jorden finns kvar på de kosmiska kartorna, så har alltså jordens människor kommit till det stadium i sin utveckling där vi är nu."

"Och var finns ni då?" kunde jag inte låta bli att fråga.

"Förmodligen finns vi kvar här," smålog Melchizedek, som inte yttrat sig förut. "Eftersom Helhetens Navigatör överlevt miljontals år, så är väl 700 år ingenting för hans första skapelse. Men det kan också hända att jorden då har flyttat sig lite närmare oss i vårt universum."

"Han måste vara jättestark som kan flytta på jorden," funderade Bico. "Hur bär han sig åt?"

"Det är ingen person som flyttar jorden, den stiger uppåt av egen kraft när människorna blir snällare," svarade Gia-La.

"Jag är hungrig!" tillkännagav Bico och hoppade ner ur Rådmannens knä. "Får man ingen mat på det här bygget?"

"Där har vi vår lille härskare!" smålog Tu-Tula. "Vi är människor och vi äter naturligtvis. Men vår föda är inte animalisk. Den är baserad på det som naturen ger oss. Vi får fortsätta diskussionen om Helhetens Navigatör efter middagen. Välkomna till bords, mina vänner."

När vi efteråt satt och språkade i rena Edens lustgård, ett slags växthus som fanns inne i Rådsbyggnaden, mindes jag problemen som jag medfört: Tillas esklamper och Bicos upplevelser efter föräldrarnas död. Båda hade kommit hit för att få råd och hjälp och det måste jag se till att de fick. Jag förmodade att Bico helst ville stanna hos Vingmakarna, men frågan var om han inte hade en stor uppgift i sitt hemland. Vi satt i en vid ring inne i den tropiska grönskan och den ljuvliga musiken flödade runt omkring oss i luften, lagom högt för att man skulle kunna prata. Jag tyckte att jag aldrig ville resa tillbaka till Änglariket. Jag ville stanna här.

Melchizedek och Tu-Tula satt bredvid varandra och Shala och jag satt närmast dem. Den vackra, behagliga kvinnan Gia-La satt på

Shalas andra sida och jag märkte att de två kvinnorna kom mycket bra överens. Monja hade lämnat oss för att lägga Bico och hon hade dessutom öppet förklarat att hon ansåg våra samtal alltför djupa för henne. Hon var en barnsköterska och tjänare, som aldrig fått lära sig något annat än sitt yrke. Nu längtade hon efter sin sjökapten, det förstod jag. Kärleken finns i de lugnaste vatten och även en rund liten etruskisk dam kan tända till.

"Jag tänkte fråga om Bico," sa jag. "Vi vet inte hur vi ska göra med honom. Maorion är beredd att föra hem honom till enisierna och ta itu med släktingarna som annekterat hans hus och nästan dödat honom. Det verkar på mig som om livet i de flesta av de sjutton kulturer vi besökt inte alltid är så enkelt. Man känner igen sig från jorden. Jag trodde att livet på planeterna i det sjunde universumet skulle vara något slags heligt liv, till och med sakrosankt."

"Vi är helt klara med vad vi ska göra med Bico," smålog Tu-Tula till svar. "Vi har känt till allt om den pojken länge, eftersom han kommer härifrån och är sänd till Enisien för att utföra en viktig uppgift. Hans föräldrar visste det också, men deras olyckshändelse fanns inte med i våra planer. Den var arrangerad av hans släktingar, men det är svårt att bevisa. Bico får stanna här och fostras av oss till den uppgift han egentligen har. Han får då och då resa hem till Enisien för att människorna där inte ska glömma honom. När det gäller hans onda släktingar, så har mått och steg vidtagits av oss redan. Vad du har åstadkommit, Jan, är väldigt bra. Du har fört hit Bico. Han tycktes förlorad även för oss när han gömde sig i gravvalvet. Vi är inte allvetare, även om vi vet en hel del."

Jag drog en lättnadens suck och övergick till det svåraste problemet: esklamperna. Tilla ville inte tillbaka till hettiternas rike, hon skulle ju gifta sig med en zuluer, Tjai, Belis son. Hur skulle esklamperna kunna räddas? Nu tog Melchizedek till orda.

"Du har känt mig en längre tid, Jan," sa han och jag tyckte att hans mörka röst hade fått en ny klang. "Det är dags att jag berättar vem jag är. Som du hörde finns det sju navigatörer, gudomliga krafter eller vad du vill kalla det, som alla är delar av den Store Skaparen. Jag är en av dem. Jag har hand om det sjunde universumet och det är där du har färdats den senaste tiden. Det har helt enkelt inte varit dags att säga dig detta förrän nu."

"Så - så du är Gud?" stammade jag. Melchizedek skrattade. "En bit av honom, Jan, bara en del av Fadern precis som vi alla," sa han. "Jag har förlänats förmågan att se in i framtiden som hjälp för att lösa problem. Jag vet att det finns problem på mina planeter och jag vet att de behöver lösas innan fler kulturer sänds till jorden. Många ursprungskulturer i mitt universum har också urartat till en viss grad. Jag får inte ingripa, människorna måste lära sig av egen kraft. Esklamperna är ett stort och svårt problem, därför att de har förtryckts våldsamt även på jorden, under religionens täckmantel. Men jag kan heller inte vara overksam när jag ser lidande. Tilla har berättat hur hon har haft det. Jag förstår om hon söker sig därifrån, men hon är samtidigt fast besluten att hjälpa sina medsystrar. Jag vet inte hur hon har tänkt sig det, eftersom hettiternas män är så krigiska och hämndlystna."

"Uppror," föreslog jag. "Det är det enda möjliga."

"Jag tror inte det hjälper med ett upplopp förrän kvinnorna förstår att de är berättigade till samma värdering som män," svarade han bekymrad. "De måste undervisas innan de kan agera."

"Esklamperna är stolta och medvetna inuti," ropade Tilla från andra sidan av vår cirkel. "Flera av dem är mogna för upplopp. Vi vill bara ha råd hur vi ska börja."

"Ett korståg," föreslog jag mest på skämt. "Finns det ingenstans dit ni kan vandra?"

"Männen har ett heligt berg, " svarade Tilla fundersamt. "Dit brukar de rida för att få råd om sina krig."

"Vem är rådgivaren?" frågade jag.

"Det finns någon gubbe som sitter där och pratar, vid foten av det Heliga Berget Manuu," svarade Tilla. "Vi tror inte på det där. Vi tror att männen skyller på något heligt för att träffas i hemlighet och göra upp planer om våld och terror - och ondskefulla gärningar mot oss kvinnor, förstås."

"Tilla," sa Melchizedek och böjde sig fram mot henne. "Vet du att du just precis nu har kommit med lösningen på era problem?" Tu-Tula nickade och smålog och vi andra såg förvånade på varandra.

"Jag garanterar," sa Rådsmannen i bestämd ton, "att herrar hettiter kryper till korset och gör en kovändning i sina attityder mot esklamperna, en vändning till vördnad och beundran, ja kanske till och med kärlek!"

Tilla fnyste. "Hur ska det gå till?" frågade hon surt.

Den plan som just föddes i Melchizedeks huvud var enastående. Den gick ut på att sända en vis magiker från den Centrala Rasen till berget Manuu. Han skulle inte bara hota männen om de fortsatte sina trakasserier mot kvinnorna, han skulle också visa sitt allvar. Berget skulle mullra och vinden skulle bli en tyfon och vattnet skulle översvämma kusterna. När männen i sin förtvivlan måste be magikern om råd och hjälp, skulle villkoren ställas. Varenda kvinna i hela landet skulle återfå sin ställning som maka och mor och bli likvärdig mannen.

Vi klappade i händerna. Planeternas beskyddare hade talat. Nu var det bara att skrida till verket och Tilla kunde få sitt bröllop utan dåligt samvete för sina medsystrar.

Melchizedek lovade att redan följande dag skulle en magiker sändas till hettiternas heliga berg Manuu. Därifrån skulle han sända en kallelse till männen i riket att omedelbart infinna sig på den vanliga mötesplatsen. Om de inte kom, varnade han dem för följderna. Tilla höll på att förgås av skratt. Hon beklagade att hon inte var hemma och bevittnade den otroliga förändring som skulle ske. Men Melchizedek suckade:

"Jag tycker inte om att hota, men ibland är det nödvändigt både att hota och att skrämma, åtminstone när det gäller uslingar och mördare. Jag önskar bara att jag kunde hjälpa alla de stackars kvinnorna på jorden som har ett liknande liv som esklamperna. Där kan vi inte gå tillväga på samma sätt. Vi har sänt ner kvinnor från Vingmakarna, som för närvarande bearbetar det samhälle de lever i. De råkar ofta illa ut och då måste de återvända till oss, men vi ger oss inte. Det kommer att bli allt fler som arbetar för kvinnofrihet i dessa länder."

"Hur bär ni er åt?" frågade jag otåligt. "Ni 'skickar' folk till jorden för att arbeta positivt i det fördolda. Föds de dit eller materialiserar de sig plötsligt på en ödslig plats för att sedan hoppa in i våra samhällen?"

"Mestadels föds de dit," svarade Tu-Tula Manaki. "Men vi har faktiskt lärare som arbetar på det sätt du beskriver - fast lite felaktigt, det där med den ödsliga platsen! Det är bättre för dem att sälla sig till köerna i en storstad. Människor tittar bara åt ett håll när de står i kö eller i folksamlingar. Om någon plötsligt dyker upp bland dem eller bakom dem så är det ingen som reagerar." "Kläderna då?" frågade jag praktiskt.

"Det ordnas härifrån. Vi vet någorlunda hur jordingarna är klädda. Byxor och tröjor är inte så svårt att tillverka!" Tu-Tula hade glimten i ögonvrån när han tillade: "Och de är alldeles moderna!"

Den Centrala Rasen - Paradiset?

Det var en oförglömlig kväll igen, som så många jag upplevt under den här resan. Vi blev lovade att få se lite mer av den Centrala Rasens rike nästa dag. Våra sovrum fanns i Rådshuset, på baksidan i en annan del av byggnaden. De var bekväma, försedda med eget duschrum och en slags teve, men med större bild än våra och dessutom insprängd i väggen. Den upptog nästan hela ena väggen. Den visade de mest fantastiska målningar i färger som toppade allt vad jag sett i den vägen. Jag hade för mycket att tänka på, så jag låg och funderade samtidigt som jag tittade på väggteven. Oshio hade visat mig hur man knäppte på och av och han visade mig till och med hur man kunde ta in jorden. Naturligtvis gjorde jag det.

Det var märkligt att samtidigt med att jag befann mig i den Centrala Rasens rike kunde jag titta på jordens utveckling, som ägde rum 700 år tidigare. Jag befann mig i framtiden och härifrån sett var jordelivet rena stenåldern. När jag kom tillbaka till den änglaverklighet som var mitt nuvarande hem skulle jag befinna mig mycket närmare jorden - ca 700 år tidigare. Jag trivdes verkligen bättre här. Jag tittade på bilderna från jorden och vad jag såg var städer fulla av trafik, människor som slogs utan att egentligen veta varför, människor som utförde brott och våldshandlingar. Jag såg kyrkor och moskéer och andra heliga byggnader och människor som dyrkade ... ja, förlåt, men i mina ögon var det avgudar. Fullt med avgudar på 2000-talet, inte minst den ökände guden Mammon.

Det blev för mycket för mina trötta ögon och jag somnade med bilden av svält och oerhörd fattigdom någonstans i Afrika, där barnaögonens lidande plågade mig. Om detta ändå hade varit lika lätt att bota som Bicos och Tillas problem. Men det kanske inte skulle botas. Det kanske skulle värka ut av sig själv.

Det verkade som om Vingmakarnas samhälle var ett helt mänskligt samhälle. Nästa dag gick Shala och jag med Tu-Tula, Gia-La, med det långa, glänsande ljusbruna håret med stänk av rött i, Tilla och Jaina på turistvandring. Det var inte den första stad jag sett på vår resa som inte hade någon trafik. Här var det dock annorlunda. De enda tillåtna farkosterna var båtar. Det fanns kanaler på många ställen och broar över kanalerna som hos mayafolket. I luften såg jag också farkoster i olika modeller, men det var inte passagerarfarkoster. Staden, eller vad vi ska kalla den, var inte särskilt stor. Tu-Tula förklarade att det fanns många städer av det här slaget: små, välordnade, vackra, utan trängsel. Familjerna verkade glada och alla såg välbärgade ut. Föräldrar och barn mötte oss överallt och alla hälsade på oss genom att sträcka upp en arm och göra ett tecken med fingrarna som påminde om det jordiska fredstecknet. Barnen hoppade omkring och sjöng och verkade trygga. Det var barn som fick vara barn.

Det fanns bryggor överallt och våra värdar ledde oss ner till en sådan. Det fanns både segelbåtar och roddbåtar. Tu-Tula valde en lång båt som föreföll närmast egyptisk i sitt utförande. Den hade dock inga åror. Hur den tog sig fram är för mig en gåta, men så snart vi satt bänkade började den gå. Tu-Tula satt i aktern och där fanns en liten ratt, inte större än en mobiltelefon, för någon slags fjärrstyrning. Båten var ett gott val, eftersom vi hade fri utsikt åt alla håll och kunde beundra det kringliggande landskapet.

Vi hade kommit utanför den lilla staden och gled nu fram genom ett bälte av växtlighet på båda sidor. Träd, buskar och höga, färgrika blommor föreföll som klippta ur en engelsk trädgårdsbok. Det var så välplanerat och formskönt att det tog andan ur oss. Sedan kom de höga bergen, de lyste i fonden med snöhöljda toppar, och de var inte grå utan mångfärgade. Vi gled fram på en liten sjö, där stora fiskar gjorde eleganta hopp och åstadkom frustande vågskum runt båten. Det såg ut som en slags delfiner, men deras huvuden var ännu mer utpräglat mänskliga. De kunde göra miner av skratt och allvar, av bus och smäktande kärleksförklaringar. Kanske var de delfinernas ursprungsbröder, tänkte jag.

Båten styrde nosen mot Klippiga bergen, som jag kände mig frestad att kalla dem. Det var inte så långt dit. Hela sällskapet hade varit ovanligt tyst hitintills och jag tänkte att de säkert höll på att smälta alla fantastiska intryck. När båten med ett ryck stannade och vår trehövdade värd hoppade ut i vattnet och sa åt oss att göra detsamma, hoppade vi alla högt. Tu-Tula hade bara ett huvud i dag och det kändes behagligare, det måste jag erkänna. Flickorna såg lite förskräckta ut när de skörtade upp sina långa kjolar och vadade i land, men det var mycket grunt och jag hjälpte Tu-Tula att dra upp båten på stranden.

Vi befann oss väldigt nära en hög klippa. Stranden var kanske fem meter bred och hade grovt grus som såg ut som glas, men som var förvånande mjukt att gå på.

Klippan var avdelad i naturliga terrasser med låg växtlighet.

Det liknade trappsteg, så vi klättrade uppåt utan större svårighet. På krönet av denna smaragdgröna, granatröda, bärnstensgula klippa mötte oss en märklig syn. På den mycket breda toppen, som befann sig intill en ännu mycket högre klippa, låg en urgammal stad, borg, storby eller vad det kunde vara. Halvt söndervittrade, av tiden formade murar låg som en krans omkring denna märkliga syn... eller hägring?

"Jag vet vad du tänker," viskade Tu-Tula till mig och Gia-La förmedlade samma upplysning till flickorna. "Det här är vårt Shangrila, vår förtrollade värld i världen. Vad du ser här är resterna av den äldsta bebyggelse som finns i vårt universum, den är mer än tusentals år. Jag vågar inte säga hur gammal. Du ser inte enbart ruiner, många av byggnaderna är i gott skick, särskilt invändigt. Här bor de visaste av de vise och här finner du också din gamle vän."

Det var förstås Melchizedek. Det kändes nästan som en tröst att se honom här, leende och obesvärad som vanligt. Han mötte oss när vi gick in genom ett hål i muren, som kanske var en port, kanske bara ett trasigt ställe.

Husen var fantastiska. Det är svårt att beskriva dem på vanligt jordiskt språk, eftersom deras former inte liknade något annat jag någonsin sett. Melchizedek omfamnade oss alla och vi fick gå in i en av byggnaderna. Därinne vilade ett ljus som kändes fullkomligt. Ja, just fullkomligt, det går inte att beskriva det på något annat sätt. Jag kände att detta var höjdpunkten på min resa. Shala gick vid min sida och flickorna kom efter med Gia-La. Vi gick därinne som om vi var i en helgedom - och det kanske det var. Ljuset som fanns där var inte av denna världen och jag vet faktiskt inte av vilken värld det var! Man mådde bra, man kände sig upplyft och glädjen steg upp i en så att tårarna nästan ville fram. Den där sortens glädje, ni vet, som gör en varm inifrån och gör att man blir lätt och lycklig. Till och med Tu-Tula föreföll riktigt uppspelt.

Melchizedek visade oss in i ett rum dit flickorna inte fick följa med. De gick runt på annat håll med den förtjusande Gia-La. Väl inne i rummet stängde han varsamt den vackra, ornamenterade dörren. Vid ett högt fönster satt en gammal man och en gammal kvinna. Ljuset föll på deras russinrynkiga ansikten, men samtidigt med den höga åldern fanns en oerhörd skönhet. Melchizedek och Tu-Tula föll på knä inför dem och tecknade åt Shala och mig att göra likadant. Den gamle mannen smålog och visade med en gest att vi skulle resa oss upp och ta plats i den lilla soffan som stod intill dem.

"Möt Amu Teiron och Ma Zira, de äldsta medlemmarna i detta universum," sa Melchizedek. "De är alltså de äldsta av den Centrala Rasen. De lever dessutom kvar i den stad de själva skapade. Den är miljoner år gammal. Samtidigt med att de skapades, blev det vita ljuset till. Det är ett ljus som vår Skapare själv har gett oss för att det förmedlar livet självt. Ni har säkert redan erfarit dess helande verkan och ni förstår säkert också att vi inte har några sjukdomar här. Detta ljus genomtränger allt, och ett återsken av det upplevde ni säkert hos den Centrala Rasen. Det finns i hela Mittens Universum."

Ma Zira smålog och räckte fram sin hand till mig, och Amu Teiron vinkade till sig Shala. Jag kysste artigt, som en sirlig 1700-talskavaljer, den gamla vackra damens hand och Shala kysste den gamle fine mannens skrynkliga hand. Methusalem kan hälsa hem, tänkte jag. Han var nog inte så vacker som dessa båda.

"Det var er invigning till den här platsen och till detta universum," förklarade Tu-Tula. "Jag tror att Melchizedek har något att berätta för er."

"Skaparen delade som sagt upp rymden i sju universum som roterar motsols omkring Centrala Universum," berättade Melchizedek. "Han skapade också sju delar av sig själv, en till varje universum, och jag är en av dem som jag sa förut. Eftersom jag delar hans kropp så delar jag också hans förmågor. Yin och yang behövs, annars skulle mitt universum stagnera. Så jag skapade dessa två - jag erkänner att min Fader hjälpte mig en smula - och lät dem båda få bli själsbärare för kommande släkten. Som ni sett så har det fungerat bra."

"Var kommer Jesus in?" frågade jag.

"Jesus inkarnerade på jorden för att uttrycka och sprida sin vision. Den hämtade han från andliga dimensioner och från Urkällan, som han ville göra åtkomlig för människorna och känd och älskad av dem. Hur det gick, det vet vi. Någon kyrka och gudadyrkan ville han absolut inte ha, men så har det blivit. Han arbetar numera som en av ledarna för den Centrala Rasen."

"Kan du uttrycka hans vision lite tydligare?" frågade jag.

"Ja. Han önskade att människan skulle göra en resa i sin - i vars och ens - personliga visdom. I alla människor finns en bit av gudomen nedlagd och det är den ni ska vända er till, inte till det yttre glittret."

"Har tanken med det att göra?" frågade jag igen.

"Naturligtvis. Innan människan lärt sig att tanken kan göra

henne fri och föra henne vart hon vill, kan hon inte gå in genom Portalen," svarade han. "Nästkommande tre generationer på jorden kommer så småningom att upptäcka den, och då kommer de att kallas för SECU: Sovereign Entities of the Central Universe. Det betyder att människor från jorden förenas med den Centrala Rasen."

"Utomjordingar då?" undrade Shala ivrigt. "Var kommer de in och var finns de?"

"Kära barn, alla ET:s har mänsklig struktur," smålog Amu Teiron, som följt vårt samtal med stort intresse. "När ni har upptäckt Porten kommer ni att bli medvetna om utomjordingar på ett helt nytt sätt."

"De har förstås armar och ben som vi," muttrade Shala, "men visst ser en hel del av dem hemska ut?"

"Inte inför varandra," skrattade Amu Teiron. "Men de blir förskräckta när de ser jordemänniskorna, som är lika mycket ET:s för dem. De tycker att ni ser hemska ut. Men alla har ni extremiteter och inälvor som är ganska likartade. Däremot är det inte alla som är själsbärare."

"Nu är vi där igen," konstaterade jag. "Själsbärare alltså. Jag trodde att de som har riktiga kroppar också har själar. Hos oss änglar är det mest själen som är kvar, men den är desto smartare!"

Alla skrattade och Amu Teiron klappade i händerna. Bakom våra ryggar stod ett bord som vi inte sett förut och på det var uppdukat både mat och dryck. Amu Teiron och hans maka tecknade åt Shala och mig att ta för oss. Själva rörde de inte maten. Det kändes nästan svårt att äta i den här högtidliga stämningen och i detta fantastiska ljus. Men vi förstod att det var för att tillfredsställa de fysiska kropparna som buffén hade dukats fram.

"Låt mig tänka," sa jag och mumsade på en saftig, söt och välsmakande frukt. "Vi befinner oss i Mittens rike i den Centrala Rasens område. I själva Mitten sitter Skaparen och sen simmar sju universum omkring som fiskar i vattnet. Har jag rätt?"

"Groteskt uttryckt, ja!" smålog Melchizedek. "Den Centrala Rasen finns faktiskt mer eller mindre representerad i alla sju universumen. Vi har sänt ut våra speciella själsbärare lite varstans."

"Det märkte vi inte hos hettiterna eller hos bönfolket," protesterade jag. "Där det finns representanter för den Centrala Rasen kan det väl inte finnas ondska och våld?"

"Våra utsända finns på olika planeter för att rätta till missförhållanden," svarade Melchizedek.

"Ibland tar det väldigt lång tid. Vi får inte använda oss av onda eller våldsamma verktyg, vårt arbete sker genom upplysning. De som vi sänt ut är lärare. Redan för 11 000 år sen skickade vi lärare till jorden. Det har alltså tagit tid där också! Människorna måste själva ta in kunskaperna och sedan använda dem rätt. Våra vishetslärare har blivit grundligt missförstådda. Jesus var en av dem, Buddha var en annan och Muhammed var ämnad att bli en av lärarna, men han förstörde alltsammans och gick över till det motsatta lägret. Där stannade han kvar, men hans anhängare tror att han är en profet och kallar Allah för Gud. Det fanns många fler som han, men människan har en egen fri vilja. Den är inte alltid så lätt att rå på, särskilt inte när den försöker motverka det goda och indoktrinera det onda. Ibland, det vet ni säkert, är det inte så lätt att skilja på gott och ont."

"Vart kommer ni efter döden?" frågade Shala plötsligt och jag hoppade till. Jag tyckte inte det var en lämplig fråga i det här sällskapet, men vårt värdpar skrattade hjärtligt.

"Det varierar," svarade Ma Zira. Hon tittade länge på Shala och sedan fortsatte hon: "Vi är inte av kött och blod som ni har varit innan ni blev änglar. Vi är ständigt levande. Vi kan färdas i universumen precis som vi önskar och vi kan anta fysisk gestalt som nu när vi så önskar. Det här är vår stad, vår käraste vistelseort och här vandrar vi ofta omkring och njuter av det som vi själva har skapat för miljoner år sen. Men det gäller bara min make och mig. Melchizedek kan också besöka olika universum och planeter. Men om ni tar invånarna hos den Centrala Rasen, så blir de för det första väldigt gamla och för det andra blir döden för dem ett uppgående i helheten, i Ljuset."

"Stackarna!" utropade Shala, "kan de inte resa som vi?"

"Det finns inget tvång hos Centrala Rasen," svarade Ma Zira och klappade Shala överseende på armen. "Det finns i stället flera olika möjligheter och de får själva välja hur de vill fortsätta sina liv. När de befinner sig i Helheten kan de frivilligt återvända i en ny själsbärare. Det är vår form av vad ni kallar för reinkarnation."

"På de sju universumen som kretsar runt Mitten är det ordnat på ett annat sätt," fortsatte Amu Teiron. "Där är det ungefär på samma sätt som det är på jorden. Det finns liknande verkligheter som den ni två, Shala och Jan, kommer ifrån. Det finns olika verkligheter eller ofysiska dimensioner på flera planeter i universumen. Tyvärr kan jag inte redogöra för det i detalj, eftersom ni inte har kommit genom den Stora Porten ännu."

"Det där med Porten," invände jag, "förstår vi inte riktigt. Och dessutom, eftersom vi har fått träffa er, kan någonting vara mer högtidligt eller oerhört? Kan ljuset på andra sidan Porten vara finare än det här? Och förresten, hur kommer man genom den? Kan man nå högre än att komma hit?"

"Den Stora Porten," svarade Amu Teiron, "är inte tillgänglig förrän om ungefär femtio år i er tideräkning. Det gäller för kommande generationer att upptäcka den. Det enda jag kan säga är att när människan lever tredimensionellt och samtidigt är helt medveten om och aktiv i den fjärde dimensionen, så har hon gått igenom den Stora Porten."

"Det är nästan så jag vill inkarnera på jorden igen," mumlade jag. "Åtminstone i nästnästa generation."

"Du får inte lämna mig!" utbrast Shala förskräckt. "Dessutom vet du mycket väl att vi redan lever i den fjärde dimensionen. Så vad ska du då ner och göra?"

"Du är en klok flicka," smålog Ma Zira. "Vår käre författare plumsar ideligen ner på jorden, men det är inte där han hör hemma längre."

21. Bröllop på Zuluvis

Melchizedek och Tu-Tula hade lämnat oss utan att vi märkte det. Det var bara Shala och jag som tog avsked av de två urgamla människorna, de först födda av den Centrala Rasen i Mittens Universum. Både Ma Zira och Amu Teiron kysste oss på pannan och önskade oss fortsatt lycklig resa. Det blir väl hem det, tänkte jag med en suck. Visst trivdes jag i jordens efter-döden tillvaro, men det här, det var något alldeles extraordinärt. Det fanns så mycket att utforska, att utröna, att ta in. Vi var inte färdiga med Centrala Rasen, varken Shala eller jag, det kände jag. Den som en gång besökt Paradiset vill gärna återvända ...

När jag satt i Maorions lilla farkost hade jag äntligen tid att tänka. Tilla, Jaina och Monja hade åkt i förväg med ett flygskepp och Gia-La hade följt med dem för att, även hon, närvara vid Tillas bröllop. Efter att ha tagit farväl av Melchizedek träffade vi åter Maorion, som förde oss till hamnen. Tu-Tula stannade kvar i staden, han var ju rådsman och behövdes på Rådshuset och dessutom hade han hand om Bico. Pojken var överlycklig över att få stanna kvar, åtminstone för en tid.

Melchizedek hade tagit mig i enrum innan vi reste. Han ville förklara några saker. Han tillstod att jag inte hade blivit utvald att resa till den Centrala Rasen bara av en slump. Jag visste att vi hade en uppgift, men det visade sig att Shala trodde att jag visste vad den var, och jag trodde att hon visste om den. Uppgiften var helt enkelt att få en insyn i både Centrala Rasen och ursprungskulturerna. Melchizedek besökte ofta vår verklighet och om det hade gällt ett budskap, så hade han känt till det. Han kände mig ganska väl och hade bestämt sig för att ge mig chansen att "befordras" till en längre vistelse hos den Centrala Rasen. En person som jag, med den ena foten kvar på jorden och den andra väl insatt i många andra verkligheters mysterier, skulle bli en tillgång hos Centrala Rasen. Där behövdes, som han uttryckte det, lite nytt blod. Det var dock ännu inte klart när jag skulle få komma dit eller när jag, först och främst, skulle igenom den Stora Porten. Den vägen måste jag under alla förhållanden gå.

Gissa om jag var lycklig! Dessutom hade jag om min hals en

kula, likadan som den mitt jordiska medium fick för så många år sen (se bild sid 9). Melchizedek hängde den om min hals. Den var en slags kod till Vingmakarna, en slags inträdesbiljett. Även om den var fysisk, så skulle den följa med till den andra verkligheten, mitt nuvarande "hemma". Det kändes som om tusen världar hade öppnat sig, som om en gigantisk rosenknopp slog ut sina blad inför mina häpna, överväldigade ögon. Jag skulle få ett nytt hem, ett som jag i mina vildaste drömmar inte kunnat ana mig till. Det enda som störde mig var att jag inte visste om jag skulle ha min nuvarande änglaskepnad kvar eller om jag skulle bli fysisk igen.

Fysisk blir man väl inte så där utan vidare, tänkte jag. Då måste man väl födas av en kvinna. Jag hade inte tagit reda på hur kärleksförhållandet mellan män och kvinnor fungerade hos den Centrala Rasen, men jag hade ju sett både män, kvinnor och barn vandra omkring i staden. Jag borde ha frågat Melchizedek om jag skulle inkarnera eller om jag skulle gå igenom den Stora Porten i min vanliga änglagestalt och sedan materialisera mig. Men det fick bli en senare fråga. Jag visste ju inte ens om den Stora Porten var fysisk eller psykisk. När jag frågade det, smålog Melchizedek sitt stilla, visa leende, men han svarade inte.

"Du är helt försjunken i tankar, Jan," sa Maorion och klappade mig på axeln. "Nu är det snart dags att blunda."

Jag kunde inte låta bli att berätta för honom om vad som väntade mig. Han blev mycket glad och gav mig en varm kram.

"Det betyder att vi kommer att ses ibland," sa han, "eftersom jag ganska ofta är hos Centrala Rasen. Jag är, som du vet, ett slags sändebud och jag rapporterar både till Tu-Tula och till Melchizedek om vad som händer på de bebodda planeterna. Egentligen hade du och Shala kunnat resa direkt från den Centrala Rasens rike till er änglaverklighet, men jag tror inte att någon av er vill missa Tillas bröllop."

Jag hade fäst mig vid vår kapten. Att han var en stor magiker hade jag förstått av att han så säkert förde oss fram mellan världarna när vi blundade. Däremot ville jag inte säga något till Shala ännu, hon skulle säkert bli ledsen. Jag grunnade på varför hon egentligen följt med oss överhuvudtaget, men hon var ju en av de fina änglarna som ofta fanns i min närhet. Hon kanske skulle övervaka mig, jag hade ju benägenhet för att bli lite sprallig ibland. Och jag erkänner att jag gillar flickor i vilken skepnad jag än befinner mig.

När Shala kom upp på däck blev vi tillsagda att blunda. Jag

kikade på min söta änglaflicka och förväntade mig den vanliga fnissningen, men hon såg blek och tårögd ut. Vad var det nu som hade hänt? Det var bråttom att blunda, så jag beslöt mig för att prata med henne så snart vi fick titta igen.

Jag dåsade inte till den här gången. Alltför mycket hade hänt och jag var så omtumlad att jag undrade om jag någonsin skulle kunna sova igen. Inbjudan till bröllopet var väldigt välkommen, det skulle distrahera mig lite. Allvaret fick vänta tills vi kom hem igen och då hade jag många nära vänner att rådgöra med. När vi vaknade seglade vi genom den långa kanalen in till zuidernas rike. Shala satt i fören med blicken spänd på de höga vassarna. Hon var absolut inte sig lik. Kanske hon tyckte det var vemodigt att förlora Tilla, tänkte jag. De var ju så goda vänner.

Välkomnandet till Zuidem var som ett stort, varmt famntag. Nästa famntag var Tarraras - en riktig urmoder, tänkte jag. Jag mindes hennes underbara sång och dans och hoppades att åter få uppleva något liknande i afton, på bröllopet. Det verkade som om zuiderna hade väntat på oss och vi fördes in i Belis och Tarraras hus, där en härlig måltid väntade. Här åt man tydligen före vigseln, tänkte jag. Alla var festklädda. Bruden syntes inte till och Beli förklarade att hon fanns i ett kvinnohus. Förfäderna hade bestämt att brud och brudgum inte skulle träffas den här dagen förrän vid bröllopshögtiden.

Det var förfäderna som var viktigast både i zuidernas och i zuluernas religion. De kände till Melchizedek som basade för planeten och hela universumet - men de kände alltför stor vördnad för att ens vilja tala om honom. Förfäderna, däremot, stod zuiderna nära. På något mystiskt sätt fick de kontakt med dem, både med de gamla förfäderna och de nya. De nya var de själar som skulle födas i framtiden. Det finns alltid en andlig vägledare i zuidernas stammar. Denne ska försvara sina medmänniskor mot den häxkraft som de anser existerar, eller mot oroliga andar. Den delen av deras religion har också följt med zuiderna till zulustammarna på jorden. Djurens andar var också viktiga, men på jorden utökades andetron till hela skogar och särskilt grottor. Gemensamt för både zuider och zuluer var att förfäderna måste bli ihågkomna hela tiden i alla familjer. Om inte, så kunde de ställa till med bråk eller ofog. Jag kunde bättre förstå deras tankesätt nu, när jag besökt den Centrala Rasen. Jag blev glad åt att återse både Jaina och Gia-La. På resan hit med ett flygfartyg från den Centrala Rasen hade de stannat till hos etruskerna, berättade Gia-La. Monja var överlycklig över att ha kommit hem. Hon skulle sköta Bicos hus när han inte var hemma, men hon skulle inte sköta det ensam.

Gia-La och Jaina hade stannat hos henne tills hon återfunnit sin kapten. På något sätt hade Bicos hus blivit utrymt och de onda släktingarna var försvunna. Monja hade funnit sig väl tillrätta som husföreståndarinna, som basade över de nya tjänarna. Kaptenen hade tydligen lyssnat till en djungeltrumma, ty påföljande dag hade han infunnit sig i huset och återseendet var väldigt romantiskt. Jaina höll för munnen för att inte fnissa alltför högljutt när hon berättade det, med många detaljer och tillägg. Gia-La måste då och då avbryta henne för att hon skulle hålla sig till sanningen utan överdrifter.

Aftonens ljus infann sig som en dovblå slöja över nejden. När de första stjärnornas beslöjade ljus träffade hustaket bredvid oss, var det dags för bröllopsceremonin. Vi leddes iväg till det stora fältet utanför staden, där alla samlades framför en grind som jag förstod var ceremoniell. Det var en tvådelad hög grind av metall, vackert skulpterad med symboler som jag inte alls begrep. I stället för grindlås var ett band knutet mellan grindens två delar. På den yttre sidan stod Tjai och innanför, på höger sida, stod hans föräldrar, Tarrara och Beli. På vänster sida borde förstås brudens föräldrar stå, men i stället stod Maorion där. Det var han som representerade den släkting som skulle gifta bort Tilla. Shala stod bredvid mig och hoppade av otålighet. Hennes smala fingrar trummade på min arm tills jag småleende tog tag i hennes hand och höll fast den. Bruden lät vänta på sig, men det kanske hörde till ceremonin.

Den guldglänsande höga grinden var placerad mitt i en cirkel, som markerades med stenar. Det var på den sidan som vette mot staden som släktingarna stod, medan Tjai med outgrundlig min väntade på sin älskade på den andra sidan. Äntligen började trummorna ljuda. De började lågt och mjukt, för att snart övergå i ett bullrande, provocerande ljud. Tilla gjorde sin entré.

Hon gick med högburet huvud, klädd i den ceremoniella bruddräkten, som bestod av en hög, gyllene huvudbonad med en slags slöja gjord av pärlor i mönster. Klänningen hon bar var vit och genomskinlig. Överallt hade hon smycken, ringar, armband, halsband, örhängen, armringar, fotringar. Allt var utfört i utsökt vackert smide eller pärlarbete. Omkring midjan bar hon ett vackert rött bälte. Det symboliserade en varning till andra kvinnor att hålla sig på avstånd. I högra handen hade hon ett spjut som liknade de spjut vi såg hos Beli och Chram när vi kom till dem första gången. Hon ställde sig bredvid Tjai, som var klädd i en gyllene kort kjol och påhängd med så mycket smycken att jag undrade hur han orkade. Han tog hennes vänstra hand och med den högra handen skar hon med spjutet itu bandet på grindens mitt. Ett långdraget "aaahh!" hördes från publiken. Det betydde nämligen att bruden lämnade sitt gamla liv bakom sig för att träda in i ett nytt.

"Jag går in i detta hus, min makes hem," sa hon med mjuk röst. "Jag är Tilla från hettiternas land och jag lovar vid mina fäders andar att bli en god och trogen hustru till Tjai, son av Beli och Tarrara."

Det kom en våldsam trumvirvel och så öppnades grinden. Jag såg aldrig att någon öppnade den, så den måste ha gått upp av sig själv. Det unga paret, fortfarande hand i hand, knäböjde först för brudgummens föräldrar, som kysste först Tjai, sedan Tilla på pannan, näsan och munnen. Proceduren upprepades framför Maorion. Trummorna spelade upp en rytmisk melodi och därefter var det publikens tur att gratulera brudparet. De stod hela tiden med ansiktena vända mot publiken, allt under det att gåvor frambars i mängder. En bonde hade en get, en annan ett får, en tredje en höna osv.

Detta pågick säkert en timme, medan både brudpar och föräldrar stod orörliga och tog emot folkets hyllningar och presenter. Därefter kom sången och dansen. Först dansades krigsdanser av unga pojkar som låtsades besegra varandra. Sedan kom de ogifta flickornas tur, därefter de förlovade flickorna och sist matronorna. Tarrara var klädd i en böljande klänning i ljusgrönt, med luftiga guldsjalar. Hon började dansen, brudparet följde efter och därefter kom en efter en av publiken. Shala drog med mig ut i virrvarret och jag vet inte hur länge vi dansade. Alla mina tidsbegrepp var försvunna. Alla sjöng och trummorna hade fått ett tillskott av olika stränginstrument.

Till slut orkade jag inte dansa mer. Shala fortsatte, men jag sjönk ner på gräset i närheten av grinden och torkade svetten ur pannan. Brudparet var försvunnet. Maorion kom och satte sig bredvid mig.

"Nu har brudparet dragit sig tillbaka till sitt eget hus," berättade han. "Bröllopsgästerna håller på hela natten om så är. Det serveras förfriskningar både här och hemma hos Tarrara och Beli. Ska vi ta oss dit?"

Vi trängde oss igenom människomassorna och jag oroade mig

en kort stund för Shala, men hon var egentligen gammal nog att ta vara på sig själv: kanske sisådär 100 år! Det var en rolig tanke! Det var skönt att krypa in i det bekväma huset, dit även vårt värdpar hittat, borta från den allt vildare dansen. Även Jaina hade hittat hit, men hon såg inte glad ut.

"Usch, vad ensam jag blir," mumlade hon. "Tilla var min bästa vän."

"Du får åka hem i morgon," tröstade Maorion om det nu var en tröst. Men Tarrara lade armen om den tunna flickan, som nästan försvann i den kraftiga damens grepp.

"Du är välkommen tillbaka hit närhelst du önskar," försäkrade hon. "Nu ska jag berätta var jag har sett för dig i stjärnorna. Att läsa i stjärnorna är en gåva som jag ärvt från många släktled tillbaka och som förfädernas andar hjälper mig med. Jag tyckte du såg så ensam ut i går kväll när Tilla övade sig med spjutet, så jag kallade på min inre gåva.

När du kommer hem till din fader så väntar dig en trevlig överraskning. Den tänker jag inte avslöja, men din ensamhet tar också slut, kära barn. Den glädje du kommer att uppleva står inte långt ifrån den sorg du upplever här i afton. Inte bara kärlek väntar dig utan även upplysning. Din far har bestämt att du ska få lära dig en magi som gör det möjligt för dig att kommunicera med oss och med alla andra som du känner, och som befinner sig på avstånd ifrån dig. Se fram emot hemresan, Jaina, och tacka mig inte. Stjärnorna ljuger aldrig."

Gissa om Jaina blev glad. Jag kände mig trött och en aning bedrövad, eftersom denna underbara resa började lida mot sitt slut. Men innan vi drog oss tillbaka för några få timmars sömn, fick vi åter bevittna eldflugors lek i nattmörkret. Det var en fantastisk syn! Det var som en glittrande fäll som rörde sig upp och ner i den svarta luften, ja man kan säga att fällen dansade! Det var en värdig avslutning på en underbar dag.

Riktigt slut var den dock inte. Tarrara sjöng en avskedssång till oss, som vi nu förmedlar till jordens vänner. Hennes underbara altröst, som även kunde nå svindlande höjder, överförde ett budskap till jordmänniskorna. Detta var hennes sång:

"Vindens rop för med sig änglakörer
som sjunger ut de lagar rymden stiftat.
I grottorna som Moder Jord besitter
smaragdens vilda gröna öga ser
sitt berg, sin födsloborg som sprängts i bitar
och jordens mull den gömmer i sin famn.
Det grus som vindens folk för med sig
berättar jordens dystra hemlighet,
och jordens ädelstenar gråter bittert
i saknad efter modershusets trygghet.

Så sprängs i bitar jordens starka jättar,
de berg som vakar över tidernas magi
och deras klagorop förs med av vindens strömmar,
men deras kärlekslängtan finns ännu i rymden,
i grottorna som Moder Jord besitter.
Så ynkligt små i kosmos gränslöshet
är själens bärare, som männ´skor kallas.
Så jättestor är skadan som de slungar
ut från det hem de själva valt att vårda.
I grottorna som Moder Jord besitter,
smaragden har förvandlat sig till mossa,
rubinens öga blivit rött av tårar
och diamantens glans en dimma blott
där nyss safirens indigo har blivit stoft.
Men vindens rop för med sig änglakörer
som sjunger kraft till dem som ännu hör
ett rop om fred och tro på rymdens lag.

Se, Moder Jord av sorg sitt anlet döljer
i sista grottan som finns kvar av jordens berg.
Men ännu tänds ett hopp i hennes ögon,
ett hopp om människans besinning
att sluta leva för sin egen vinning."

22. Shalas Berättelse

På sätt och vis var bröllopet i Zuidum en antiklimax. Det var välordnat, färgstarkt, roligt, vackert... Men efter besöket hos den Centrala Rasen var allting annat mindre viktigt, mindre färgstarkt, mindre välordnat och mindre vackert. Det var bara tråkigt att Shala hade förändrats till en tystlåten, blek och förgråten flicka. Kanske hon hade varit uppe för länge på bröllopsnatten och dansat för häftigt. Änglar är inte vana vid fester av det slaget. Hon satt på sin vanliga plats i fören och stirrade ner i böljorna Hon var inte inom hörhåll för Maorion och mig, så jag beslöt mig för att prata lite med honom om de nya, spännande planerna man hade för mig.

"Jag är verkligen spänd inför inbjudan att vara hos Centrala Rasen en tid," sa jag och förmodligen lyste mina ögon eftersom Maorion brast ut i skratt.

"Jag vet det," bekräftade han. "Jag förstår att dina tankar är där. Det var därför du fick besöka dem på den här resan, två gånger till och med."

"Men ursprungsstammarna då?" undrade jag. "Jag trodde de var vårt uppdrag, som vi skulle berätta om när vi kommer hem."

"Jovisst, Jan. Men det egentliga uppdraget gällde att ge er båda en närmare kännedom om den Centrala Rasen. Ursprungskulturerna var ett nödvändigt bihang till den kunskapen."

"Vad säger du? Oss båda?" Jag var ett enda stort frågetecken.

"Ja, varför tror du annars att du och Shala åkte tillsammans på den här resan? Visst, det är alltid bra med yin och yang, bådas synpunkter är viktiga. Men målet var faktiskt att visa er nästa steg i bådas er utveckling: den Centrala Rasen."

Jag märkte inte att Shala närmat sig aktern, där Maorion och jag satt. När hon hörde vårt samtal gav hon till ett skrik. Sedan flög hon mig om halsen och jag trodde att hon skulle krama ihjäl mig. Hennes glädjetårar vätte mina kinder så att jag förstod att vi hade vår fysiska gestalt kvar. Hon hade trott att bara hon skulle tillbaka till den Centrala Rasen och hennes förtvivlan hade gällt mig. Hon hade inte vågat fråga Melchizedek när han meddelade henne den stora nyheten och han hade dessutom försvunnit strax efteråt. Hon hade också fått en kula, likadan som min, men inte vågat sätta den på sig, allt under det att jag skröt och skroderade över min "utnämning". Hela tiden får man lära sig saker!

"Vad har du mer att berätta om den Centrala Rasen?" frågade jag Maorion när flickebarnet hade lugnat ner sig och till och med började gnaga på en av de goda kakor som Tarrara hade stuvat ner i livsmedelsförrådet.

"Hela projektet som gäller information till jordens människor har blivit tidigarelagt, svarade kaptenen. "På grund av jordens nuvarande situation kan man befara det värsta. Det gäller för människorna att få veta att Centrala Rasen håller på att bygga en slags energikanal till mänskligheten för att kunna hjälpa dem. Resten får du säkert veta när du kommer dit. Du ingår i den kanalen!"

"Här är nu vi tre," sa jag, "men lilla Jaina, vart tog hon vägen? Skulle hon inte resa med oss?"

"Hennes morfar hämtar henne om några dagar," svarade Shala. "Det finns faktiskt fler rymdskepp än detta på det här klotet."

"När vi nu har en liten stund tillsammans," sa jag, "kan du väl berätta lite mer om dig själv, Shala? Jag pratar ofta om mitt senaste liv på jorden, men du har aldrig sagt ett ord om ditt. Har du glömt bort det helt och hållet?"

"Nej, det har jag inte," svarade Shala. "Jag har lite svårt att prata om den tiden, men nu kanske det är dags. Jag tror att det är för att du och jag minns våra föregående liv som vi har fått kontakten med den Centrala Rasen. De behöver människor med den sortens minne, eftersom de aldrig har besökt jorden. Jag ska försöka berätta, Jan.

"I livet före det sista på jorden var jag nunna i Frankrike. Jag kom från en mycket rik och mäktig familj och var en av fyra döttrar. Vi var ganska bortskämda, men jag valde att bli nunna när min tillkommande dog i en olycka. Jag blev en mycket ambitiös nunna och stängde in mig totalt i mitt religiösa svärmeri. När jag kom hit efter att ha dött hastigt i lunginflammation, var jag en ganska odräglig ängel. Jag var duktig, lärde mig en hel del och ansåg mig själv som en vis kvinna. En mallängel alltså, förstår du. Därför skickades jag ner igen. Jag måste välja ett liv på jorden som gav mig prövningar. Jag valde att födas i Sverige som du. Min far hade en liten tobaksaffär, där min mor hjälpte till. När hon väntade mig, i början av 1940-talet, erkände hon för min far att det fanns fara för att jag skulle födas med ett ärftligt handikapp. Tyvärr blev det så. Jag föddes med förkrympta händer och tårna vändes i rät vinkel inåt. För övrigt var jag ett mycket vackert barn och mina föräldrar älskade mig kanske mer för att jag var handikappad. Jag fick namnet Charlotte efter min mormor. Själv kallade jag mig för Shala och det blev mitt smeknamn. Min pappa brukade läsa sagor för mig och gunga mig på sitt knä. Jag älskade honom. "Charlotte och Shala, min lilla svala!" brukade han sjunga.

"När jag var tre år dog min far och mamma fick ta hand om tobaksaffären och mig. Jag lärde mig använda mina händer trots att det var besvärligt och jag kunde gå, jag struttade mödosamt fram. Jag ville inte sitta i rullstolen man hade lånat från sjukhuset. Jag ville vara ett så normalt barn som möjligt och min starka vilja gjorde att jag kunde uträtta en hel del sysslor och hjälpa till i butiken. Mamma och jag hade det bra tillsammans och affären gick också bra. Alla kände oss och de flesta var snälla. Men så kom det svåra: Jag var sju år gammal när min mor gifte om sig med en man som brukade handla cigarretter hos oss och jag avskydde honom. Han såg bra ut, hade en otrolig svada och lyckades erövra både mamma och butiken. Mig såg han inte och om han bevärdigade mig med en blick, så var den blicken förbittrad och full av hat.

"Jag märkte snart att min mamma hade förändrats. Från att ha varit en glad och varm människa, blev hon rädd och kuvad. Min styvfar dominerade henne helt och hållet och han ville först att hon skulle skicka mig till något hem. Men där var mamma bestämd, hon ville ha mig hemma under sitt beskydd. Jag tror att min styvfar gav henne sömnmedel på nätterna, för då smög han sig in till mig och tvingade sig på mig. Om jag nekade honom eller berättade för någon vad han gjorde med mig, svor han att döda mig. Jag låg varenda kväll livrädd i sängen och mitt handikapp gjorde att han lätt kunde utföra sitt övergrepp. Jag tror inte att mamma misstänkte något, men jag fick fruktansvärda smärtor i underlivet. När jag berättade det för honom skrattade han bara. Utåt sett var han en charmör och folk handlade gärna i vår butik. Jag fick inte längre visa mig i butiken. Han kallade mig missfoster och krympling och påstod att jag skrämde bort kunderna.

"Min styvfar hade ett fruktansvärt humör. Ibland slog han mamma, men hon vågade inte berätta det för någon. Jag var fjorton år när det hemska hände. Jag minns det tyvärr alltför tydligt.

Det var en sådan vacker vårdag. Jag brukade smyga ner till hamnen ibland, när det var vackert väder, och det hade jag gjort den här dagen. Jag älskade att titta på båtarna och jag njöt av att känna vårens doft i näsan och se björkarnas musöron sakta utvecklas till små ljuvligt gröna blad. Jag brukade tänka att en dag skulle jag smyga ombord på ett fartyg och rymma ifrån eländet. Den här dagen låg en vacker båt i hamnen. Det var nog en privat lyxkryssare, men det förstod jag inte då. En sjöman stod vid landgången och rökte. Det var en ung pojke med svart hår och glada bruna ögon.

"Vackra flicka, vart är du på väg?" ropade han. Jag trodde inte mina öron. Ingen annan är min mamma hade kallat mig för "vackra flicka" och jag tror att jag blev alldeles illröd i ansiktet. Han skrattade och kom fram till mig.

"Jag ser att du har ett handikapp, men det gör ingenting," sa han vänligt. "Jag skulle vilja dansa med dig, du är den vackraste flicka jag har sett!"

"Knappt hade han pratat färdigt så kom min styvfar springande. Han tog ilsket tag i min jackärm och drog mig med sig. Sjömannen ropade:

"Jag finns här i kväll klockan åtta. Jag kan inte lämna båten nu! Kom hit, vackra flicka, så tar jag med dig på dans!"

"Jaså, du är ett luder också, din lilla hora," ropade min styvfar. "Din mor ville ha tag i dig och här springer du ner i hamnen och bjuder ut dig. Jag ska slå dig sönder och samman!"

"Och det var vad han gjorde, Jan. Förlåt att jag gråter, men det är ett fruktansvärt minne. Vi hann inte mer än hem - vi bodde i en lägenhet med ingång på baksidan av butiken - så började han slå mig. Inne i hallen tog han ner ett gevär från väggen och bankade mig i huvudet. Geväret var troligtvis oladdat eftersom han inte sköt mig. Sedan slog han mig och stampade mig på magen och på huvudet tills jag dog. Ja, det är sant. Jan! Det sista jag såg var att mamma kom springande från butiken när hon hörde mina skrik. Sedan blev allt mörkt. Jag hörde hur mamma skrikande sprang efter hjälp, sedan slocknade jag helt. Det är mitt livs historia, Jan. Jag skulle snart ha fyllt femton år."

Jag var helt chockad vid det här laget och ångrade att jag bett henne berätta sin historia. Samtidigt kanske det var nyttigt för henne att få ur sig all den här smörjan, som tydligen klibbat sig fast som tjära i hennes vackra lilla själ. Jag förstod också att den Centrala Rasen behövde uppgifter om både positiva och negativa händelser för att bättre förstå dagens människor på Moder Jord.

23. Slutet gott ... Men inget slut

Vi hade varit ute på sjön i några timmar, när Maorion plötsligt ropade:

"Nu, mina vänner, är det dags att ta avsked - eller rättare sagt säga: 'På återseende!' När ni har blundat och öppnar ögonen igen så är ni inte kvar i den här dimensionen. Jag kör er genom porten till nästa dimension eller verklighet, men sen får ni klara er själva. Den porten vi nu ska igenom är inte densamma som den Stora Porten i Mittens Universum. Det finns många portar. Signe er, mina vänner! Vi ses snart igen."

Han omfamnade oss båda och vi fick sätta oss bredvid varandra och hålla varandras händer. Vi blundade och jag vet inte hur lång tid det tog den här gången, men jag tyckte det gick ganska fort. Det kändes som om båten slog i marken och vi tumlade ur den, fortfarande med slutna ögon och händerna hårt kramande varandra. Vi hörde: "Nu kan ni titta!" Rösten var skrattfylld och absolut inte Maorions. Det var Jolith som stod på den gröna äng där vi startat vår resa. Hon bredde ut sina vingar och vi kröp upp i deras trygga fjäderverk och somnade. När vi vaknade befann vi oss i vår egen verklighet och där väntade en leende, välkomnande Zar.

"Nåå, Janne, har du träffat många nya vackra flickor?" retades han. "Ni har varit borta länge och förmodligen haft fantastiska äventyr, men jag tycker det är skönt att ha er hemma igen."

Shala och jag såg på varandra och teg. Zar kände förmodligen till att vi snart skulle resa igen och ville se vår reaktion.

"Vi har varit i paradiset," svarade jag, "ett paradis dit vi ska återvända inom kort. Men det vet du förmodligen."

"Jag vet," sa han och klappade mig på axeln. "Vi har ordnat ett gästabud i kväll för er båda och då hoppas vi få höra mera. Alla änglar är glada för er skull. Vi betraktar nästa resa som en pånyttfödelse. Ni blir faktiskt fysiska människor för en tid utan att behöva födas om."

"Är det vanligt?" frågade Shala.

"Nej, men det förekommer," svarade Zar. "Den Centrala Rasen behöver tillökning inte bara av nyfödda barn, utan också av individer med stor erfarenhet. Därför tar de emot själsbärare från oss ibland.

Nu är ni två utvalda. Är det inte något att festa för?"

Naturligtvis var det ett makalöst änglagästabud som väntade oss. Märkligt nog kände jag inte sorg över att snart åter lämna änglarnas rike. Jag hade lärt mig mycket hos dem. Även där hade jag upplevt spännande äventyr, t.ex. när vi besökte reptilernas planet eller när vi förhindrade en härdsmälta på jorden. Jag hade både lärt och undervisat och nu var den tiden förbi. Men jag är alltid pigg på nya erfarenheter, nya utmaningar och äventyr. Jag hade ingenting emot att byta ut genomskinligheten mot en mera rustik kropp för en tid. Försmaken av min kommande tillvaro hade enbart varit angenäm, men Shala kanske inte var lika glad. Hon hade varit en bra ängel den här gången och hon kunde väldigt mycket även om hon var förskräckligt blygsam.

Gästabud eller inte - men det viktigaste för mig var att träffa min gamle underbare vän, indianen och änglageneralen Kualli. Hans ståtliga gestalt väntade på mig när jag kom in i änglarnas gästabudsal och vårt återseende var präglat av ömsesidig glädje och gemenskap. Vi satte oss bredvid varandra och började genast prata om allt som hänt sedan vi sist sågs.

"Minns du," frågade jag, "att jag en gång frågade dig: Vem är jag? Ditt svar blev avslutningen på min förra bok, *På änglavingar.*" Han nickade och log sitt stora, generösa leende.

"Nåå Jan, vet du nu vem du är?" frågade han. "Har resan genom tid och rum givit dig något svar?"

"Ja," svarade jag, "jag är och förblir jag då, nu och i framtiden. Du sa att det var både min fråga och mitt svar och att jag är den jag är nu."

"Jag menade," smålog han, "att det viktigaste är vem du är just nu, inte vem du var eller kommer att vara. Har svaret fått en annan innebörd för dig nu, efter resan?"

"Vill du att jag ska vara ödmjuk?" frågade jag. Han skakade på huvudet med en glimt i ögat. "Då säger jag så här," fortsatte jag, "att jag aldrig förr i så hög grad upplevt mitt eget jag, vem jag är nu och vad jag kommer att bli, som hos den Centrala Rasen. Att få vistas hos den är jag, om du förstår vad jag menar? Jag är den glade Jan, den öppne Jan, den lite smått tokige Jan och den Jan som fått en underbar utbildning här hos Änglarna. Jag är en blandning av massor med känslor och intryck och önskningar och glädjeämnen, och det kommer jag alltid att vara."

"Du är unik," avbröt Kualli. "Var det inte vad vi var överens om? Äntligen har du accepterat dig själv i alla variationer och med det följer förstås själsbäraren i dig, som Melchizedek skulle uttrycka det. Minns du att vi talade om att du är ensam om ditt eteriska livsmönster? Förstår du nu att du tar med dig alltsammans till din nya tillvaro hos den Centrala Rasen? Det hade du gjort även om du hade fötts där som spädbarn. Men nu är det så att du behövs där just för att du är du och just för att nu är nu! Detsamma gäller Shala. Planeringen för den här förflyttningen har Den Store Anden skött om, men om du eller Shala inte hade velat resa, så hade han lyssnat på er. Skillnaden mellan jordiska planeringar och kosmiska är att ingen behöver göra någonting mot sin vilja. Det Galaktiska Rådet är alltid redo att tänka om ifall det behövs."

"Det Galaktiska Rådet, är det Skaparen och hans sju gudaskapelser?" undrade jag.

"Nej, vi ser det inte så. Det finns graderingar även hos Vingmakarna eller den Centrala Rasen, men det är för att det ska gå lättare att förstå. Skaparen och de sju råder över det superuniversum du befinner dig i nu. Att råda över är inte detsamma som att härska. En härskare är enväldig och folket är hans undersåtar. Dit du ska finns inga undersåtar, bara människor."

"Oh Kualli, vad jag kommer att sakna dig!" utropade jag.

"Jag besöker den Centrala Rasen då och då, även om jag inte har talat om det förut," svarade min vän småleende. "Jag finns med i det Galaktiska Rådet, det vet du, och det betyder resor."

"Måste jag lämna min själsgrupp?" frågade jag.

"Ja, Jan, det måste du eftersom dina uppdrag som människa i en annan utvecklingsfas hos den Centrala Rasen inte omspänner änglarnas domäner. Ibland måste man avstå, Jan, även om det känns svårt. Du har gjort ditt för din själsgrupp och ni finns för alltid inpräglade i varandras livsmönster. Dina vänner ska nu arbeta var för sig. Det är dags för dem att pröva på nya uppgifter. Tiden du har haft tillsammans med dem har gjort dem redo för egna utmaningar. Var glad åt detta, Jan! Kommer du ihåg att jag en gång lärde dig att ingenting är slutgiltigt och att vad som kommer sedan är detsamma som Kraft, Kunskap och Kärlek, de tre K:na?"

Jag nickade. Den kunskapen satt etsad i min gamla statarhjärna, som verkligen hade flugit iväg i en helt annan riktning än jag någonsin kunnat ana.

"Kommer jag att kunna se dig om du besöker den Centrala Rasen?" frågade jag lite naivt. Han skrattade åt min ängsliga min.

"Dummer, det är klart! Shala och du materialiserades när ni landade i de olika rikena. Varför skulle inte jag göra detsamma då?"

"Jag anade aldrig att det fanns mer än ett universum," suckade jag. "Nu vet jag att det finns åtta stycken om man räknar med vårt, som enligt kartan jag såg hos Vingmakarna ligger precis i utkanten av det sjunde. Det vill till att man kan förflytta sig med tankens snabbhet."

"Kanske till och med någon listig själ på jorden kommer att finna en väg i tiden, ett tidshål," föreslog Kualli. "Det är ingen omöjlighet. Vi vet att sådana finns och vi begagnar oss av dem ibland, men vi tänker inte berätta mer om det för människorna, för det finns alltid de som använder det fel. Var sak har sin egen tidsram och det är inte värt att gå utanför den."

"Tror du," och nu viskade jag, "tror du att jag kommer att få se eller kanske prata med utomjordingar när jag kommer till den Centrala Rasen?"

"Tror du," viskade Kualli tillbaka, "tror du att världarnas rymder är obebodda? Vem kallar du egentligen för utomjording?" Jag funderade ett tag.

"Jag ställde en dum fråga," svarade jag till slut. "Människorna kallar alla som inte ser ut som vi för utomjordingar. Men i själva verket gjorde Skaparen en bestämd mall för hur hans skapelser skulle se ut, åtminstone ett grundmönster. De skulle likna honom själv, är det inte så?"

"Jovisst. Du och jag och många av oss här uppe härstammar från Solens och Stjärnornas folk. Kanske det är dags att berätta att det folket också skapades av samme Fader och att vårt ursprung i begynnelsen kommer från Mitten i den Centrala Rasens universum." Nu var Kualli mycket allvarlig." Under din och Shalas vistelse där kommer ni att få se mycket som ter sig helt främmande för er. Ni får lära er andra saker än här. När ni sen kommer tillbaka hit så har ni en helt ny värld bland era erfarenheter."

"Hur länge tror du vi blir där?" frågade jag.

"Det vet jag inte, Jan. Kanske 100 år, kanske 1000, kanske mer - eller mycket mindre. Vi räknar inte på det viset. Vi räknar i erfarenhet och kraft. Vi räknar i kärlek och empati. Vi räknar i er vilja att inhämta den kunskap vi inte kan ge er här."

"Jag hoppas vi blir där en evighet," sa jag drömmande och återigen ganska naivt.

"Även evigheten kan vara relativ," smålog Kualli. "Evigheten kan ha avbrott och system som successivt förändras. Var beredda på allt. Här rubbas ingenting och ni är också en del av oss. Glöm inte det."

Men senare på kvällen, när jag stod tillsammans med Shala och Kualli i änglarnas stora observatorium och såg det bländande glittret, blänket, skimret, glansen från myriader av stjärnor och planeter, kände jag mig som en myra framför en vedtrave. Det var för stort. Kualli såg hur jag krympte ihop inför den storslagna vyn. Då sa han:

"När du tycker att någonting är för stort för dig, så besinna dig, ge det lite tid och fråga dig varför det är så. Jag medger att en ytlig tanke ser den gigantiska vedstapeln och känner sin litenhet inför den. Varför är du liten och stjärnhimlen så oändligt stor?"

"För att jag ska lära mig att båda finns," svarade jag. "Både stort och litet. Och mellan dem?"

"När du tycker att någonting är för stort för dig," upprepade Kualli, "så försök att omfamna det. Sträck ut armarna omkring det så långt det går. Förstå att ni är olika men ändå väldigt lika. Det finns alltid det som är mindre än du, t.ex. en myra. Det finns alltid det som är mindre än myran. Till slut blir det bara ett stoftkorn kvar, en cell i universum. En cell är begynnelsen av någonting som kan växa. Cellen kan ha olika önskningar: att bli ett universum, att bli en galax, att bli en planet, att bli någonting som finns på den där planeten osv. i all oändlighet. På det viset finns det lilla alltid i det stora och tvärtom.

Hela stjärnhimlen som du ser framför dig är en del av dig - och du av den. Så är det för alla människor och det är en kunskap som ni alla delar. Lägg det på minnet inför din resa till det stora paradis som ska inhysa din lilla människokropp. Det unika tränger in i den unika, där bara en varelse finns som är alltings början och alltings fortsättning: Skaparen."

24. Epilog

Shala och jag satt och väntade på farkosten som skulle hämta oss till den Centrala Rasens rike. På den här tidsresan fick vi inte åka med änglavingar, tänkte jag. I stället skulle vi passera den Stora Porten. Avskedsfesterna var över och de tusen och en avskeden. Vi hade fått undervisning om den Centrala Rasen eller Vingmakarna och det ganska nyligen påbörjade informationsarbetet mellan dem och Moder Jord, som sker via internet. När jag lämnade jorden var det dåligt med datorer, så hos änglarna fick jag lära mig vad internet betydde. Shala var eld och lågor över den "nya" uppfinningen och lärde sig snabbt. Med mig gick det lite trögare, men nu är jag ganska bra på det. Och äntligen var vi redo att lämna vårt älskade Änglarike.

De små kulorna vi bar om halsen var försedda med egendomliga hieroglyfer. De tjänade som en slags kanaler till Vingmakarna och materialet var för oss fullkomligt okänt. Det ser ut som ben eller elfenben, men är mycket lösare i konsistensen. Jag satt och tänkte på att mina läsare kanske skulle undra en hel del över den här boken. Den berättar om för jorden totalt okända platser i världsrymden, eftersom våra teleskop inte är starka nog att se dem. Mänskligheten anser sig ha kommit enormt långt i sin forskning. Det har den inte. Det vet vi.

De små kulorna är de enda fysiska bevis vi har för att den Centrala Rasen existerar. Om de nu kan anses som bevis. Mitt medium, Mariana, har en sådan kula och tecknen på den överensstämmer med tecken på Vingmakarnas (WingMakers) fantastiska bilder. Det är allt jag kan säga för att övertyga. Ändå kanske jag inte lyckas med det.

Jag har inga krav på att ni ska tro mig. Ni får gärna betrakta den här boken som en fantasy-berättelse. Jag kommer säkert snart att uppleva ännu fler spännande saker. Det finns flera ursprungskulturer och flera planeter i fler universum.

På de flesta ställen finns det liv. Jag tycker att tiden är mogen för jordemänniskorna att få reda på dessa nygamla sanningar.

Om ni föredrar att dra ner järnridån framför er, så spelar det inte mig någon roll. Ni väljer själva vad ni ska tro och ni får säkert så småningom veta mera. Den övergång ni kallar döden är inträdesporten till oändlig kunskap och oändlig visdom, förutsatt att man vill utveckla sitt sinne. Jag ville veta mer och det vill jag fortfarande. Så jag säger farväl för den här gången, och tillsammans med min änglaflicka Shala ska jag ut på ett svindlande äventyr i min egen fysiska kropp, men med en urgammal själ i bagaget. Vågar vi säga: "På återseende om 700 år!"? Eller ska vi helt enkelt och tryggt säga: "Gaia, vår älskade jord, är ett framtida paradis!"

Appendix

Meditationsövningar

För den som så önskar kommer här ett par meditationsövningar med anknytning till Jan Fridegårds sällsamma resor.

1. Sätt dig bekvämt tillbakalutad på din meditationsplats. Slut ögonen, koppla bort omgivningen och föreställ dig att du befinner dig i ett vitt ljus. Ljuset finns runt omkring dig, du är innesluten i det och det känns varmt och behagligt. Du ska nu försöka finna din egen ingång till vad som kallas för den fjärde dimensionen. Man kan nämligen nå dit på olika vägar och varje individ bör använda sin väg. Den Stora Porten, som det talas om i boken, är ingången till den femte dimensionen. Men man måste först ha gått igenom den fjärde "verkligheten", som jag föredrar att kalla den. När man lyckas komma in, så är det nämligen en dimension som känns lika verklig som den tredje, din nuvarande.

Det finns, som jag antydde ovan, många vägar dit. Du är en unik människa, alltså är din väg dit också unik. Om du vill förflytta dig från den tredje verkligheten till den fjärde, måste du först komma underfund med hur din väg ser ut. Här är några exempel:

- Gå på en väg tills du kommer till en korsväg med tre valmöjligheter. Läs noga på skyltarna. Står det "Fjärde dimensionen" på en av dem, så ta den. Står det inte så på någon, så får du vända om igen och börja från början. Vi ska göra det här ordentligt, eller hur? Om du en gång för alla har kommit in på rätt väg till den fjärde dimensionen (verkligheten) så blir det lättare för dig att komma dit i framtiden. Slår du in på den vägen så är det en oåterkallelig kunskap du kommer att få. Den ges dig på det sätt som är absolut rätt för ditt unika jag.

- Föreställ dig en liten svart punkt i den vita tomheten. Se hur den punkten vidgas och blir till en fyrkant. Fyrkanten antar utseendet av en dörr eller port. Sänd all den kärlek du är mäktig till den porten/dörren och be att få komma igenom den till den fjärde dimensionen. Se din kärlek stråla från ditt hjärtcentrum till porten, så att den öppnas. Följ sedan den strålning du sänder ut rakt in genom den öppna porten. Känn att porten slår igen bakom dig, men du ska också vara medveten om att den öppnar sig om och när du vill tillbaka.

- Gå in och titta på en av målningarna på WingMakers hemsida (*www.wingmakers.com*) på din dator. Välj den av de 24 målningarna som tilltalar dig mest. (Kan du skriva ut den på en färgskrivare så är det en stor fördel). Titta först på målningen som helhet. Lägg sedan märke till detaljerna. Sjunk sedan in i målningen, känn att du blir ett med den och att både den och du badar i kosmiskt ljus. Du måste älska fram den känslan! Tänk dig sedan att målningen är din inkörsport till den fjärde dimensionen. Försvinn in i målningens sällsamma symbolik och känn dig som ett med den. Låt den föra dig direkt in i nästa dimension.

- Tänd ett ljus framför dig. Titta på ljuslågan och för in den i ditt hjärta. Blunda sedan och känn ljuslågan i hjärttrakten. Det ska vara varmt där. Ljuslågan ska leda dig till den fjärde dimensionen. Den kryper ut ur ditt hjärta och flyger iväg och då måste du följa den. Du hör ihop med ljuslågan, det finns ett strålband mellan er. När ni har flugit en stund i rymden så kommer ni till ett vitt staket. I staketet finns en dörr. Ljuslågan flyger ovanför dörren och rätt över staketet. Nu kommer ditt val: Ska du följa med din ljuslåga och sväva över staketet eller försöka öppna grinden eller skära av strålbandet och vända tillbaka till din välkända vardag?

Tänk så här: Jag kan sväva. Jag har svävat efter ljuslågan genom luften hela tiden och varför skulle jag stoppa nu? Eftersom det inte finns något hinder för ljuslågan, kan ett sådant inte finnas för dig heller. Det är bara att följa med. Du känner en befriande känsla av lycka och spänning. Vad finns bakom staketet? Det är alltså helt onödigt att öppna grinden. Det är din medfödda känsla för att befinna dig i ett mönster som du tror att du måste följa. Du måste inte öppna grinden, du kommer ju över ändå.

Om du skär av strålbandet så lyder du din rädsla. Erkänn att du ofta - inte alltid! - lyder din rädsla eller låter den få makt över dig. Om du ger den rätt den här gången, måste du återvända och det kanske dröjer innan du får mod att försöka igen. Rädslan är ingen vän, den är din svurna fiende. Fråga i stället rädslan vad den har där att göra. Om den ger dig ett tillfredsställande svar, så analysera det innan du ger efter för den. Välj sedan. Förmodligen väljer du det första alternativet.

- Blunda och gå sedan upp på ett berg. Det går lätt att komma upp men det är svårare att ta sig ner, eftersom du inte vet vilken sida du ska klättra på. Du vill hamna i den fjärde dimensionen, men du vet inte riktigt var den är. Ena sidan av berget är alldeles kal. Den andra sidan är bevuxen med låga buskar och risig vegetation, ganska svårgenomtränglig. Den tredje sidan är full av ljuvliga blommor, de doftar och lockar på dig därifrån och du blir lite yr. Den fjärde sidan är full av vatten, och rännilar gör den blank och hal och omöjlig att gå på. Vilken sida ska du nu välja?

Du ska inte välja någon sida av berget. Du har kommit upp på det och däruppe finns ingången till den fjärde dimensionen, mitt framför näsan på dig. Ofta är det så att det vi har mitt framför näsan märker vi inte. Det som är alltför enkelt försvårar vi. I luften däruppe på berget finns ditt mål. Det finns runt omkring dig och ovanför dig: en spiral av ljus och du står mitt inne i den. Slappna av och låt Skaparens vilja ta tag i dig och susa rakt in i den fjärde dimensionen. Du hade inte uppmärksammat ljusspiralen eftersom den fanns så nära och eftersom du fanns i den.

2. Den andra meditationsövningen har inte så många fasetter. Den går mer rakt på sak, men då måste man ha hunnit en bra bit på väg innan, och kanske till och med redan ha besökt den fjärde dimensionen - den första porten till evigheten.

Sirius är en märklig stjärna, eftersom den har en dvärg som går i en bana runt den och den dvärgen är bebodd. Men själva Sirius fungerar som en port till andra dimensioner. Den fungerar också som en port för utomjordingar från olika platser i vårt och andra universum att komma igenom, för att fortsätta till vår jord eller andra planeter i vårt universum. Sirius är en kraftkälla, ett slags centrum i vårt universum. Det är dit du ska.

Tänk dig själv som en bevingad varelse som flyger direkt till Sirius. Vad du upplever där är din ensak, men du blir till hundra procent väl mottagen där, det garanterar jag. Därifrån kan du, när du själv önskar och känner dig mogen för det, ta dig igenom Siriusporten. Den leder in i den fjärde dimensionen och sedan, om man har tillstånd, in i den femte.

Lycka till!

Detta var några exempel på meditationer som kan öppna vägen till ett högre medvetande. Jag är övertygad om att alla som så önskar kommer att lyckas med dem. Det viktigaste av allt, och som gäller alla förslagen, är att släppa rädslan. Rädslan är ett oöverstigligt hinder för att komma vidare. Det farligaste som finns, finner du på den jord där du lever. Här finns det verkligen farligheter. Kan du leva och bo på jorden så vet du vad ondska, våld och maktbegär m.m. är. I den fjärde dimensionen finns bara ljusa energier men också mycket visdom. Bestäm dig för ett besök och var aldrig, aldrig rädd för att du inte ska komma tillbaka. Det är du som är unik som bestämmer!